TC-Ⅷ-90

Kohlhammer Taschenbücher
Band 1074

**Herausgegeben von der
Landeszentrale für politische Bildung
Baden-Württemberg**

Entwicklungspolitik

Herausgegeben von
Dieter Oberndörfer und Theodor Hanf

Mit Beiträgen von

Dieter Oberndörfer
Gerald Braun
Theodor Hanf
Rainer Hampel
Jürgen Rüland
Jürgen H. Wolff
Nikolaus Werz
Heribert Weiland
Erich Schmitz
Clemens Jürgenmeyer

**Redaktion: Hans-Georg Wehling
unter Mitarbeit von
Erich Schmitz**

Verlag W. Kohlhammer
Stuttgart Berlin Köln Mainz

CIP-Kurztitelaufnahme der Deutschen Bibliothek

Entwicklungspolitik

mit Beitr. von Dieter Oberndörfer ... Red.: Hans-Georg Wehling. Stuttgart, Berlin, Köln, Mainz: Kohlhammer, 1986.
 (Kohlhammer-Taschenbücher; Bd. 1074: Bürger im Staat)
 ISBN 3-17-009003-8

NE: Oberndörfer, Dieter [Mitverf.]; GT

Alle Rechte vorbehalten
© 1986 W. Kohlhammer GmbH
Stuttgart Berlin Köln Mainz
in Verbindung mit der
Landeszentrale für politische Bildung
Baden-Württemberg
Verlagsort: Stuttgart
Umschlag: hace
Umschlagfoto: dpa
Gesamtherstellung:
W. Kohlhammer Druckerei GmbH + Co. Stuttgart
Printed in Germany

Inhaltsverzeichnis

Hans-Georg Wehling
Vorwort 7

Dieter Oberndörfer
Entwicklungspolitik im Umbruch 11
Ein Überblick über Fragestellungen und Probleme

Gerald Braun
Kriege und Konflikte in der Dritten Welt 46

Theodor Hanf
**Kulturelle Vielfalt als
politische Herausforderung** 78

Rainer Hampel und Jürgen Rüland
Verstädterung: Wachstum ohne Entwicklung . . 92
Ausmaß, Ursachen, Folgen, Gegenstrategien

Theodor Hanf
Wenn Schule zum Entwicklungshindernis wird . 118
Bildungspolitik und Entwicklung in der Dritten Welt

Dieter Oberndörfer
Politik und Verwaltung in der Dritten Welt 131
Der Aufbau einer leistungsfähigen Verwaltung
als Entwicklungsaufgabe

Jürgen H. Wolff
Entwicklung durch Verwaltung? 140
Unterschiedliche Ansätze und ihre Bedeutung
für die Entwicklungshilfe

Nikolaus Werz
Erst Modernisierung – dann Demokratie? 153
Herrschaftsformen und Entwicklung in der Dritten Welt

Heribert Weiland
Entwicklungshilfe in der Krise? 177
Kulturelle Rahmenbedingungen und
soziale Folgewirkungen der Entwicklungshilfe

Erich Schmitz
**Für eine grundbedarfsorientierte
Entwicklungspolitik** 194
Eine Umorientierung aus ethischen, wirtschaftlichen
und politischen Überlegungen

Clemens Jürgenmeyer
Entwicklungspolitik 218
Ein Literaturüberblick

Die Autoren 234

Vorwort

Entwicklungspolitik ist in eine Krise geraten. Zu offensichtlich sind in der bisherigen Weise, trotz jahrzehntelanger beachtlicher Anstrengungen, die erwarteten Ziele nicht erreicht worden. Bedenklich muß dabei stimmen, daß nicht mehr nur ewig Gestrige, egoistisch auf ihren Stammtischhorizont Beschränkte für die Einstellung von Entwicklungshilfe plädieren. Auch Kenner der Dritten Welt gibt es inzwischen, die für die Nöte der Menschen in den Entwicklungsländern durchaus engagiert sind – und doch zu dem Ergebnis kommen, Entwicklungshilfe schade letztlich mehr als daß sie nütze.
Eine Neubesinnung tut also not.
Unterentwicklung ist in der Vergangenheit vorwiegend einseitig ökonomisch definiert worden. Entsprechend dominieren denn auch ökonomische Entwicklungsmodelle. Daß Entwicklung nicht zuletzt ein kulturelles, soziales und politisches Problem ist, wurde zu wenig beachtet. Aufschlußreich kann hier der historische Vergleich mit der Industrialisierung Europas sein, aber auch die Analyse des beispiellosen Aufstiegs von Japan und anderen ostasiatischen Staaten.
Hier bei der kulturellen, sozialen und politischen Dimension von Entwicklung muß eine Neuorientierung von Entwicklungspolitik ansetzen, ohne natürlich die ökonomischen Probleme zu vernachlässigen. Dazu gehört eine nüchterne Analyse der zentralen Probleme, mit denen es Entwicklungsländer heute zu tun haben. Das soll in diesem Buch wenigstens ansatzweise versucht werden.
Dem Betrachter aus der Ferne mag zunächst auffallen, wie zahlreich und wie heftig die Konflikte sind, mit denen es die Entwicklungsländer zu tun haben und die sich bis hin zur Gewalttätigkeit nach außen steigern können: Bürgerkrieg und zwischenstaatliche Auseinandersetzungen als Dauererscheinungen. Hier liegt ein entscheidendes Entwicklungshindernis. Ihren Ursprung haben solche bewaffneten Konflikte nicht in der Klassenstruktur, sondern vor allem in kulturell-ethnischen Gegensätzen. Die willkürlichen Grenzziehungen der ehemaligen Kolonialmächte sind nicht unschuldig daran; auch die Waffenlieferungen aus den Industriestaaten tragen das Ihre zur Konfliktverschärfung bei.
Angesichts solcher gewalttätiger Konfliktaustragung allüberall ist man bei uns manchmal geneigt, so manchem Entwicklungsland ein hartes diktatorisches Regime einschließlich permanenter Menschenrechtsverletzungen nachzusehen, da nur so ein halbwegs friedliches Zusammenleben aufrechtzuerhalten sei. Doch weit gefehlt: Gerade

durch die gleichmacherische Politik einer autoritären Zentralgewalt können ethnisch-kulturelle Konflikte um so stärker provoziert werden. Ein gewisses Maß an kultureller Autonomie und Willensbildungsmuster, die den Konsens zwischen den verschiedenen Bevölkerungsgruppen fördern, wären angebrachter.
Bevölkerungsexplosion und Verstädterung stellen ein weiteres zentrales Problem in den Ländern der Dritten Welt dar. Nicht zuletzt aus Gründen der Machterhaltung der herrschenden Elite werden die Städte, namentlich die Hauptstädte, durchweg bevorzugt. So erscheint denn für weite Teile der armen Landbevölkerung ein armseliges Leben in den Hüttenvierteln der Städte attraktiver als das Leben auf dem Lande. Entsprechend ist der Sog, der von den Städten ausgeht. Die Folge ist, daß die Städte ins Gigantische wachsen, unregierbar werden, daß die Infrastruktur zusammenbricht und die Umweltprobleme unvorstellbare Ausmaße annehmen.
Bildung galt bislang als eine Schlüsselgröße zur Entwicklung. Doch zu aufwendig ausgebaute Bildungssysteme gehen am Bedarf vorbei und binden Ressourcen, die anderswo einen höheren Entwicklungseffekt hätten. Eine „Überproduktion" von Akademikern muß dann, um ein gefährliches Unruhepotential zu beseitigen, wiederum weitgehend im Bildungssystem untergebracht werden, womit die Fehlinvestition sich fortlaufend vergrößert.
Allzu stiefmütterlich in der Entwicklungspolitik und in der Beschäftigung mit ihr ist bislang der Bereich der Verwaltung behandelt worden. Dabei kommt ihr eine Schlüsselrolle bei der Umsetzung von Entwicklungsmaßnahmen zu. Zumeist ist die Verwaltung in den Ländern der Dritten Welt dieser Aufgabe nicht gewachsen. Verwaltungshilfe muß von daher ein wichtiger Bestandteil von Entwicklungshilfe sein. Auch dabei gilt es, die jeweiligen kulturellen Bedingungen an Ort und Stelle zu berücksichtigen und nicht einfach westliche technokratische Modelle zu übertragen.
Besonders augenfällig ist schließlich das Demokratiedefizit, das die Länder der Dritten Welt durchweg kennzeichnet. Soll man sich damit abfinden und Entwicklungshilfe „rein pragmatisch" gewähren nach dem Gesichtspunkt: Welche Länder „braucht" man aus außenpolitischen Gründen, aus Gründen der Rohstoff- und Energieversorgung etc.? Ist unsere Forderung nach Demokratie nicht vielleicht sogar ungebührlich, weil die Länder der Dritten Welt ganz andere Traditionen aufzuweisen haben, die mit unseren Vorstellungen von Demokratie schwerlich in Einklang zu bringen sind? Einmal ganz abgesehen davon, daß wir damit alle die Menschen desavouieren, die in Ländern der Dritten Welt für Menschenrechte und Demokratie ihre Freiheit, ihre Gesundheit und ihr Leben einsetzen – eine ernsthafte Beschäftigung mit der Geschichte der verschiedenen Entwicklungsländer zeigt, daß es hier durchaus demokratische Traditionen gibt. Manche nationale Ideologie von kultureller Besonderheit erweist sich bei näherem Hinsehen als ein Kunstprodukt in Widerspruch zu alten Traditionen, nur erfunden, um den Herrschenden ihre Macht und ihr unde-

mokratisches Handeln zu rechtfertigen. Abgesehen davon ist Kultur nie etwas Statisches, in sich Abgeschlossenes, und Einflüsse von außen sind nichts Widernatürliches. Christentum müßte sonst bei uns als etwas von außen Gekommenes, nicht „Artgemäßes" abgelehnt werden . . .

Vor allem aber läßt sich nachweisen, daß harte diktatorische Regime keineswegs erfolgreicher die Entwicklungsprobleme ihrer Länder gemeistert haben, im Gegenteil. Natürlich: Länder, die unseren Maßstäben von Demokratie gerecht werden, finden wir in der Dritten Welt kaum. Doch gilt es die zu berücksichtigen und zu belohnen, die dann doch mehr demokratisch und weniger menschenrechtsverletzend sind als andere.

In welche Richtung könnte denn nun eine Neuorientierung von Entwicklungspoltik gehen? Nur Andeutungen sind möglich. Vor allem eine Abkehr von allzu viel Großprojekten scheint geboten, die vielfach nur unwirtschaftliche Prestigeobjekte sind und vornehmlich der jeweils herrschenden Elite nützen. Statt dessen mehr „grundbedarfsorientierte" Kleinprojekte, die bei den Bedürfnissen der ärmeren Bevölkerungsschichten nicht zuletzt auf dem Lande ansetzen. Das bedeutet auch: mehr Hilfe durch nicht-staatliche Träger, wie Kirchen und Stiftungen beispielsweise.

Insgesamt also stellt dieses Buch ein Plädoyer für eine Neuorientierung von Entwicklungspolitik dar: ein Plädoyer zur verstärkten Berücksichtigung politisch-kultureller Faktoren, zur verstärkten Hinwendung zu grundbedarfsorientierten Projekten, zur verstärkten Beachtung der demokratischen Qualität von Empfängerländern.

Dieses Buch in der Reihe „Der Bürger im Staat" stellt in seiner Entstehung eine Besonderheit dar: Abweichend von der sonst üblichen Praxis wurde hier die Zusammenarbeit mit einem renommierten Institut gewählt, dem Arnold-Bergstraesser-Institut für Kulturwissenschaftliche Forschung in Freiburg i. Br. Somit konnte ein Buch aus einem Guß gestaltet werden. Zu danken ist den beiden Direktoren des Instituts, Prof. Dr. Dieter Oberndörfer und Prof. Dr. Theodor Hanf, sowie Erich Schmitz, der die Koordination vor Ort bewerkstelligte.

Stuttgart, den 12. Dezember 1985　　　　　　　　　Hans-Georg Wehling

Dieter Oberndörfer

Entwicklungspolitik im Umbruch

Ein Überblick über Fragestellungen und Probleme

Wann ist ein Land „unterentwickelt"?*)

Noch in den fünfziger Jahren galten in der internationalen Statistik alle Staaten mit einem *Prokopfeinkommen* von mehr als 600 US-$ als „entwickelte" Länder; ein Niveau, das Mitte der fünfziger Jahre von den westeuropäischen Industriestaaten gerade erreicht oder überschritten worden war. Als „unterentwickelt", als „Entwicklungsländer", wurden alle Staaten mit einem Einkommen von weniger als 200 US-$ bezeichnet. Zur Kategorie der Entwicklungsländer im weiteren Sinne zählten ferner die *low-income countries* mit einem Prokopfeinkommen von 200 bis 600 US-$.
Durch wirtschaftliche Entwicklung sollte in den wirtschaftlich unterentwickelten Ländern rasch die ökonomische Basis für den Aufbau stabiler politischer Ordnungen nach westlich demokratischem Muster geschaffen werden. Der gewünschte Übergang in einen Prozeß sich „selbst tragenden Wachstums" *(W. Rostow)* wurde primär als Probleme der *Kapitalbildung*, der Einführung moderner *Produktionstechniken* und des Aufbaus moderner *Bildungssysteme* angesehen.
Diese optimistischen Annahmen waren geprägt von den *Erfahrungen der westlichen Industrialisierung im 19. und in der ersten Hälfte des 20. Jahrhunderts*. Dabei wurde verkannt, daß das ökonomische Wachstum in den westlichen Industriegesellschaften unter völlig anderen Ausgangs- und Rahmenbedingungen als heute in der Dritten Welt erfolgte.

Bevölkerungsexplosion und wirtschaftliches Wachstum im historischen Vergleich mit Europa

---

Von 1850 bis 1913 nahm die *Bevölkerung* Deutschlands und Englands, die damals zu den geburtenfreudigsten Ländern Europas gehörten, im Schnitt jährlich um 1% zu; für Gesamteuropa (ohne Rußland) betrug die durchschnittliche jährliche Zuwachsrate der Bevölkerung im gleichen Zeitraum 0,7%[1]). Trotz nachhaltiger Fortschritte der Medizin bei der Senkung der Sterblichkeitsraten wuchs die Bevölkerung des Deutschen Reichs von 1890 bis 1913, dem Zeitraum der schnellsten Zunahme, jährlich nur um 1,35% (Holland als Spitzenreiter Europas = 1,5%). Diese Entwicklung wurde von den Zeitgenossen als epochale „Bevölkerungsexplosion" wahrgenommen. Demgegenüber vermehrte sich die Bevölkerung aller Entwicklungsregionen von 1950 bis 1980 im Schnitt um 2,3% pro Jahr. In diesem Durchschnittswert sind noch weit höhere jährliche Zuwachsraten einzelner Entwicklungsregionen und -länder enthalten: Mittelamerika 1975 bis 1980 = 3%, Afrika 1975 bis 1980 = 2,9%; Kenia 1984 = 4,2%. Auch beschleunigt sich vor allem in einigen armen Entwicklungsländern das Bevölkerungswachstum mit zunehmender Verbesserung der öffentlichen Gesundheitsvorsorge und dann möglicher Verringerung der Sterblichkeitsraten immer noch (zum Beispiel schneller Rückgang der Kindersterblichkeit bei Versorgung mit sauberem Trinkwasser). Selbst bei einer Fortsetzung des in verschiedenen Ländern erkennbaren Trends rückläufiger Geburtenhäufigkeit (insbesondere China 1982: 1,2%) wird sich das Bevölkerungswachstum der Dritten Welt bis zum Jahr 2000 und auch noch bis zum Jahr 2025 wegen des hohen Anteils der reproduktionsfähigen Jahrgänge an der Gesamtpopulation nur geringfügig abflachen. So wird die Weltbevölkerung bis 2000 voraussichtlich von 4 Milliarden auf 6,5 Milliarden zunehmen. Dabei wächst der Anteil der Entwicklungsländer an der Weltbevölkerung von 65% im Jahre 1960 auf 79%.

Gerade wegen des niedrigen Niveaus der Einkommen und der Produktivität in den Volkswirtschaften der Dritten Welt mit starkem Bevölkerungswachstum kann die drohende ausweglose Verelendung durch Umverteilung der Güter und Ressourcen im besten Fall vorübergehend abgemildert, nicht aber auf die Dauer aufgehalten werden. Allein zur Erhaltung des wirtschaftlichen Status quo und erst recht zur Überwindung der traditionellen Armut ist vielmehr eine in ihrem Tempo historisch beispiellose und nur mit modernen Techniken und Produktionsmethoden erreichbare Steigerung der *Volkseinkommen* erforderlich.

Vergleicht man in diesem Zusammenhang die *wirtschaftlichen Wachstumsraten* westlicher Industriestaaten von 1800 bis 1950 mit denen der Dritten Welt seit diesem zeitlichen Schnittpunkt, so ergibt sich eine erstaunliche Bilanz:

Die Volkseinkommen wuchsen in den westlichen Industriestaaten bis zur Mitte dieses Jahrhunderts trotz der wesentlich geringeren Bevölkerungsvermehrung erheblich langsamer als in den Entwicklungsländern seit 1950. So nahm zum Beispiel das Prokopfeinkommen Frankreichs von 1800 bis 1850 bei fast stagnierender Bevölkerung jährlich nur um 0,8% zu[2]). Von 1850 bis 1950 steigerte sich das Prokopfeinkommen in Deutschland und Frankreich jeweils um 1,5% p.a., in England um 1,2% und in den USA, der weitaus dynamischsten westlichen Volkswirtschaft, um 2,0%. Dieses Tempo des wirtschaftlichen Wachstums war im Vergleich zur wirtschaftlichen Entwicklung der Dritten Welt seit 1950 bescheiden. Auch unter Einbeziehung vieler stagnierender und eher noch verarmender Staaten wuchs das Volkseinkommen *aller Entwicklungsländer zusammengenommen* 1955 bis 1980 jährlich im Schnitt insgesamt um 5,4% oder pro Kopf 3,1%[3]). Diese Wachstumsrate der *Prokopfeinkommen* wurde von einigen „erfolgreichen" Ländern weit übertroffen (Korea = 6,7%; Jordanien = 6,9%; Hongkong = 6,2%)[4]). Trotz oder besser parallel zur Bevölkerungsvermehrung von etwa 85% steigerte sich das statistische Prokopfeinkommen[5]) aller Länder der Dritten Welt um mehr als das Doppelte (114%). Auch Volkswirtschaften der Dritten Welt, in denen bei starker Bevölkerungsvermehrung das Prokopfeinkommen stagnierte oder zurückging, expandierten häufig immer noch schneller als die meisten westlichen Staaten bis zur Mitte dieses Jahrhunderts. Bei einer Bevölkerungsvermehrung von jährlich 3,5% steht ein „Null-Wachstum" des Prokopfeinkommens dennoch für eine Zunahme des Volkseinkommens von 3,5%, das heißt für eine starke wirtschaftliche Dynamik.

Der politische Sprengstoff dieses Wandels

All dies: die Bevölkerungsexplosion, das wirtschaftliche Wachstum und ihre Bedingungsfaktoren – insbesondere die Übernahme moderner westlicher Technik samt den in ihnen enthaltenen und durch sie vermittelten Einstellungen und Werten – bewirken eine erheblich schnellere und tiefgreifendere Auflösung tradierter Lebensformen und Infragestellung überlieferter Normen als seinerzeit in Europa. Der politische Sprengstoff dieses sozio-kulturellen Umbruchs wird angereichert durch die Herausbildung oder Verschärfung *sozialer Gegensätze*. Kapitalbildung und Wachstum kommen in den ärmsten *(least developed countries)* und auch in den mittleren Entwicklungsländern zunächst nur einer relativ kleinen Gruppe Privilegierter zugute. Zu ihnen gehören nicht zuletzt auch die Facharbeiter in den neuen Industrien mit festem und vergleichsweise hohem Einkommen. Die Mehrheit der Bevölkerung verharrt außerhalb des modernen Sektors oder findet in ihm lediglich *Elendsnischen* zum Überleben.

Die Kluft zwischen moderner Technologie und vorindustrieller Produktion war zudem in Europa unvergleichlich geringer als zwischen den modernen Technologien und den traditionellen Produktionsweisen und Techniken der Entwicklungsländer. Daher führt die Einführung westlicher Produktionsformen und Technologien zu größeren Brüchen mit den überlieferten Lebensformen und ihren Traditionen. Die politisch explosive Gewalt der durch den Bevölkerungsdruck, durch schnelles wirtschaftliches Wachstum und durch moderne

Technologie ausgelösten soziokulturellen Konflikte zeigte in neuerer Zeit die Entwicklung im Iran.

**Wenn Fortschritt nicht am „früher",
sondern am Wohlstand der Industrieländer gemessen wird**

Die Lebensverhältnisse der Bevölkerung in den europäischen Staaten des 19. Jahrhunderts sind im Hinblick auf die Ernährungsversorgung, die niedrige Lebenserwartung und den formalen Bildungsstand durchaus vergleichbar mit dem Lebensniveau der Bevölkerung gerade in den „armen" Staaten der Dritten Welt.
Während die durchschnittliche Lebenserwartung in vorindustriellen Gesellschaften 33 Jahre umfaßte (= Europa 1850) und selbst um die Jahrhundertwende im Deutschen Reich nur 45 Jahre betrug, lag sie 1983 in Indien bei 55 Jahren, in China und Lateinamerika bei 63 Jahren (= Bundesrepublik Deutschland 1950).
Das „reiche" Frankreich hatte um 1820 ein Prokopfeinkommen von 100 US-$ (in Preisen von 1950). Um 1860 betrug das Prokopfeinkommen Frankreichs 160 US-$ und das Prokopfeinkommen Deutschlands 140 US-$. Bis 1913 war in Deutschland ein Durchschnitt von 330 US-$ und in Frankreich von 275 US-$ erreicht worden[6]). Selbst für 1938 werden von der Statistik für Frankreich und Deutschland Prokopfeinkommen von nur 366 und 500 US-$ verzeichnet – ein Niveau, das in der Bundesrepublik erst 1953 wieder erreicht wurde. Auch diese Zahlen stehen immer noch für eine triste Armut weiter Teile der ländlichen und städtischen Bevölkerung. Sie ist heute schon längst vergessen und nur schwer vorstellbar. Wer kennt heute noch die Daseinswelt in den Dörfern der Vorkriegsjahre mit ihren Staubstraßen, den Wasserpumpen bei den Häusern, der knochenharten physischen Arbeit mit vorindustriellen Methoden und dem elenden Leben der Kleinbauern, Kleinhandwerker, Tagelöhner und Knechte? Für die dörfliche Jugend war das Tragen von Jacke und Schuhen immer noch beschränkt auf den „Sonntagsstaat". Die Masse der Stadtbevölkerung lebte in überbelegten tristen Mietskasernen oder Altbauten mit völlig unzulänglichen sanitären Einrichtungen. Die Mieten konnten häufig nur im Rahmen des weitverbreiteten Untermieterwesens aufgebracht werden. Im Beruf wurde von den meisten schwerer physischer Einsatz in einer wenig attraktiven, früh „aufreibenden" Tätigkeit verlangt. Massengrundnahrungsmittel waren Kartoffeln und Roggenbrot. Schon Obst – auch in der Form des „Fallobstes" – war ein Luxus. Fleisch wurde auch von der spartanisch lebenden Staatselite der Beamten vorwiegend sonntags konsumiert. Gymnasiasten oder Studenten waren per definitionem eine privilegierte Elite. Weniger als 3% der Bevölkerung hatten einen Sekundar- oder gar erst Hochschulabschluß.
Trotz der in der sozialkritischen Literatur (zum Beispiel *Charles Dik-*

kens, Eugène Sue, Emile Zola, Jack London) plastisch beschriebenen und aus heutiger Sicht schauerlich-desolaten Armutsverhältnisse der großen Mehrheit der ländlichen und städtischen Bevölkerung Europas auch noch im ausgehenden 19. Jahrhundert konnte sich das vergleichsweise langsame wirtschaftliche Wachstum politisch stabilisierend auswirken, da es von den Menschen als Fortschritt, als deutliche Verbesserung gegenüber den früheren Lebensbedingungen empfunden wurde. Bei aller Armut fühlte sich die Masse der Bevölkerung damals gegenüber den „Eingeborenen" Asiens, Afrikas und Lateinamerikas als Teil der die Welt beherrschenden „fortgeschrittenen Völker" (Karl Marx).

Im Unterschied hierzu wird jedoch die Bewertung der eigenen ökonomischen und sozialen Entwicklung heute unter den politischen Eliten und in der Bevölkerung der Dritten Welt durch den Vergleich mit dem Reichtum der westlichen Industriestaaten bestimmt. In diesem Zusammenhang gewinnt die seit 1950 in den westlichen Staaten einsetzende und in historischer Perspektive einzigartige Beschleunigung des Wirtschaftswachstums Bedeutung. Auf der Grundlage eines *hohen Ausgangsniveaus* und eines wesentlich niedrigeren, zum Teil *stagnierenden und rückläufigen Bevölkerungswachstums* (durchschnittlich p.a. 1,2%) steigerte sich das Prokopfeinkommen der westlichen Industriestaaten 1950 bis 1980 jährlich ebenfalls um 3,1% (Europa und Japan jeweils 3,4% und 7,2%). Diese Wohlstandsexplosion wird den Menschen der Entwicklungsländer in vielfältiger Weise, zum Beispiel durch Auslandsstudium und Tourismus, durch importierte Güter und insbesondere durch Massenmedien vermittelt (Film, Fernsehen, „Videofernsehrevolution" selbst in abgelegenen Gegenden armer Entwicklungsländer). Die ständige *Demonstration und Anschauung des westlichen Wohlstands* relativiert die eigenen wirtschaftlichen Erfolge und *setzt die politischen Eliten einem unerfüllbaren Erwartungsdruck aus*. Eine Ausnahme machen hier allein *Schwellenländer Ostasiens*, die, wie Taiwan, Südkorea, Singapur und Malaysia, den technisch-ökonomischen Abstand zu den hochindustrialisierten Staaten stark verringern konnten und innerhalb der Dritten Welt bei Vergleichen an der Spitze stehen. Hier wirkt sich wirtschaftliches Wachstum systemstabilisierend aus. Ähnliches galt im lateinamerikanischen „Vergleich" auch für Brasilien vor Beginn der Ölkrisen und der ihnen folgenden Rezession.

Unterschiedliche Bedingungen bei Kapitalbildung und Konkurrenz

Die Industrialisierung der westlichen Staaten erfolgte wegen der Überlegenheit ihrer Technologien ohne äußere Konkurrenz; sie erhielt ihre innovativen Impulse durch *interne Konkurrenz*. Das erforderliche *Kapital* wurde ebenfalls überwiegend *innerhalb der Industriestaaten gebildet.* Der Handel mit den heutigen Ländern der Dritten Welt war in der Gesamtbilanz der Kapitalbildung und Industrialisierung des Westens von geringer Bedeutung[7]. Vor allem der *Kolonialismus* des 19. Jahrhunderts wurde eher zu einer *ökonomischen Belastung.* In diesem Sinne hatte schon J. A. Hobson, der Begründer der neueren Imperialismustheorie und Sprecher der englischen Industrie und Wirtschaft, im ausgehenden 19. Jahrhundert gegen die Tories die negativen Folgen des Kolonialismus für die Volkswirtschaft Englands kritisiert. Die Berechtigung dieser Kritik zeigte sich an den im Vergleich zu anderen Industriestaaten langsameren wirtschaftlichen Zuwachsraten Großbritanniens, der eigentlichen Weltmacht des Kolonialismus, seit den siebziger Jahren des letzten Jahrhunderts.

Der Aufbau einer eigenen technisch-industriellen Basis muß demgegenüber heute in der Dritten Welt in Konkurrenz zu den technisch-wirtschaftlich weit überlegenen westlichen Gesellschaften geleistet werden. Das erforderliche Kapital für die schnelle Modernisierung der Wirtschaft und die hierzu benötigten Infrastrukturen (unter anderem Verwaltung, Bildungssystem, Straßenbau) versuchen die Entwicklungsländer vor allem durch *Rohstoffexport*, durch den *Lohnkostenvorteil* eigener neuer Exportindustrien und durch die *Aufnahme von Krediten im Ausland* zu gewinnen.

Bei der Kapitalbildung durch *Rohstoffexporte* wurden die Produzenten von den *extremen Schwankungen der Weltmarktpreise* abhängig. Besonders negativ wirkten sich die wiederholten *Preiszusammenbrüche* auf Länder mit Rohstoffmonokulturen aus (zum Beispiel „Kaffee-, Zucker- oder Kupferstaaten"). Der forcierte Ausbau tropischer Exportmonokulturen (unter anderen Zucker, Erdnüsse, Kakao) führte in einigen Entwicklungsländern mit starkem Bevölkerungsdruck zu einer drastischen *Vernachlässigung der Produktion von Grundnahrungsmitteln*. Hochtechnisiertes „Agrobusiness" in Großplantagen hatte negative beschäftigungs- und sozialpolitische Konsequenzen (Verdrängung der Klein- und Mittelbauern). Bei einigen Produkten wurden die Exportchancen und Erlöse durch Substitutionsprodukte stark reduziert (zum Beispiel Sisal und Baumwolle durch synthetische Materialien; Zucker durch Mais- und Holzglukose). Exporte der hochsubventionierten Zuckerindustrie der Europäischen Gemeinschaft zu ruinösen Dumping-Preisen führten in jüngster Zeit zum Zusammenbruch des *Weltzuckermarktes.*

Versuche der *Kartellbildung* von Rohstoffländern zur Stabilisierung von Preisen waren bisher, wenn überhaupt, nur vorübergehend in Mangelsituationen erfolgreich. Beispielhaft hierfür ist die bislang erfolgreichste Kartellbildung, das *Ölexportkartell* der OPEC-Staaten im Zuge der Erdölversorgungskrise. Die durch die Ölkrise ausgelöste weltweite Rezession hatte allerdings weit negativere Folgen auf das wirtschaftliche Wachstum erdölarmer Staaten der Dritten Welt als auf die Industriestaaten. Die reichen Erdölländer investierten ihre Überschüsse vor allem in den politisch stabilen, wirtschaftlich zukunftsträchtigen und aufnahmefähigeren westlichen Volkswirtschaften. Im Falle der bevölkerungsarmen *arabischen Erdölstaaten* konnten immerhin einige Entwicklungsländer wie zum Beispiel Ägypten, Sri Lanka, Pakistan und die Philippinen vom massenhaften *Gastarbeiterexport* und deren Überweisungen profitieren, ein Nutzen, der allerdings durch den Verlust qualifizierter Arbeitskräfte und hohe menschliche Kosten teilweise relativiert wurde. Die meisten Erdölländer wurden durch den neuen, durch das „Verdienst" ihrer Geographie gewonnenen Reichtum überfordert. Er wurde nur selten und dann meist nur begrenzt erfolgreich für den Aufbau einer eigenen leistungsfähigen Industrie und Landwirtschaft investiert. Auch wegen der Erwartung noch steigender, exorbitanter Gewinne entstanden in vielen Fällen parasitäre Volkswirtschaften, für die entwicklungshemmende Verwerfungen der sozialen und wirtschaftlichen Strukturen und die Bildung einer unproduktiven Staatsklasse charakteristisch sind (zum Beispiel drastischer Rückgang der Agrarproduktion, Aufbau überdimensionierter, zum Scheitern verurteilter Großprojekte und Elitenkorruption in Nigeria).

Der *Aufbau von Industrien und der Export industrieller Halb- und Fertigwaren* haben in der Tat in einigen Sektoren die Industrialisierung einiger Länder der Dritten Welt begünstigt (insbesondere Stahlproduktion und Schiffsbau). Vielfach wurden die *Lohnkostenvorteile* jedoch *durch fehlende notwendige komplementäre Strukturen aufgehoben* (zum Beispiel fehlende Zulieferindustrien). Damit wurde die Substitution industrieller Importe durch eigene Industrien gesamtwirtschaftlich zum *Verlustgeschäft*. Bei geringer Kaufkraft und niedriger Aufnahmefähigkeit des eigenen Marktes mußten ferner viele Entwicklungsländer die Erfahrung machen, daß den Produkten ihrer neuen Industrien der Zugang zu den Märkten der hochindustrialisierten Staaten durch *Zollmauern* versperrt blieb und eventuelle Lohnkostenvorteile wegen *geringer Produktionsstückzahlen* neutralisiert wurden. Die Auslagerung kostenintensiver Industrien in Billiglohnländer der Dritten Welt wird gerade in der Gegenwart noch zusätzlich durch den *Rückgang des Lohnanteils an den Produktionskosten durch computergesteuerte automatisierte Produktionstechniken* und die Vorteile der besseren komplimentären Standortbedingungen in den hochindustrialisierten Staaten in Frage gestellt.

Die Konkurrenzfähigkeit der meisten wichtigen modernen Industriesektoren wird nur durch Massenproduktion gewährleistet. Letzteres wiederum setzt *große Absatzmärkte* voraus. Daher wurden die größten Erfolge beim Aufbau eigener Industrien bisher in den Entwicklungskontinenten Brasilien, Indien und China sowie im Großwirtschaftsraum Südost- und Ostasien erzielt. Demgegenüber sind die *Binnenmärkte* der meisten Entwicklungsländer für eine erfolgreiche eigenständige Industrialisierung *zu klein*. Daher spricht viel für die von einigen Regierungen vertretene scheinbar paradoxe These, daß ihre Länder (z. B. Malaysia) trotz der Bevölkerungsexplosion immer noch „unterbevölkert" seien. Der Alternative, der Bildung großer regionaler Wirtschaftsräume („Süd-Süd"-Kooperation), stehen der nationalstaatliche Egoismus, häufig auch geographische Barrieren (zum Beispiel in Südamerika Andengebirge) und unzulängliche Verkehrsverbindungen im Wege. Darüber hinaus macht die typische *Produktpalette der Frühindustrialisierung* (zum Beispiel Textilien) die einzelnen Länder eher zu Konkurrenten als zu Partnern. Dies gilt erst recht für den Rohstoffexport.

Die Finanzierung des wirtschaftlichen Aufbaus in der Dritten Welt über *Auslandskredite* war auch schon in der rasch wachsenden Weltwirtschaft der sechziger und siebziger Jahre mit den typischen Risiken der Finanzierung wirtschaftlicher Investitionen durch Fremdkapital verbunden (zum Beispiel Fehleinschätzung der Marktchancen; unvorhergesehene, politisch ausgelöste Konjunktureinbrüche usw.). Auch unter dem Druck ihrer inneren sozialen und politischen Probleme ließen sich viele Regierungen auf *wirtschaftlich riskante Verschuldungsprozesse* ein. Mit Hilfe verstärkter Verschuldung durchstanden die Entwicklungsländer zwar zunächst die 1973 einsetzenden Erdölkrisen besser als die Industriestaaten (höhere Wachstumsraten des Prokopfeinkommens; mit der neuen Ölkrise zu Beginn der achtziger Jahre und der ihr folgenden Weltwirtschaftskrise wurde jedoch jener Punkt erreicht, bei dem die Schuldnerländer, darunter vor allem viele bis dahin stark expandierende Schwellenländer (zum Beispiel Brasilien, Mexiko, Argentinien, Philippinen), den wirtschaftlichen Zusammenbruch allein durch immer neue Kreditaufnahmen verhindern und insbesondere die fälligen Kreditzinsen und Tilgungen nur mit Hilfe exzessiver weiterer Neuverschuldung aufbringen konnten. Daher setzte nunmehr eine Phase der Stagnation und häufig sogar der drastischen Schrumpfung der Volkseinkommen ein, was in der Konsequenz die Chancen des Ausbruchs aus der „Verschuldungsfalle" noch weiter verringerte. Die vermutete Wachstumsrate pro Kopf beträgt dementsprechend im Zeitraum 1980 bis 1985 für alle Entwicklungsländer 0,7%, für Afrika −1,7%, für die Industrieländer 1,5%.

Die lawinenhafte und immer *erdrückendere Zunahme der Auslandsverschuldung* wird durch die folgenden Angaben veranschaulicht: In 13 Jahren hat sich bis 1983 die Auslandsverschuldung der Entwicklungsländer fast verachtfacht (von 68,4 auf 596 Milliarden US-$). Die Gesamtschuldendienstquote entsprach 1983 = 20,7% aller Exporte von Gütern und Dienstleistungen (1970 = 13,5%); der Anteil der Schulden am Bruttosozialprodukt stieg auf 26,7%[8]). Diese Durchschnittswerte werden von einzelnen Schuldnerländern wie zum Beispiel Brasilien oder Mexiko noch erheblich übertroffen.

Das Schuldenproblem wurde durch die Anhebung des Zinsniveaus zur Finanzierung des wirtschaftlichen Aufschwungs und der Rüstung in den Vereinigten Staaten extrem verschärft. Auch die Verantwortungslosigkeit der internationalen Großbanken bei der Gewährung von Krediten an längst überschuldete Staaten hat zur Verschuldungsspirale beigetragen. Die Gefahr eines Zusammenbruchs des labilen überdimensionierten Verschuldungsgebäudes mit katastrophalen Konsequenzen nicht nur für die Gläubigerbanken, sondern für die Weltwirtschaft – für die Entwicklungsländer *und* die Industriestaaten –, ist noch keineswegs gebannt. Schon durch den Kollaps eines der großen Schuldnerstaaten könnten fatale Kettenreaktionen ausgelöst werden. Kurzfristige, effektive Lösungen der Überschuldung aber sind nicht erkennbar. Dies um so mehr, da die ordnungspolitisch „richtigen", insbesondere vom *Internationalen Währungsfonds* geforderten Maßnahmen zur Sanierung der öffentlichen Haushalte und der Volkswirtschaften in der Dritten Welt unter innen- und sozialpolitischen Gesichtspunkten noch schwerer durchsetzbar sind als analoge Strategien in den hochverschuldeten Industriestaaten der Ersten Welt. Die westlichen Gläubigerstaaten können kein Interesse an einer wirtschaftlichen Gesundung von Entwicklungsländern haben, an deren Ende der politische Zusammenbruch steht.

Die Forderungen nach einer neuen Weltwirtschaftsordnung

Als Folge der starken Schwankungen der Weltmarktpreise für Rohstoffe, der eigenen ungünstigen Wettbewerbssituation beim Aufbau neuer Industrien und angesichts der Zollschranken in den Industriestaaten wurde von den Entwicklungsländern seit den sechziger Jahren eine „neue Weltwirtschaftsordnung" gefordert[9]). Ihre wesentlichen Elemente sollen sein: Wirtschaftliche regionale Kooperation der Entwicklungsländer (*Bildung regionaler Märkte* nach dem Vorbild der EG), vorläufiger *Zollschutz* für die eigenen Industrien zum Zweck der Importsubstitution bei gleichzeitiger Senkung der Zölle in den Industriestaaten für Exporte aus der Dritten Welt, *Erhöhung der Entwicklungshilfe* auf ein festes, „berechenbares Niveau", *Stabilisierung der Rohstoffexporterlöse* gegen Preisschwankungen durch Einrichtung sog. *Bufferstocks* (Aufkauffonds) sowie *Einflußnahme auf die Kreditgewährung internationaler Entwicklungsfonds* wie zum Beispiel der Weltbank. Diese und andere Forderungen wurden innerhalb der UNO seit 1964 von der sogenannten „Gruppe der 77 Regierungen des Südens" vertreten (heute über 120 Mitglieder, nahezu alle Südländer, aber auch Jugoslawien als Gründungsmitglied und Rumänien). Auf ihr Betreiben wurde die *United Nations Conference on Trade and Development* (UNCTAD) als Sonderorganisation der Vereinten Nationen gegründet. Vor allem innerhalb dieser Institution wurde der Streit über eine neue Weltwirtschaftsordnung von der Gruppe 77 in bisher sechs Verhandlungsrunden mit den westlichen Industriestaaten (zuerst 1964, zuletzt 1979 Manila und 1983 Belgrad) in langwierigen und harten Verhandlungen ausgetragen.

Gegen die Wünsche der „Südländer" wurden von den Industriestaaten und insbesondere den USA *ordnungspolitische Einwände* erhoben. Die Schaffung von Aufkauffonds und von Bufferstocks zur Bekämpfung von Preisschwankungen werde die gleichen Überschußproduktionsmechanismen und gesamtwirtschaftlichen Strukturverzerrungen provozieren wie die Agrarpolitik der Europäischen Gemeinschaft. Durch subventionierte Rohstoffpreise würden letztlich rohstoffarme Entwicklungsländer benachteiligt und rohstoffexportierende Industriestaaten begünstigt. Die Erhöhung der internationalen Liquidität durch vermehrte Kredite des *Internationalen Währungsfonds* (zusätzliche Sonderziehungsrechte) und ein stärkeres Mitspracherecht der Schuldnerländer im Währungsfonds werde eine weitere Zunahme schon jetzt exzessiver Überschuldungen und weltweiter Inflationsschübe bewirken. Diese und andere Argumente könnten von den Industriestaaten überzeugender vorgebracht werden, wenn sie sich selbst an die ordnungspolitischen Regeln einer freien Weltmarktwirtschaft hielten. Vor allem in beschäftigungspolitisch wichtigen Bereichen werden die Märkte der Industriestaaten immer noch gegen billige Konkurrenz aus der Dritten Welt geschützt.

Langfristig werden *stärkere Konzessionen der Industriestaaten* im Sinne einiger der in der Diskussion über eine neue Weltwirtschaftsordnung gestellten Forderungen *unvermeidlich* sein. Wie in den Volkswirtschaften der Industriestaaten selbst, wird auch auf globaler Ebene die große politische Zukunftsaufgabe darin bestehen, den richtigen Ausgleich zwischen sozialer und politischer Stabilisierung einerseits und der Sicherung der Dynamik und Innovationskraft des Marktes andererseits zu finden und immer neu zu festigen.

Apokalyptische Visionen:
Verstädterung und ökologische Folgeprobleme

Durch die Bevölkerungsexplosion und die schnelle Modernisierung wird der wirtschaftliche Aufbau in der Dritten Welt mit den ökologischen, sozialen und politischen Folgekosten belastet, für die es in der westlichen Industrialisierung keine auch nur annäherungsweise vergleichbare Entwicklung gab. Vor allem für die weitere Zukunft zeichnen sich geradezu apokalyptische Visionen ab.

Durch Landflucht und natürlichen Bevölkerungszuwachs entstehen *riesige städtische Ballungszentren* (vgl. Beitrag *Hampel/Rüland*). Um einige Beispiele zu geben: Gegenüber 1975 wird bis 2000 ein Zuwachs der Bevölkerung Mexico Citys von elf auf 32 Millionen, Groß-Bombays von sieben auf 19 Millionen, Groß-Kairos von sieben auf 16,5 Millionen, Jakartas von 5,6 auf 17 Millionen und Manilas von 4,5 auf 13 Millionen angenommen. In der Industrialisierungsgeschichte Europas waren die erheblich langsamer wachsenden neuen, viel „kleineren" Großstädte die kommerziellen und industriellen Wachstumspole der Gesamtwirtschaft. Für die Metropolen der Dritten Welt gilt dies nur in sehr eingeschränkter Form. Ein beträchtlicher Teil der

Bevölkerung ist arbeitslos, unterbeschäftigt oder lebt von wenig produktiver Tätigkeit im informellen Sektor. Ausgesprochen *parasitär* werden die neuen Großstädte wegen der Furcht der Politiker vor dem politischen Potential der großstädtischen Massenagglomerationen. Um die Bevölkerung *politisch zu befrieden*, zweigen sie erhebliche Teile der für die Entwicklung verfügbaren Ressourcen für den Bau nicht unmittelbar produktiver essentieller städtischer Infrastrukturen (Kanalisation, Straßenbau usw.) und zur Subventionierung der Lebensmittelpreise ab. Damit bildet sich ein für Entwicklungsländer nachgerade typischer, die Landflucht immer neu begünstigender *Circulus vitiosus* heraus: Durch den Ausbau der Infrastrukturen wird das Leben in der Stadt attraktiv. Zur Sicherung der Lebensmittelversorgung wird die Lebensmittelproduktion der einheimischen Agrarwirtschaft von staatlichen Stellen zu Billigpreisen zwangsangekauft oder die Lebensmittelpreise durch subventionierte staatliche Großimporte auf ein niedriges Niveau heruntergedrückt, das der Kaufkraft der städtischen Armen adäquat ist. Dies verhindert die Bildung von Kaufkraft auf dem Lande. Anreize zur Steigerung der bäuerlichen Produktion entfallen. Beschleunigung der Landflucht und damit wieder des Bevölkerungswachstums in den Großstädten, ein verstärkter Zwang zu Investitionen in den städtischen Infrastrukturen und zur staatlichen Subventionierung der Lebensmittelversorgung in den Großstädten, weitere Verarmung der Bauern und schließlich erneute Abwanderung vom Lande sind die Folge. Beispielhaft für diese Entwicklung steht Ägypten. Durch subventionierte Verkaufspreise importierter Grundnahrungsmittel, die erheblich unter den Produktionskosten der einheimischen Landwirtschaft liegen, ist die Produktion von Grundnahrungsmitteln wie Weizen unter den Stand der sechziger Jahre zurückgefallen.

Eine *verstärkte ländliche Entwicklung* hat sich, wenn überhaupt, nur wenig als Strategie zur Verlangsamung des Metropolenwachstums bewährt. Wegen ihrer besseren *Gesundheitsversorgung* (insbes. Trinkwasser) nimmt die Bevölkerung in den Metropolen häufig noch schneller als auf dem Land zu. Die Metropolen wachsen daher auch bei einer eventuellen drastischen Verringerung der Zuwanderung vom Land in einem stürmischen Tempo. Gerade bei Verbesserungen des materiellen Lebensniveaus und des *Bildungsangebots* auf dem Lande steigt ferner dort der Bevölkerungsdruck und mit ihm die Mobilitätsbereitschaft. Die „richtige" Strategie wäre wohl eine Dezentralisierung im Verbund mit einer effektiven regionalen, auch die Dörfer einbeziehenden Entwicklungsförderung. Wegen der wirtschaftlichen Sogwirkung der Metropolen (bessere Infrastrukturen, Nähe zu den finanziellen und administrativen Schaltstellen, Zuliefererindustrien u.a.) hat eine solche Strategie am ehesten eine Realisierungschance im Frühstadium des Urbanisierungsprozesses.

Ebenso dramatisch sind die sich abzeichnenden *ökologischen Probleme* des Bevölkerungswachstums. Hierzu führt „Global 2000" aus: „In vielen unterentwickelten Ländern wird die Wasserversorgung infolge der starken Abholzung von Wäldern um das Jahr 2000 immer unberechenbarer. Die Erschließung neuer Möglichkeiten zur Wasserversorgung wird praktisch überall teuerer." ... „Die Prognosen deuten darauf hin, daß um das Jahr 2000 etwa 40% der heute noch vorhandenen Waldfläche in den Entwicklungsregionen verschwunden sein wird." ... „Infolge von Erosion, Verlust an organischen Stoffen, Wüstenausbreitung, Versalzung, Alkalisierung und Versumpfung wird es weltweit zu einer ernsthaften Verschlechterung der landwirtschaftlichen Nutzflächen kommen ... Die Ausbreitung wüstenähnlicher Bodenverhältnisse beschleunigt sich wahrscheinlich noch. Die Konzentration von Kohlendioxid und Ozonabbau in den Chemikalien in der Atmosphäre wird voraussichtlich in einem solchen Maße zunehmen, daß sich das Klima auf der Erde und die obere Atmosphäre bis zum Jahr 2050 entscheidend verändern. Saurer Regen infolge gesteigerter Verwendung fossiler Brennstoffe (vor allem Kohle) bedroht Seen, Böden und Ernten. Radioaktive und andere gefährliche Stoffe werfen in einer zunehmenden Zahl von Ländern Gesundheits-Sicherungsprobleme auf. Die Ausrottung von Pflanzen und Tierarten wird dramatisch zunehmen"[10]).

Eine Bewältigung der hier nur umrißhaft angedeuteten epochalen ökologischen Probleme ist sicher nicht möglich durch den Verzicht auf moderne Technologien und die Rückkehr zu vorindustriellen Produktionsformen. Mit letzteren könnte die neu hinzugewachsene Bevölkerung nicht ernährt und der erreichte Standard der Versorgung mit essentiellen technischen Gütern und Dienstleistungen (zum Beispiel Gesundheitsvorsorge und -versorgung, Bildung) nicht gehalten werden. Befriedigende Lösungen für die ökologischen Probleme der Modernisierung können nur durch wissenschaftliche und technische Fortschritte in der Form „angepaßter Technologien" gefunden werden.

Hierzu gehören beispielsweise die Entwicklung neuer bodenschonender, ertragreicher und auf Kunstdüngung nicht angewiesener Pflanzensorten durch die Gentechnologie oder die Verhinderung von Schadstoffemissionen mit Hilfe neuer billiger Techniken.

„Nation-building" und internes Konfliktpotential

Erst nach dem Zweiten Weltkrieg kam in der westlichen Staatenwelt der Prozeß des *Nation-building* zu einem vorläufigen Abschluß. Als Schlußpunkt zu einer über 150jährigen Geschichte verlustreicher, zerstörerischer Kriege und schwerer sozialer, ethnischer und kulturell-religiöser Konflikte waren nunmehr die territorialen Grenzen wohl endgültig abgesteckt. Auch die politisch-sozialen Organisationsformen der repräsentativen Demokratie und des Daseinsvorsorgestaats hatten sich durchgesetzt. Es folgte eine immer noch anhaltende

Phase friedlicher, innerer, politisch-sozialer Entwicklung und wirtschaftlichen Aufbaus.
Bei der politischen Emanzipation der Dritten Welt seit Ende des Zweiten Weltkrieges mußte – vom Sonderfall Lateinamerikas abgesehen – neben der schwierigen wirtschaftlich-technischen Modernisierung noch zusätzlich der Prozeß des *Nation-building* nachgeholt werden.
Die Verwirklichung dieser beiden Ziele wurde durch das komplexe und reiche Potential *ethnischer, religiöser, sozialer, ökonomischer und geopolitischer Konflikte* beeinträchtigt, das innerhalb und zwischen den meist durch die koloniale Tradition definierten nationalen Territorien angelegt war (vergleiche die Beiträge von *Hanf* und von *Braun*). Während sich in der Konferenz von Bandung 1955 die damals unabhängig gewordenen Staaten Asiens und Afrikas noch euphorisch als neue „Dritte Welt" präsentierten, wurde für ihre tatsächliche Entwicklung bald ein anhaltender und sich bis in die Gegenwart eher noch verstärkender Prozeß der Ausdifferenzierung zwischen- und innerstaatlicher Konflikte charakteristisch. Häufig wurden dabei die in ihrer Geschichte angelegten Konflikte gerade durch die sozialen und kulturellen Brüche und Folgekosten der Modernisierung verschärft; umgekehrt wurde dadurch auch der wirtschaftliche Aufbau erschwert. Besonders negativ wirkten sich auch die politische Rivalität von Ost und West um politische und geostrategische Terraingewinne aus. Während die Territorien der Ersten und Zweiten Welt im Schutz des atomaren Patts von kriegerischen Zusammenstößen verschont blieben, verdichtete sich der Ost-West-Gegensatz in der Dritten Welt in zahlreichen Fällen zu schweren Kriegen (Korea, Vietnam), militärischen Interventionen (Schweinebucht/Kuba, Afghanistan) oder sogenannten Stellvertreterkriegen (Kubaner in Angola und Äthiopien).
Das in den Staaten der Dritten Welt selbst angelegte Konfliktpotential *ethnischer und religiöser Gegensätze* manifestierte sich in Asien zuerst bei der Teilung des indischen Subkontinents. In neuester Zeit zeigte es sich unter anderem im Bürgerkrieg zwischen den buddhistischen Singhalesen und den hinduistischen Tamilen Sri Lankas.
Beispiele ethnischer Konflikte sind für Afrika die *Sezessionsversuche* der Ibos von Nigeria, der Eriträer von Äthiopien und der Bewohner des südlichen Sudans vom Sudan oder die Territorialansprüche Somalias auf Gebiete Äthiopiens und Kenias. Im irakisch-iranischen Krieg kollidieren die laizistisch panarabische Staatsideologie des Irak mit dem religiösen Fundamentalismus des Iran. Alte geopolitische Gegensätze zeigen sich bei der Rivalität zwischen Ägypten und Syrien um die Führung in der arabischen Welt. Die Ausweitung sozialer, wirtschaftlicher, ethnischer und religiöser Gegensätze zu inneren und zwischenstaatlichen politischen Konflikten erhält gerade auch durch die Anhebung des Bildungsniveaus und der materiellen Lebensverhältnisse sowie durch die Verbesserung des Kommunikationswesens insbesondere durch Straßenbau und moderne Massen-

medien, wesentliche Impulse. Erst in ihrem Gefolge können ethnische nationale Ideologien in den Völkern die notwendige Resonanz finden und sich die erforderlichen politischen Führungseliten bilden. Es ist sicher kein Zufall, daß beispielsweise der Versuch einer ethnischen Separation und Staatsgründung von den Ibos, dem wirtschaftlich und bildungsmäßig erfolgreichsten Stamm Nigerias, begonnen wurde. Ähnliches gilt für die Forderung der Sikhs in Indien nach einem eigenen Staat. Auch diese religiöse Volksgruppe hat innerhalb des indischen Vielvölkerstaates nach den Kriterien der Bildung und wirtschaftlichen Leistung eine Spitzenstellung. Der ethnisch-religiöse Bürgerkrieg im Libanon wurde durch Verbesserung des Lebensniveaus, des Bildungsstandes und verstärkter regionaler religiöser Kommunikation der Schiiten mit dem Iran verschärft. Sie bildete die Grundlage für ihren Zusammenschluß zu einer eigenständigen neuen politischen Kraft. Die Ausweitung ethnischer, religiös-kultureller und sozialer Gegensätze wird in vielen Entwicklungsländern durch die mit „moderner" Bildung verbundenen sozialen und politischen Ansprüche verstärkt. Mit der Entwicklung eines gegenüber den Akademikern der ersten Stunde unterprivilegierten Bildungsproletariats von Schulabbrechern bis hin zu den im Überfluß „produzierten" Akademikern bildet sich auf dem Nährboden der skizzierten sozialen, wirtschaftlichen, ethnischen und religiös-kulturellen Konflikte ein leicht mobilisierbares Potential revolutionärer politischer Gegeneliten.

Die zentrale Rolle der Militärs

Wie schon im 19. Jahrhundert in Lateinamerika erhielt in Afrika und Asien das Militär mit der Ausweitung innerer und zwischenstaatlicher politischer Konflikte und wegen der geringen Basisverbundenheit der meisten politischen Eliten fast überall eine zentrale Rolle für die Aufrechterhaltung des inneren Friedens und den Schutz vor äußerer Bedrohung (vgl. Beitrag *Braun*). Auch durch die Einbeziehung der Dritten Welt in den *Ost-West-Konflikt* wurde damit eine *Aufrüstungsspirale* ausgelöst, die wegen ihrer Belastungen für die nationalen Budgets immer mehr zu einem entscheidenden Hemmungsfaktor der wirtschaftlichen und sozialen Entwicklung wurde. Für Rüstungen wird heute in der Dritten Welt wesentlich mehr ausgegeben als durch Entwicklungshilfe „eingenommen". In Pakistan zum Beispiel werden über 50% der staatlichen Budgets für Rüstung und nur 2% für Bildungsmaßnahmen „investiert". Der Anteil der Entwicklungsländer an den Kosten der „Weltrüstung" stieg seit 1960 von 4% auf derzeit 17%. Eine substantielle Verringerung dieser Aufrüstung durch Waffenembargos erscheint schon im Hinblick auf die politische Rivalität und die wirtschaftlichen Interessen westlicher und östlicher Lieferanten als wenig wahrscheinlich. Gerade auch wegen der Angebote

neuer Waffenlieferanten aus ehemaligen Entwicklungsländern wird ihre Möglichkeit vollends illusionär (zum Beispiel Israel, Argentinien, Brasilien).
Durch die Aufrüstung verstärkt sich notwendigerweise auch *das innenpolitische Gewicht der Militärs*. Sie werden dabei in der Regel zu einer den Handlungsspielraum der zivilen politischen Eliten einengenden und ihre Herrschaft gefährdenden privilegierten Kaste. Gerade die von manchen in eine technokratische Entwicklungsdiktatur der Militärs gesetzten Hoffnungen haben sich nicht erfüllt. In der Regel hat die Übernahme wirtschaftlicher Schlüsselfunktionen durch Militärs wegen der fehlenden politischen und rechtlichen Kontrolle ihrer Regime Korruption und Mißwirtschaft eher verstärkt als verringert. In der Gesamtbilanz schneiden die Entwicklungsdiktaturen von Militärs nicht besser ab als andere autoritäre Entwicklungssysteme (vgl. Beitrag Werz). Vielleicht war in einigen Fällen die politische Machtübernahme der Militärs allerdings die Ultima ratio zu entwicklungspolitisch noch negativeren Konstellationen oder zur Verhinderung des politischen „Chaos".

Zunehmende Entwicklungsunterschiede zwischen und innerhalb von Entwicklungsländern

Aussagekräftiger als pauschale Gegenüberstellungen von Industriestaaten und Entwicklungsländern sind die zunehmenden ökonomischen Entwicklungsdisparitäten zwischen und innerhalb der einzelnen Entwicklungsländer.
So steigerte sich das Bruttosozialprodukt der 13 OPEC-Staaten von 1960 bis 1972 jeweils jährlich um 7,2% (OECD-Staaten: 4%) und von 1972 bis 1976 um 12,5% (OECD-Staaten: 2%). Als Folge der zweiten Ölkrise gab es von 1976 bis 1980 noch größere, nachgerade explosionsartige Wachstumsschübe (arabische Ölstaaten = über 60%!)[11].
Auch zahlreiche Entwicklungsländer mit mittleren Einkommen erlebten zwischen 1965 und 1983 einen deutlichen wirtschaftlichen Aufschwung, so daß sie trotz eines starken Bevölkerungswachstums noch höhere Zuwachsraten des Prokopfeinkommens aufwiesen als die westlichen Industrieländer[12].
Besonders *erfolgreich* waren einige „Schwellenländer". Insbesondere Malaysia, Südkorea, Singapur und Taiwan erreichten ökonomische Niveaus, die erheblich über denen der westeuropäischen Industriestaaten am Ende der fünfziger Jahre liegen. Argentinien und Uruguay, beides Länder, die 1938 höhere Prokopfeinkommen als Frankreich hatten und auch noch nach dem Zweiten Weltkrieg Einwanderungsländer für Europa waren, wurden durch eine abenteuerliche Wirtschafts- und Sozialpolitik zu Entwicklungsländern (in Uruguay über 50% Staatsbedienstete, Pensionierung bei vollem Gehalt

mit 45 Jahren). Zugleich stieg Japan, das bis Ende der fünfziger Jahre nach dem Kriterium des Volkseinkommens als „Entwicklungsland" rangierte, zur technologischen und industriellen Führungsmacht auf.

Am unteren Ende rangieren zwölf Staaten Südasiens, Haiti (das Armenhaus der Karibik) und 21 Staaten Schwarzafrikas mit einem Einkommensniveau von weniger als 400 US-$ im Jahre 1983. Insgesamt übertraf das jährliche volkswirtschaftliche Wachstum dieser Ländergruppe im Zeitraum 1960 bis 1973 mit 3,5% noch leicht die Zuwachsrate der Bevölkerung und war 1973 bis 1979 mit 2,1% schon deutlich geringer als die Bevölkerungszunahme[13]).

Für 1980 bis 1985 hat sich in *Afrika* dieses negative Verhältnis zwischen Wirtschaftswachstum und Bevölkerungswachstum kontinuierlich verstärkt und wird in Zukunft noch weiter zunehmen. Am deutlichsten erkennbar wird dieser Verarmungsprozeß an der Verringerung der statistischen Prokopfeinkommen der armen Länder Afrikas. Während sie 1960 bis 1973 jährlich noch jeweils um 1% wuchsen, reduzierten sie sich bis 1979 pro Jahr um $-0,8\%$. Hier und teilweise auch in Asien, Lateinamerika und der Karibik sind also gerade einkommensschwache Entwicklungsländer mit schnell zunehmender Bevölkerung stark verarmt oder besser: weiter verelendet. Insbesondere *Schwarzafrika* scheint *das zukünftige Armenhaus der Welt* zu werden. Für diesen Kontinent wird bis zum Jahr 2000 eine Zunahme der unterhalb der Armutsschwelle lebenden Bevölkerung von derzeit 60% auf 85% vorausgesagt.

Bei starken Unterschieden von Land zu Land konnten *Lateinamerika* und die Karibik *zusammengenommen* mit durchschnittlichen jährlichen Wachstumsraten der Volkseinkommen 1960 bis 1980 von 5,4% (= pro Kopf 2,9%) eine Phase starker und lang anhaltender wirtschaftlicher Expansion verzeichnen. Mit der letzten Erdölkrise begann seit 1981 ein dramatischer Schrumpfungsprozeß der Volkseinkommen (Rückgang des BSP 1981 bis 1983 jährlich = $-1,6\%$ bzw. pro Kopf = $-4,1\%$; 1984 = 4,1%). Trotz der exzessiven Überschuldung vieler Staaten hat der lateinamerikanische Kontinent im Hinblick auf seine natürlichen Ressourcen, das inzwischen erreichte Niveau seiner Volkswirtschaften und ihrer technisch-administrativen Infrastrukturen unvergleichlich bessere Entwicklungschancen als Afrika. Positiv bemerkbar macht sich für Lateinamerika auch die sich abflachende Bevölkerungsvermehrung, die vergleichsweise geringe Bedeutung religiöser und ethnisch-tribalistischer Konflikte sowie die zunehmende Verflechtung der Volkswirtschaften zu einem allmählich sich bildenden lateinamerikanischen Wirtschaftsgroßraum.

Als Folge rückläufigen Ölverbrauchs und sinkender Ölpreise schrumpften nunmehr sogar die Volkseinkommen der reichen *OPEC-Länder*. Die weitere Verbilligung der Ölimporte durch einen immer noch möglichen Kollaps des Ölpreises würde die Handelsbilanz der anderen Entwicklungsländer nachhaltig entlasten. Negative Konsequenzen hätte der sinkende Ölpreis primär für den Export der

Industriestaaten in die ölproduzierenden Länder. Darüber hinaus würden wahrscheinlich schwere soziale und politische Erschütterungen in den Ölstaaten die Bildung neuer weltpolitischer Krisenherde bedeuten.

Am stabilsten und schnellsten wuchs das Volkseinkommen aller *asiatischen Länder* zusammengenommen (ohne Japan). Von 1960 bis 1983 stiegen sie jährlich um 5,6%. Wenig ausgewirkt hat sich auch die Rezession der Weltwirtschaft auf Asien. 1980 bis 1983 betrug der durchschnittliche jährliche Zuwachs 5,5%[14]). Besonders bemerkenswert ist dabei die Dynamik der Volkswirtschaften Chinas und Indiens mit durchschnittlichen jährlichen Zuwachsraten des Bruttoinlandprodukts von 5,8 und 5,2% (1980−1983). Bei einer Gesamtbevölkerung von 1,7 Milliarden leben in diesen beiden Staaten mehr als 50% aller Menschen der Dritten Welt (etwa 38% der Weltbevölkerung). In China schlug sich diese seither zu einer Wachstumsexplosion steigernde Entwicklung bei stark verringerter Bevölkerungsvermehrung (jährlich 1,2%; Indien 2,2%) in einer deutlichen und nachhaltigen Verbesserung des allgemeinen Lebensniveaus nieder. In Verbindung mit Japan und den schnell wachsenden Volkswirtschaften Ost- und Südostasiens könnte sich hier das neue zukünftige Zentrum der Weltwirtschaft herausbilden[15]).

Parallel zur Ausdifferenzierung der gesamtwirtschaftlichen Einkommensniveaus in der Dritten Welt haben sich *innerhalb* vieler Entwicklungsländer *starke regionale Entwicklungsdisparitäten* herausgebildet. Beispielhaft hierfür sind die „Entwicklungskontinente" Brasilien und Indien. Diese Länder illustrieren zugleich, daß der Durchschnittswert „Prokopfeinkommen" zu Irrtümern über die tatsächlichen Lebensverhältnisse der Menschen führen kann. Im Vergleich zur Bevölkerung mancher „einkommensschwacher" Länder mit noch ausreichender Nahrungsversorgung und intakten sozialen Strukturen (zum Beispiel Sri Lanka vor Ausbruch des tamilisch-singhalesischen Bürgerkriegs) leben viele Bewohner der nordöstlichen ländlichen Gebiete des Schwellenlandes Brasilien (Prokopfeinkommen 1982: 2240 US-$) in zutiefst menschenunwürdigen Verhältnissen. Im einkommensschwachen Indien (Prokopfeinkommen 1982: 260 US-$) hat zwar das Elend in verschiedenen ländlichen Gebieten und großstädtischen Ballungsräumen (zum Beispiel Kalkutta und Bombay) bisher präzedenzlose Massendimensionen angenommen. Gleichzeitig leben aber doch bei einer Gesamtbevölkerung von 700 Millionen etwa 120 Millionen Menschen auf vergleichsweise hohem Niveau im modernen Sektor der Wirtschaft. Daher rangiert Indien auf dem zwölften Platz der Rangliste industrieller Staaten.

Der Vergleich Indiens und Brasiliens zeigt zugleich, daß die sozialen Spannungen extremer Einkommensdisparitäten soziokulturell unterschiedlich verarbeitet werden. Während sie in Lateinamerika als zentrales moralisch-gesellschaftliches Unrecht wahrgenommen und damit zum politischen Sprengstoff werden, haben in Indien und anderen asiatischen Gesellschaften religiöse und ethnische Gegensätze einen sehr viel höheren politischen Stellenwert. Dennoch machen es die Landreformen in Japan, Korea, Taiwan und der VR China vor Beginn des wirtschaftlichen Aufbaus wahrscheinlich, daß egalitäre Agrar- und Sozialstrukturen eine bessere Startrampe für rasches und stabiles ökonomisches Wachstum bilden als extreme Einkommensunterschiede[16]). Ein anderes Beispiel für diese Dynamik ist vielleicht auch die Einkommensnivellierung in der Bundesrepublik vor Beginn des Wirtschaftswunders.

Eine Bilanz der ökonomischen Gesamtentwicklung

Die Bilanz der ökonomischen Gesamtentwicklung in der Dritten Welt läßt sich in den folgenden *Thesen* zusammenfassen:
1. Die Länder der Dritten Welt bilden noch bei Ende des Zweiten Weltkriegs über alle Unterschiede der soziokulturellen Traditionen und politisch-sozialen Organisationsformen hinaus im Hinblick auf die Kriterien des niedrigen Volkseinkommens, einer niedrigen Lebenserwartung und eines geringen formalen Bildungsstandards eine Einheit – wobei allerdings nicht übersehen werden darf, daß der scheinbar geringe Unterschied zwischen einem Prokopfeinkommen von 60 und 150 US-$ für die Differenz zwischen Hungersnot und ausreichender Ernährung stehen konnte.
2. Seit 1950 haben sich die Unterschiede zwischen den nationalen Einkommensniveaus in der Dritten Welt stark vergrößert. Nach vorübergehendem Wachstum in den sechziger Jahren verarmen heute gerade viele der einkommensschwächsten Länder. Am anderen Ende der Skala stehen die orchideenhaften Treibhausökonomien der reichen Erdölstaaten mit einem Lebensstandard, der zum Teil noch über dem der hochindustrialisierten Staaten liegt. Dazwischen haben die zu Schwellenländern gewordenen Staaten die ökonomisch-technische Distanz zu den Industriestaaten stark verringert und sind auf dem Weltmarkt zu leistungsstarken Konkurrenten geworden.
3. Im Vergleich der Kontinente schneidet nach dem Kriterium kontinuierlicher, bis heute anhaltender Zuwachsraten des Prokopfeinkommens Asien am besten ab, wobei die Durchschnittswerte durch einige arme und bevölkerungsreiche Staaten Südasiens stark verringert werden (zum Beispiel Bangladesch). Den negativen Gegenpol bildet Afrika. Lateinamerika nimmt eine Zwischenstellung ein. Mit einigen Ausnahmen wurden in den lateinamerikanischen Staaten bis 1981 bedeutende wirtschaftliche Erfolge erzielt. Trotz der starken Bevölkerungsvermehrung nahm das Prokopfeinkommen kontinuierlich zu. Die jetzige schwere Krise setzt eine Lösung der Überschuldungsprobleme voraus. Im Nahen Osten hängt die bisherige sehr erfolgreiche ökonomische Entwicklung neben politischen Faktoren (Nahostkonflikt, islamischer Fun-

damentalismus) vor allem von der weiteren Entwicklung der Ölpreise ab.
4. Mit der Ausdifferenzierung ökonomischer Entwicklungsdistanzen bildet die Dritte Welt heute noch weniger als zu Beginn des Modernisierungsprozesses eine Einheit. Auch im Hinblick auf die großen Unterschiede der soziokulturellen Traditionen, der internen Einkommensverteilungsmuster und der politisch-sozialen Organisationsformen werden die Begriffe „das" Entwicklungsland und „die" Dritte Welt zu einer abstrakten, wenig aussagekräftigen Fiktion[17]).

Entwicklungsmodelle:
Das „Mögliche" variiert von Land zu Land

Die entwicklungspolitische Diskussion[18]) über marktwirtschaftliche, sozialistisch-planwirtschaftliche oder „autozentrierte" Modelle, über eine auf Importsubstitution mit Schutzzollpolitik gegründete oder eine auf Steigerung der Exporterlöse und Integration in den Weltmarkt abzielende Entwicklungsstrategie ist für die „Theorie" heuristisch fruchtbar. Sie bringt jedoch zumindest kurzfristig für die Praxis der Entwicklungspolitik wenig, da die wirtschaftspolitische Spielraum der einzelnen Entwicklungsländer in der Regel durch ihre jeweiligen wirtschaftlichen, sozialen und politischen Konstellationen sehr eng abgesteckt ist.

Die Frage nach der jeweils adäquaten Entwicklungsstrategie kann wegen der großen Unterschiede in den sozioökonomischen und politischen Rahmenbedingungen nicht allein und generell für alle Entwicklungsländer nach den Vorgaben wirtschaftlicher Modelle und ökonomischen Lehrbuchwissens beantwortet werden. Sie muß vielmehr zunächst das in der jeweiligen Konstellation enthaltene „Mögliche" berücksichtigen. Das Mögliche aber variiert von Land zu Land. Wegen der Interdependenz von Ökonomie, Gesellschaft, Kultur und Politik kann sich auch bei weitgehender struktureller Vergleichbarkeit einzelner Länder im „Einzelfall" die Dimension des jeweils Möglichen durch die qualitative Verschiedenheit nur eines wichtigen Faktors der Ökonomie, der Gesellschaft, Kultur und Politik grundlegend verändern (zum Beispiel mediokre politische Eliten oder Existenz eines charismatischen politischen Führers).

So kann ein *autozentriertes Entwicklungsmodell* oder die Entwicklungsstrategie der Importsubstitution mit Hilfe von Schutzzollpolitik und die zeitweise Loslösung vom Weltmarkt nur auf der Grundlage großer Binnenmärkte funktionieren. Die Schaffung solcher großer regionaler Binnenmärkte ist aber in den meisten Entwicklungsregionen bisher am nationalen Egoismus und ihren kompetitiven Wirtschaftsstrukturen (ähnliche oder gleichartige Exportpalette, zum Beispiel Rohstoffe, Textilien usw.) gescheitert und wird angesichts des eher noch zunehmenden Nationalismus auch in Zukunft nur in beschränktem Umfange gelingen. Im übrigen ist das Modell autozentrierten Wachstums selbst im chinesischen Entwicklungskontinent aufgegeben worden. Trotz eines Marktes von über einer Milliarde Menschen, einer langen kulturellen Tradition leistungsfähiger Zentralverwaltungen, eines hohen Standards der traditionellen bäuerlichen Agrartechnik, trotz stalinistischer Methoden zur Ersetzung der Privatinitiative durch staatlichen Zwang und trotz bedeutender Erfolge bei der Verminderung des Bevölkerungswachstums mußte die chinesische Führung wegen der immer negativeren Relation zwischen dem Bevölkerungswachstum und der geringen Produktivität der kollektivierten Agrarwirtschaft und technisch veralteter Industrien zu einer exportorientierten Wachstumspolitik übergehen und dafür ausländisches Kapital und *Know-how* einwerben.

Die *sozialistischen und kommunistischen Entwicklungsmodelle* gehen von der Existenz funktionierender staatlicher Bürokratien beziehungsweise eines sie zur Effizienz zwingenden Sanktions- und Überwachungssystems aus. Die *marktwirtschaftlichen Entwicklungsmodelle* setzen die Existenz effizienter einheimischer Unternehmer und einer funktionierenden Marktordnung zur Verhinderung von Monopolen und unfairer Konkurrenz voraus. Die erzielten Gewinne sollen produktiv reinvestiert und die marktwirtschaftlichen Ordnungsbedingungen, das heißt die Möglichkeit freier fairer Konkurrenz durch Gesetzgebung und Rechtsprechung effizient überwacht werden (zum Beispiel Kartellgesetzgebung, effiziente Bankkontrolle, Unabhängigkeit der Notenbank). Diese und andere Annahmen der beiden Entwicklungsmodelle erwiesen sich vor allem in armen, besonders einkommensschwachen Entwicklungsländern als unrealistisch.

Der *sozialistische* Weg, die Entwicklung über Staatsbürokratien, wurde zu einer entwicklungspolitischen Sackgasse sklerotischer bürokratischer Reglementierung und Ineffizienz. Tansania ist hierfür „beispielhaft". Kuba stellt einen Sonderfall dar. Es war kein „einkommensschwaches" Land. Bei der Machtübernahme *Castros* verfügte es im lateinamerikanischen Vergleich über eine reiche Volkswirtschaft (1957: zweiter Platz hinter Argentinien mit 437 US-$, höheres Prokopfeinkommen als das damalige Spanien)[19]. Die Sozialpolitik und das wirtschaftliche Überleben waren nur möglich durch ein Maximum sowjetischer Hilfe. Ohne sie ist Kuba bis heute wirtschaftlich lebensunfähig. Dazu kommen die politischen Kosten: Der Massenexodus oppositioneller Bevölkerungsgruppen (etwa 15% der Gesamtbevölkerung), die politische Gleichschaltung und Unterdrückung mit ihren Konzentrationslagern und die exemplarischen Schauprozesse gegen Künstler.

Von wenigen Ausnahmen abgesehen wurde auch für viele (nach amtlicher Sprachregelung) am *Markt- und Unternehmermodell* orientierte einkommensschwache Länder eine allseits wuchernde korrupte staatliche Bürokratie „schicksalhaft". Wie in diesen von ausbeuterischen „Staatsklassen"[20] regierten und immer weiter verarmenden Gesellschaften die wirtschaftliche Produktivität aus eigener

Kraft gesteigert werden kann, bleibt unerfindlich. Der Terminus Marktwirtschaft wird hier zum trügerischen Etikett für von den Staatseliten manipulierte und ausgebeutete Volkswirtschaften. Dagegen konnten in den wenigen Staaten, in denen individuelle Leistung und wirtschaftliche Konkurrenz durch die politische und rechtliche Ordnung gefördert und geschützt wurden, die größten wirtschaftlichen Leistungen erzielt werden (u. a. Korea, Taiwan, Singapur, VR China nach der Entmaoisierung; Agrarwirtschaft Ghanas und Kenias nach Beseitigung staatlicher Preisbindung und Aufkaufmonopole).

Auffällig ist, daß die wirtschaftlich besonders erfolgreichen Länder zum Bereich der ost- und südostasiatischen Hochkulturen gehören. Dies scheint die These von der zentralen *Bedeutung einheimischer soziokultureller Traditionen* für die Aneignung westlicher Wissenschaft und westlicher technisch-wissenschaftlicher Produktionsmethoden zu bestätigen[21]).

Im Vergleich zu anderen autoritären Entwicklungsländern sind gerade für die *kommunistisch-zentralwirtschaftliche* Entwicklungsdiktaturen der Dritten Welt, insbesondere für Nordkorea, für das China Maos, für Kambodscha, Äthiopien, Guinea und Albanien extrem inhumane Formen der Massenunterdrückung und Massengleichschaltung sowie die barbarische Zerstörung überlieferter kultureller Werte charakteristisch. Gerade letzteres – der gezielte „seelisch-kulturelle Völkermord" – wurde im Westen in der Regel nur mit gedämpftem Bedauern „zur Kenntnis" genommen. Darin dokumentiert sich besonders deutlich der austauschbare inhumane Materialismus „linker" und „rechter" Entwicklungspolitik. Die tatsächlichen oder angeblichen sozialpolitischen Erfolge kommunistischer Diktaturen, vor allem im Bildungs- und Gesundheitswesen, wurden von letzteren im Ausland propagandistisch hervorragend vermarktet und zur selben Zeit einer objektiven Erfolgskontrolle entzogen. Durch Abschirmung nach außen wurde auch die Wahrnehmung der brutalen Unterdrückungsmechanismen verhindert. So wurde die Bilanz menschlichen Leids für das maoistische China und Guinea erst nach dem Ableben ihrer Herrscher und dem Zusammenbruch ihrer Unterdrückungssysteme bekannt. In der Verbindung von ideologischem Zement und totalitärer Repression zeichnen sich kommunistische Diktaturen politisch durch mehr Stabilität aus als die meisten anderen, nach außen und im Inneren wesentlich offeneren, transparenteren und damit stärker gefährdeten Entwicklungsdiktaturen. Unter ihnen fanden und finden sich indes ebenfalls zahlreiche Drakula-Regimes, die systematisch Menschenrechte verletzen *(Bokassa, Idi Amin,* Militärregime Guatemalas, argentinische Militärdiktatur vor der Demokratisierung).

Bei der Frage nach den Ursachen ökonomischer Entwicklung oder Unterentwicklung haben sich alle monokausalen Erklärungsversuche als unzureichend erwiesen. Die *Dependenztheorien* hoben einseitig auf die strukturellen *weltwirtschaftlichen Rahmenbedingungen* für die Entwicklung der Dritten Welt ab, die *Modernisierungstheorien* ebenso einseitig auf *interne* Faktoren wie *Bevölkerungsdruck* und tradierte *Einstellungen*. Die unterschiedlichen *ökonomischen Ausgangsbedingungen* der einzelnen Staaten wurden dabei zu wenig berücksichtigt (zum Beispiel unterschiedliche Ressourcen und soziokulturelle Überlieferungen, Marktgrößen, Nähe zu Wachstumszentren wie zum Beispiel im Falle der südeuropäischen Staaten oder im Verhältnis der südostasiatischen Staaten zu Japan). Ferner läßt sich wie bei allen Gesellschaften auch die Situation der Entwicklungsländer nicht allein aus fotografischen *Momentaufnahmen* der Gegenwart erklären. Ein vertieftes Verständnis wird meist erst bei der Beschäftigung mit ihrer *Geschichte* möglich. Etwa die Schwierigkeiten Argentiniens mit der Marktwirtschaft werden erst auf dem Hintergrund der Wirtschaftspolitik *Peróns* (1945–1955) und der durch sie geschaffenen wenig effizienten korporatistischen wirtschaftlichen und sozialen Strukturen verständlich. Viele der für die Entwicklungsgeschichte einzelner Länder wichtigen Faktoren lassen sich aber in der historischen Forschung nicht wie in einem naturwissenschaftlichen Experiment objektiv messen, sondern nur spekulativ schätzen. Alle historischen Erklärungen erfolgen darüber hinaus *nachträglich*; sie systematisieren im nachhinein Vorgänge, in denen auch schierer Zufall eine entscheidende Rolle spielen kann. Die bisherigen *generellen* Erklärungsversuche ökonomischer Entwicklung oder Unterentwicklung „der" Staaten „der" Dritten Welt wurden jedenfalls der Komplexität des Einzelfalls nicht gerecht. Ohne sie ist der Erkenntniszuwachs nicht möglich, zugleich aber verengen und vereinfachen sie die Perspektiven der Analyse.

Angesichts der fast unübersehbar gewordenen historischen Forschung zur Entstehungsgeschichte einzelner westlicher Staaten verwundert der Mut, mit dem immer noch *die* Entwicklung *der* Länder *der* Dritten Welt aus angeblich allgemein gültigen „Theorien" ohne Berücksichtigung der historischen Individualität der Staaten und der Komplexität ihrer geschichtlichen Prozesse erklärt wird.

Strategien der Entwicklungshilfe oder: Der Erfolg hängt auch von den Nehmerländern und ihren Bürokratien ab

Von der Entwicklungshilfe wurden wichtige Beiträge zur wirtschaftlichen Entwicklung der Dritten Welt geleistet. In der Öffentlichkeit wurden jedoch immer wieder die Möglichkeiten einer effektiven Beschleunigung der wirtschaftlichen Produktivität und der Überwindung von Massenarmut durch Entwicklungshilfe *überschätzt*[22]). *Unterschätzt* wurden dabei insbesondere die organisatorischen Probleme der Umsetzung von „Hilfe" und ihrer Erfolgskontrolle. *Verkannt* wurden ferner die komplexen Motivbündel, die mit Entwicklungshilfe, wie mit allen anderen Formen der Politik, unvermeidlich verbunden sind. Es ist festzuhalten, daß die Erfolgschancen aller Entwicklungshilfe in weitem Umfange von der Wirtschafts- und Sozialpolitik der Nehmerländer abhängig ist. Vom Ausland finanzierte Projekte ländlicher Entwicklung gehen ins Leere, wenn die Regierung zwecks Versorgung der städtischen Massen die Agrarpreise durch Zwang und subventionierte Importe auf ein so niedriges Niveau herabdrückt, daß für die Bauern Investitionen zum Verlustgeschäft werden müssen. Das gleiche gilt für Agrarexportländer, in denen die Agrarprodukte (zum Beispiel lange Zeit Kakao in Ghana) zu Billigpreisen von den staatlichen Stellen aufgekauft und die Exporterlöse den Produzenten vorenthalten werden. Die Unterstützung ehrgeiziger Industrialisierungsvorhaben, die wegen ihrer Standortbedingungen (zum Beispiel geringe Marktgröße, hohe Transportkosten, fehlende Infrastrukturen) nie aus den roten Zahlen kommen und nur durch Dauersubventionen aus anderen volkswirtschaftlichen Bereichen überleben können (etwa durch Erlöse aus Agrar- oder Mineralexporten), fördert gesamtwirtschaftlich Fehlallokationen.

Öffentliche staatliche Entwicklungshilfe wird nach dem *Antragsprinzip*, das heißt *auf Wunsch und Anforderung politisch souveräner Nehmerländer* gewährt. Dadurch wird der Spielraum für einen entwicklungspolitisch sinnvollen Mitteleinsatz eingeschränkt. Auf die Antragsformulierung und Bewilligung nehmen die wirtschaftlichen und politischen Interessen der einheimischen Eliten und der Geber Einfluß. Angesichts des entwicklungspolitischen *Legitimationszwangs, unter dem heute die Regierungen der Nehmer- und Geberländer stehen*, ist dieser Sachverhalt *kein notwendiger Gegensatz* zu entwicklungspolitisch vertretbaren Entscheidungen. Wirtschaftliche Interessen des Gebers können sich überdies mit zentralen entwicklungspolitischen Zielen des Empfängerlandes decken oder sie ergänzen. Wie im privaten Austausch ist im übrigen auch zwischen den Staaten die Forderung der „Uneigennützigkeit" ein trügerisches, nie zu erfüllendes Postulat. Der Geber hat immer einen Nutzen, und sei es nur psychische Satisfaktion. Fehlender Eigennutz ist für sich genommen noch kein positiver Wert. Kriterium der Bewertung von Hilfe sollten ihre *Wirkungen* sein. Bei positiven Effekten sollte auch Hilfe erlaubt sein, die dem Geber ebenfalls wirtschaftliche oder politische Vorteile bringt. Ungeachtet der Blauäugigkeit, die dem Bewertungskriterium der Uneigennützigkeit notwendig zugrunde liegt, wäre es grob unrealistisch zu verkennen, daß im Antrags- und Bewilligungsprozeß öffentlicher Entwicklungshilfe der Geberländer häufig Interessen berücksichtigt werden, die nur begrenzt oder gar nicht mit übergeordneten entwicklungspolitischen Zielen wie Steigerung der gesamtwirtschaftlichen Produktivität und Überwindung der Massenarmut in Verbindung gebracht werden können.

Öffentliche Entwicklungshilfe – sei sie bilateral (von Staat zu Staat) oder multilateral durch internationale Entwicklungsorganisationen bzw. Fonds (z. B. EG-Entwicklungsfonds) – muß über die *Bürokratien der Nehmerländer* abgewickelt werden. Ordnungspolitisch hat dies zur Konsequenz, daß der in der Dritten Welt vorherrschende Etatismus, die „Entwicklung von oben", durch Staatsbürokratien von der

Entwicklungshilfe noch verstärkt wird[23]). Vor allem auch wegen der *geringen administrativen Leistungsfähigkeit* der meisten einheimischen Bürokratien wird damit Entwicklungshilfe zu einem mühseligen und kostspieligen Unterfangen. Um ein Beispiel zu geben: Ein vorzüglich geplantes, aufwendiges Siedlungsprojekt bleibt ohne Straßenanbindung, weil das zuständige Verkehrsministerium andere Prioritäten hat oder zu einer effizienten Planung einfach unfähig ist. Die Siedler können daher ihre für den Export bestimmten Produkte nicht vermarkten. Da sie wegen der erhofften monetären Erlöse selbst keine Nahrungsmittel produziert hatten, sind Hunger und schwere psychische Schwächung die Folge. Die schwere Feldarbeit für den Neuanbau kann damit nicht mehr geleistet werden. Die Siedler, die aus einem Hochlandsgebiet kommen, sind gegen die ortsüblichen Krankheiten wenig resistent. Die notwendigen Maßnahmen zur Sicherung der Gesundheit werden aber vom zuständigen Ministerium abgelehnt, da dies die Siedler gegenüber der ortsansässigen Bevölkerung „privilegiere". Im selben Projekt weigert sich eine andere Behörde, den erforderlichen Brennstoff (20 Liter pro Tag) für das Pumpwerk einer mit Entwicklungshilfegeldern gebauten teuren Wasserleitung (350 000 US-$) bereitzustellen. Den Endpunkt bildet in diesem Projekt nicht Entwicklung. Es verbleibt eine Entwicklungsruine.

Negativ wirken sich auch die in öffentlicher Entwicklungshilfe per se eingebauten „natürlichen" *Probleme einer effektiven Erfolgskontrolle* aus. Die Vergeudung öffentlicher Mittel ist in den Entwicklungsländern und in den Gebernationen ein Politikum ersten Ranges. Sie kann und darf daher nur in begrenztem Umfange zur Kenntnis gelangen. Da Kritik an der Entwicklungshilfe in der öffentlichen Diskussion Nahrung für pauschale Verurteilungen jeglicher Hilfe gibt, wird sie auch aus ideellen Gründen entschärft. Eine effiziente Kontrolle oder Kritik der Durchführungspraxis öffentlicher Entwicklungshilfe ist zudem durch den Geber nach Abschluß der Vereinbarungen aus naheliegenden Gründen nur noch in sehr begrenztem Umfange möglich. Die Adressaten reagieren auf sie in der Regel allergisch. Sie verweisen auf ihre nationale Souveränität und denunzieren die Kritik als Neokolonialismus. Die Geberregierungen selbst werden wegen Ineffizienz oder Mißwirtschaft bei der Durchführung kleiner oder mittlerer Projekte die Qualität ihrer *politisch-diplomatischen Beziehungen* zum Empfängerland nicht verschlechtern lassen und souverän zur Tagesordnung übergehen. Dies um so mehr, da bei diesen Projekten monetäre Größen ins Spiel kommen, die als unvermeidliche Abschreibungskosten guter politisch-diplomatischer Beziehungen eingestuft werden können. Bei Großprojekten schließlich sind für beide Seiten die politischen Kosten von Mißerfolgen so groß, daß es erst recht nur Erfolgsmeldungen geben darf. Von Bedeutung sind hier auch die *Eigeninteressen der Durchführungsorganisationen und Experten der Geberländer*. In den Durchführungsorganisationen entwickelt sich eine *Eigendynamik* zur personellen, finanziellen und administrativen Besitzstandswahrung und -mehrung. Ein Sachbearbeiter, dessen Finanz- und Abwicklungsvolumen für Projekte zunehmen und der damit die Zahl seiner Mitarbeiter vermehren kann, wird nach geltendem Tarifrecht befördert. Mißerfolgsmeldungen sind der Besitzstandsmehrung und dem eigenen Prestige abträglich. Bei technischen Experten in lukrativen Positionen, das ist nur menschlich, erhält das Interesse an der Verlängerung des eigenen Vertrags leicht den Vorrang vor Eingeständnissen von Mißerfolgen, die dieses Interesse möglicherweise gefährden.

Hilfe über „Nichtregierungsorganisationen" als Alternative?

Angesichts dieser und anderer Probleme öffentlicher Entwicklungshilfe wurde eine verstärkte staatliche Förderung der Entwicklungshilfe sogenannter Nichtregierungsorganisationen gefordert (*Non-Governmental Organizations* = NGOs; in der Bundesrepublik zum Beispiel kirchliche Hilfswerke, Gewerkschaften, Handelskammern, politische Stiftungen). Zu Recht wurde angeführt, daß Nichtregierungsorganisationen *basisnäher* als Regierungsorganisationen arbeiten und ihre Projekte *kostengünstiger* mit einheimischen Partnern vor Ort durchführen.

Bei diesen Vorschlägen sollte realistischerweise die *geringe Aufnahme- und Verarbeitungskapazität* privater Träger in Betracht gezogen werden. Eine Aufblähung der Arbeit der freien Träger mit staatlichen Steuergeldern würde die spezifischen Kostenvorteile freier Träger (Missionar statt teurer Experte) in Frage stellen und bürokratische Selbsterhaltungs- und Mehrungsmechanismen der Finanzen und des Personals wie in den staatlichen und multinationalen Entwicklungsgroßorganisationen auslösen. Ferner fehlen häufig die erforderlichen privaten *Partner vor Ort* (zum Beispiel bei christlichen Kirchen in moslemischen Ländern, oder bei Gewerkschaften in autoritären Systemen ohne Gewerkschaften). In vielen Entwicklungsländern sind gerade den entwicklungspolitischen Aktivitäten nichtstaatlicher Organisationen aus politischen Gründen sehr *enge Grenzen* gesetzt. Die Übernahme entwicklungspolitisch notwendiger Großprojekte würde das organisatorische und technische Potential der freien Träger überfordern. Sie läge ferner quer zu ihrem *Selbstverständnis* (zum Beispiel Bau von Dämmen oder Fernstraßen durch Kirchen).

Gerade in den ärmsten Ländern ist eine erfolgreiche Entwicklungshilfe am schwierigsten

Die *größten Erfolge* der Entwicklungshilfe konnten in wirtschaftlich schnell wachsenden *Schwellenländern* erzielt werden. Für die Finanzhilfe (Kredite) und die technische Hilfe (Finanzierung und Bereitstellung technischer Experten) gibt es im Rahmen ihrer dynamischen Wirtschaftsentwicklung am ehesten erfolgversprechende Projekte. Die vor Ort in der Ausbildungshilfe geschulten Kräfte (zum Beispiel in Berufsschulen, Fachhochschulen) finden Arbeitsplätze, in denen sie ihre neuen Fertigkeiten anwenden können.

Die *Problemländer*, für die Entwicklungshilfe nach dem Kriterium der Bedürftigkeit am notwendigsten erscheint, die einkommensschwachen Staaten mit hohem Bevölkerungsdruck, geringer Industrialisierung und defizitärer Grundnahrungsmittelproduktion, haben hingegen durchweg eine sehr viel geringere „Aufnahmekapazität" für wirksame Entwicklungshilfe[24]). Schon in westlichen Industriegesellschaften mit effizienten staatlichen Bürokratien sind die Erfolgschancen einer Beschleunigung des Wirtschaftswachstums durch staatliche Maßnahmen und Lenkung im besten Fall gering. Kostspielige Fehlinvestitionen sind nicht selten. Dies gilt erst recht für Entwicklungsländer und ihre viel weniger leistungsfähigen Verwaltungen. Letztere werden durch die Übernahme wirtschaftlicher Aufgaben und Funktionen noch mehr überfordert als die Bürokratien „entwickelter" Staaten[25]). Da gerade für die armen Entwicklungsländer aufgeblähte und leistungsschwache Bürokratien charakteristisch sind, führt hier eine forcierte öffentliche Entwicklungshilfe primär zur *Stärkung der Staatsbürokratien* und ihrer ineffizienten, die Eigeninitiative des Privatsektors und der sozialen Kollektive strangulierenden Plan- oder besser Mißwirtschaft, bei der dann auch noch die Privatwirtschaft zu einem parasitären Anhängsel der Staatsbürokratie wird. Da in den armen Entwicklungsländern die ausländische Entwicklungshilfe im Verhältnis zu den eigenen Ressourcen quantitativ besonders stark zu Buche schlägt, trägt sie gerade hier zur *Stabilisierung entwicklungshemmender Staatsklassen* bei. Kostspielige Waffeneinkäufe werden getätigt, die Ausbeutung der Bauern durch Abschöpfung der Exporterlöse zum Zweck der Erhaltung des eigenen, an westlichen Wohlstandskriterien orientierten Lebensstandards wird fortgesetzt, weil die Regierungen auf die Dauersubventionierung mit Entwicklungshilfe rechnen können und die auswärtigen Geber immer dann, wenn, wie bei Massenhungersnöten, die Katastrophe eintritt und im westlichen Fernsehen Abend für Abend „vorgeführt" wird, aus ethisch-humanitären Gründen zur Hilfe verpflichtet bzw., negativ formuliert, erpreßbar sind. Der Druck zur *Selbstkorrektur* eigener Fehler wird abgefangen, der Zwang zur Besinnung auf eigene Kraft wird durch die sichere Erwartung von Hilfe geschwächt.

Die derzeitige Lage der Weltwirtschaft macht eine Anhebung der Entwicklungshilfe der westlichen Staaten – die Entwicklungshilfe des Ostblocks fällt mit Ausnahme des Waffenexports kaum ins Gewicht – auf das von den „Südstaaten" geforderte Niveau von 0,7% ihres Bruttosozialprodukts (Bundesrepublik = 0,48%) noch unwahrscheinlicher als bisher. Diese *Stagnation der Entwicklungshilfeleistungen* auf dem bisherigen Niveau sollte im Hinblick auf die zuvor skizzierten Probleme einer wirklich entwicklungsfördernden Hilfe *nicht nur nega-*

tiv bewertet werden²⁶). Gerade in den armen, besonders bedürftigen einkommensschwachen Entwicklungsländern fehlt es in der Entwicklungshilfe nicht an finanziellen Mitteln, sondern an den für eine effiziente Hilfe erforderlichen *politischen und sozialen Rahmenbedingungen,* an guten *Projekten und leistungsfähigen Projektpartnern.* Die jetzt eingetretene Lage sollte daher von den Gebern genutzt werden, um die Effizienz ihrer Hilfe zu verbessern. Darüber hinaus wird man sich damit abfinden müssen, daß in Zukunft ein erheblicher Teil der Hilfe für die einkommensschwachen Länder in verstärktem Umfange nicht der Förderung von Entwicklung dient, sondern im Sinne eines *sozialen Weltlastenausgleichs* zur Linderung von Massenarmut *(G. Myrdal)* und als Überbrückungshilfe bis zu jenem Zeitpunkt gewährt werden muß, zu dem auch stagnierende einkommensschwache Länder Wachstumsimpulse durch eine verstärkte regionale Wirtschaftsdynamik erhalten. Teil eines solchen *Realismus* ist ferner die Einsicht, daß es eine Reihe von Entwicklungsländern gibt, die weder durch eine Änderung ihrer inneren politisch-sozialen Verhältnisse (revolutionärer Austausch der Eliten und Sozialreformen) noch durch günstigere Außenhandelsbedingungen (höhere Preise auf dem Weltmarkt) ökonomisch entwicklungsfähig sind. So kann zum Beispiel in entlegenen kleinen und überbevölkerten Inselstaaten mit langen, teuren Transportwegen und begrenzten natürlichen Ressourcen (Mangel zusätzlicher landwirtschaftlicher Anbauflächen, fehlende Fischgründe und Mineralien für den Export) eine weitere Verarmung nur durch *Verringerung des Bevölkerungswachstums* oder *Auswanderung* verhindert werden.

Der Entwicklungsgedanke entstammt letztlich der europäischen Aufklärung

Der Begriff Entwicklung steht letztlich für die Vorstellungen über den wünschenswerten Zustand des Lebens der Menschen und der ihm gemäßen wirtschaftlichen, sozialen und politischen Ordnungen. Er ist damit ein *ganzheitlicher* Begriff. Die Ökonomie bildet immer nur *eine* Komponente. Bei ihrer inhaltlichen Definition werden Entwicklung und Unterentwicklung daher unvermeidlich *normative Begriffe,* in denen sich die ideologisch-politischen Gegensätze zwischen verschiedenen Varianten des Liberalismus, des Sozialismus und des Nationalismus ausdrücken. Auch der Entwicklungsgedanke selbst hat eine normative Grundlage. Konstitutiv für alle Vorstellungen einer gezielt gestalteten und nicht nur einfach hingenommenen Entwicklung ist der Gedanke der westlichen Aufklärung, daß die überlieferten Lebensverhältnisse nicht wie im Hinduismus durch die kosmische Ordnung vorgegeben sind, sondern durch Menschen verbessert werden können und sollen.

Lange Zeit wurde „Entwicklung" ausschließlich auf das Ziel *wirt-*

schaftlichen Wachstums bezogen und daher nur mit ökonomischen Kriterien definiert. In einer späteren Phase versuchte man, durch einen Katalog sogenannter „menschlicher Grundbedürfnisse" (zum Beispiel Ernährung, Kleidung, Behausung, Bildungschancen) den Inhalt von Entwicklung *sozial anzureichern*. Aber auch dann war der Erwartungshorizont noch primär ökonomisch. Während anfänglich durch ein schnelles wirtschaftliches Wachstum des modernen Sektors wirtschaftliche und soziale Sickereffekte *(trickle down)* auf traditionelle Bereiche von Wirtschaft und Gesellschaft erhofft wurden, sollte nunmehr mit Hilfe der Grundbedürfnisbefriedigung der Armen ein *trickle up*-Effekt ausgelöst, das heißt durch Verbesserung der materiellen Lage der Armen wirtschaftliches Wachstum induziert werden. Beide Ansätze bedürfen zu einer erfolgreichen Umsetzung flankierender Maßnahmen. Verbesserung des materiellen Loses der armen Bevölkerung durch grundbedürfnisorientierte Hilfe kann ohne grundlegende Revision einer verfehlten Wirtschaftspolitik keine Wachstumseffekte erzeugen. Umgekehrt werden von Wachstum in modernen kapitalintensiven Sektoren keine sozialen und wirtschaftlichen Impulse auf die traditionelle Ökonomie ausgehen, wenn Wachstum nicht mit Einkommenssteigerungen, positiven Beschäftigungseffekten und flankierenden sozialpolitischen Maßnahmen verbunden ist (zum Beispiel für verbesserte berufliche Ausbildung).

Auch bei dem neuen, an „menschlichen Grundbedürfnissen" orientierten entwicklungspolitischen Zielkatalog blieben individuelle Freiheitspostulate, politische Grundrechte, die für sie notwendigen politischen Ordnungsformen (Gewaltenteilung) und der Schutz der kulturellen Überlieferungen bei der inhaltlichen Bestimmung des Entwicklungsbegriffs zunächst immer noch ausgeklammert. Politische Freiheiten und individuelle Grundrechte sowie die für ihre Verwirklichung notwendigen politischen Ordnungsformen wurden als bloße Luxusartikel reicher industrialisierter Staaten angesehen. Ganz ausgespart blieb die Frage nach dem Rang kultureller Werte für die Entwicklungspolitik. Erst durch die Signalwirkung der iranischen Revolution verbreitete sich in der westlichen entwicklungspolitischen Diskussion das Postulat, die Entwicklungspolitik dürfe die „kulturelle Identität"[27] der Länder der Dritten Welt nicht gefährden. Entwicklung habe auch eine kulturelle Dimension.

Universale Menschenrechte und ethnisch-nationale Werte im Widerspruch?

Diese Wende im Verständnis der Entwicklungspolitik war zunächst begrüßenswert. Sie machte bewußt, daß der Erfolg entwicklungspolitischer Vorhaben von der Beachtung ihrer soziokulturellen Rahmenbedingungen abhängen kann (vgl. Beitrag *Weiland*). Sie war ferner mit einer neuen positiven Bewertung der Kulturtraditionen und des kulturellen Reichtums der Dritten Welt verbunden. In dieser Bewußtseinsöffnung für die Bedeutung kultureller Faktoren waren aber auch überaus problematische entwicklungspolitische Konsequenzen angelegt. Unter Berufung auf ihre eigenen „nationalen" Werte konnten sich Herrschaftseliten der Dritten Welt die ideologische Legitimationsbasis bei der Verletzung von Menschenrechten schaffen. Die Menschenrechte wurden dabei zu typischen Produkten westlicher Überlieferung herabgestuft und der Vorrang der eigenen völkischnationalen Rechtsnormen postuliert *(people's rights* versus *human rights).* Dieser Gegensatz zwischen universalen Menschenrechten und ethnisch-nationalen Werten wurde in Europa bereits in der Auseinandersetzung zwischen *Aufklärung und Romantik* vorgedacht und ausgetragen. Nach *Johann Gottfried Herder* finden die Völker ihre Erfüllung in der Entfaltung ihrer kulturellen Einzigartigkeit, deren Leitbilder dabei jeweils die je eigenen geschichtlich-kulturellen Urformen und Sprachen bilden. Die Welt wird als Völkerkosmos mit je unterschiedlichen und gleichberechtigten kulturellen Traditionen gesehen. In diesem Sinne kritisierte *Herder* mit ätzender Schärfe das europäische Kultursendungsbewußtsein und den europäischen Kolonialismus der Aufklärung: „Was ist endlich von der Cultur zu sagen, die von Spaniern, Portugiesen, Engländern und Holländern nach Ost- und Westindien, unter die Neger nach Afrika... gebracht ist? Schreien sie nicht, alle diese Länder..., um Rache, da sie auf eine unübersehliche Zeit in ein fortgehend wachsendes Verderben gestürzt sind... daß vielmehr, wenn ein europäischer Gesamtgeist anderswo als in Büchern lebte, wir uns des Verbrechens beleidigter Menschheit fast vor allen Völkern der Erde schämen müßten"[28]).

Die von *Herder* begründete, sein eigenes komplexes Denken vereinfachende Tradition völkischer Romantik fand vor allem in Deutschland, in Nord- und Osteuropa Resonanz. Sie diente hier zur Legitimation der neuen völkisch und sprachlich legitimierten Nationalstaaten. Es ist daher kein Zufall, daß die Vorwürfe der Entwicklungsländer zum Kulturimperialismus und zur Bedrohung ihrer kulturellen Identität durch westliche Normen in Deutschland und den skandinavischen Staaten eine erheblich größere Resonanz als in Frankreich oder den USA gefunden haben. In Frankreichs Entwicklungshilfe wird ganz selbstverständlich die Ausbreitung der eigenen, als universal gültig angesehenen „Zivilisation" in der Entwicklungshilfe praktiziert. Die in der Diskussion um kulturelle Identität enthaltene Sorge um Erhaltung fremder Kulturtradition wird als Ausdruck romantischer deutscher Gedankenschwere kommentiert. Ähnliche Reaktionen lassen sich bei Amerikanern beobachten. Wie in Frankreich, gründet auch bei ihnen der Begriff der Nation nicht auf völkischen Traditionen, sondern primär auf die Anerkennung universaler Verfassungsprinzipien (*Pursuit of Happiness;* „Freiheit, Gleichheit, Brüderlichkeit").

In der völkischen Kulturromantik wurde die für die westliche Menschenrechtstradition grundlegende Vorstellung *einer* menschlichen Natur für die Möglichkeit kulturellen Pluralismus geöffnet. Dem in der neueren westlichen Geschichte immer wieder zu beobachtenden naiven Glauben an den universal menschheitlich vorbildhaftlichen Charakter der eigenen nationalen Lebensformen und den daraus abgeleiteten Legitimierungen handfester nationaler Machtinteressen wurde die Grundlage entzogen.

Dennoch müssen auch die negativen Folgen und der ideologisch fiktive Charakter ethnisch-nationalen Denkens gesehen werden. Vielfach sind ihre Konsequenz nämlich in Wirklichkeit ein Verlust kultureller Vielfalt in der Dritten Welt, ja sogar kulturelle Homogenisierungen. Die „wahre" kulturelle Identität kann nämlich immer *nur mit Hilfe unhistorischer, selektiver Interpretationen der eigenen Geschichte definiert*, oder besser, konstruiert werden. Wie in der europäischen Romantik des 19. Jahrhunderts, die eine „genetische Individualität" der Völker *(J. G. Herder)* behauptete, wird verkannt, daß die Frage nach „der" nationalen Identität daran scheitern muß, daß *alle Kulturen plurale, dynamische und interpretierbare Gebilde* sind und die *Geschichte der Völker daher stets eine Geschichte des kulturellen Austausches, der kulturellen Überlagerung, der Interpretation und Evolution kultureller Werte* war.

Wie schon im europäischen Nationalismus des 19. Jahrhunderts liefert nun auch in der Dritten Welt die „nationale Geschichtsschreibung" die erforderlichen nationalen Mythen und Vereinfachungen der eigenen, in Wirklichkeit immer pluralistischen Überlieferungen, wobei vielfach direkte Einwirkungen der europäischen romantischen Tradition nachgewiesen werden können. Wie im europäischen völkisch-nationalen Denken wird inhaltlich dogmatisch festgelegt, was und was nicht die Substanz der eigenen, „wahren" kulturellen Identität bildet, was zum Beispiel genuin „kenianisch", „mexikanisch" oder „philippinisch" ist.

In diesem Zusammenhang ist gerade in der Dritten Welt noch die Künstlichkeit der kolonialen Grenzziehungen und die von ihr bedingte religiöse, ethnische und kulturelle Vielfalt von Bedeutung. Auch deshalb kann die „wahre" eigene kulturelle Identität nur mit Hilfe unhistorischer, selektiver Interpretationen der eigenen Geschichte definiert oder, besser, „konstruiert" werden.

Für die Auswahl und Bestimmung dessen, was die „wahre" eigene kulturelle Identität ausmacht, sind in aller Regel *die Interessen der jeweiligen politischen Herrscher* maßgeblich. Unter Berufung auf die „wahre" nationale Tradition werden ethnische und religiöse Minderheiten verfolgt. Für die damit legitimierten Homogenisierungsprozesse ist in der Vergangenheit die ethnische Homogenisierung der ost- und südosteuropäischen Staaten charakteristisch. An Stelle der überlieferten Koexistenz verschiedener Völker Osteuropas im gleichen Staatsterritorium wurde von den jeweiligen „Staatsvölkern" eine Politik der Unterdrückung, Assimilierung oder sogar Vertreibung von völkischen Minderheiten eingeschlagen. Für die Gegenwart wird für die kulturell staatliche Homogenisierung im Namen nationaler Identität die innere Entwicklung des Iran seit dem Sturz des Schahs beispielhaft. Die Verfolgung ethnischer und religiöser Minderheiten (Kurden, Bahais) oder die mit dem heutigen Menschenrecht unvereinbare Definition der Rolle und der Rechte der persischen Frauen werden durch die Berufung auf die „wahre" islamische Tradition des Landes legitimiert. Wie bei allen Rückgriffen auf eine „wahre" oder „eigentliche" nationale Tradition und die dann mögliche Rechtfertigung der Eliminierung fremder Elemente steht auch *Khomeinis* Rückgriff auf die islamische Tradition nicht für die gesamte komplexe und pluralistische kulturelle Überlieferung des Iran, sondern nur für *Khomeinis* eigene Interpretation einer ganz bestimmten Variante der schiitisch-islamischen Theologie.

Die westlich-liberalen Demokratien legitimieren ihre eigenen politisch-sozialen Grundwerte und Ordnungen aus der Natur des Menschen. Die Grundrechte im Grundgesetz der Bundesrepublik Deutschland werden nicht aus der Natur des Deutschen, sondern aus der Würde des Menschen abgeleitet. Die liberalen Demokratien können daher nicht akzeptieren, daß jede Nation oder besser Regierung letztinstanzlich die Normen menschlichen Zusammenlebens definiert. Dies würde das Ende des moralischen Dialogs zwischen den Völkern bedeuten und die aus der Natur des Menschen abgeleitete Legitimierung liberaler politischer Ordnungen in Frage stellen. Ohne Anerkennung universaler Normen hätte wie im völkischen Denken des nationalsozialistischen Staates nur das Rechtsverständnis der je eigenen Nation Gültigkeit für die Politik. Bei Konflikten zwischen den Menschenrechten und endogenen Traditionen der Dritten Welt können daher die westlich liberalen Demokratien moralisch nicht neutral bleiben. Etwa die Festschreibung der Armut bestimmter Kasten Indiens als einer unveränderlichen Lebenssituation durch die hinduistische Kosmogonie muß unannehmbar bleiben.

Gerade die Achtung universaler Menschenrechte vermag die kulturelle Vielfalt zu schützen

---

Zugleich erscheint eine partielle „Verwestlichung" der Dritten Welt in vielen Bereichen vorgezeichnet zu sein. Mit der *Übernahme westlicher Produktionstechniken* gleichen sich die Lebensformen an. Schon wegen der Bevölkerungsexplosion sind aber die Entwicklungsländer heute ohne ein Minimum westlicher wissenschaftlicher, technischer und administrativer Rationalität nicht mehr lebensfähig. Der Verzicht etwa auf Grundelemente der modernen Medizin hätte katastrophale Folgen. Der Kampf gegen die schlimmste Armut kann langfristig nur durch die Rezeption westlicher Wissenschaft und Technik gewonnen werden. Auch die Vorschläge für die Erarbeitung neuer entwicklungsadäquater „mittlerer" Technologien (Ersatz der Hacke nicht durch Traktor, sondern Pflug) sind kein Gegensatz zur westlich technischen Rationalität, sondern vielmehr nur der Ausdruck

einer typisch westlichen wissenschaftlich-technischen Zweck-Mittel-Abwägung.
Innerhalb des durch die Übernahme der wissenschaftlich-technischen Rationalität abgesteckten Rahmens aber ist gerade die Durchsetzung politischer Grundrechte für die *Erhaltung des überlieferten ethnisch-kulturellen Reichtums gegen die Homogenisierungstendenzen der neuen Nationalismen* von besonderer Bedeutung. Rechtsstaatlichkeit, politische Grundrechte, Gewaltenteilung im umfassenden Sinne (zum Beispiel auch Föderalismus) ermöglichen den Schutz und das Eigenleben religiöser und ethnischer Minderheiten. Selbstbestimmung von der Basis durch Gewährung politischer Grundrechte verhindert von oben verordnete selektive Definitionen der angeblich wahren nationalen kulturellen Identität durch und im Interesse der jeweiligen politischen Führer. Gerade dann kann sich der Reichtum kultureller Überlieferungen entfalten, wird das Postulat nach Erhaltung kultureller Identität zu einem produktiven normativen Bezugspunkt für die weitere Entwicklung in der Dritten Welt.

Bei der Verteidigung der Menschenrechte und demgemäß auch einer an ihnen orientierten Entwicklungspolitik sollten die westlichen Staaten den Vorwurf des Kulturimperialismus mit Gelassenheit zur Kenntnis nehmen. Zu den westlichen Menschenrechtsvorstellungen gibt es in den normativen Überlieferungen der außereuropäischen Kulturen in der Regel vielfach Bezüge. Auch deshalb sind die Menschenrechte nicht „Eigentum" des Westens, sondern der Menschheit. Im übrigen ist die *Übernahme von Werten aus anderen Kulturen nicht per Definition ein Negativum.* Eine solche Prämisse würde bedeuten, daß die Christianisierung und die Durchsetzung politischer Grundrechte in Deutschland rückgängig gemacht werden müßten, weil sie von außen unter der Einwirkung „artfremder" politischer Kulturen erfolgten. Die politischen Grundrechte und die mit ihnen verbundenen politischen Institutionen mußten auch in Europa unter ähnlichen Armutsverhältnissen wie heute in der Dritten Welt gegen die eigenen überlieferten feudalen Werte und ihre sozialen Ordnungen erkämpft werden. *Nur unter Berufung auf universal gültige Menschenrechte ist die Entwicklungshilfe legitimierbar, da jedes Entwicklungsvorhaben unvermeidlich eine Intervention in innere Verhältnisse und Interessenkonstellationen darstellt.*

Zu Pessimismus bei der Frage nach der Möglichkeit einer Übertragung ursprünglich westlicher Menschenrechtsvorstellungen und ihnen adäquater politischer Ordnungen auf außereuropäische Kultur besteht kein Anlaß[29]). Zumindest verbal haben nahezu alle Regierungen durch ihre Mitgliedschaft in den Vereinten Nationen die Menschenrechte anerkannt. Die politische Situation in vielen Entwicklungsregionen ist in mancher Hinsicht mit der Zeit nach dem Wiener Kongreß und dem Versuch der Wiedererrichtung der alten vorrevolutionären Ordnungen vergleichbar. In Europa konnten die durch die amerikanische und die französische Revolution in die Welt gesetzten neuen politischen und sozialen Ordnungsvorstellungen durch die Restauration nicht auf die Dauer unterdrückt werden. Gegen die Ordnungshüter der Entwicklungsdiktaturen unterschiedlicher politischer Etikettierung entfalten heute die Menschenrechtspostulate die für universale Werte charakteristische und diesen immanente revolutionäre Eigendynamik. Auch die Armen in der Dritten Welt haben ein Recht auf politische Freiheit oder, bescheidener ausgedrückt, auf Schutz gegen politische Willkür und Fremdbestimmung durch die politisch Mächtigen. Dieses Postulat gilt z. B. in gleicher Weise für die Menschen Südafrikas und Kubas. Hier wie dort kann die Unterdrückung nicht durch das im Vergleich zu anderen Ländern ihrer Region bessere materielle Los der Bewohner zur Legitimierung politischer Unterdrückung dienen. Die Zweifler an der Universalität der Menschenrechte und all jene, für die mit *Bertolt Brecht* „das Fressen vor der Moral den Vorrang" hat, werden durch den heroischen Kampf und das existentielle Engagement beschämt, mit denen in der Dritten Welt für die Durchsetzung elementarer politischer und sozialer Grundrechte gekämpft wurde und wird. Wie bei allen großen revolutionären Erschütterungen wird es bei der Durchsetzung der Menschenrechte in der Dritten Welt schwierig sein, „Freund" und „Feind" klar zu unterscheiden. Die großen Ideale dienen immer auch den Unterdrückern von morgen als Instrument des eigenen Machterwerbs. Kriterien der Beurteilung sollten nicht Parolen, sondern deren ordnungspolitische Konkretisierung sein.

Anmerkungen

[*] Zu den folgenden Ausführungen vgl. auch D. Oberndörfer, Das Entwicklungsproblem aus heutiger Sicht, in: K. Kaiser/H. P. Schwarz (Hrsg.), Weltpolitik, Strukturen – Akteure – Perspektiven, 1985, S. 184–208.

[1] Zu diesen und den folgenden Zahlen über die Bevölkerungsvermehrung der Industriestaaten vgl.: Paige, D. C., Economic Growth: The Last Hundred Years, in: National Institute Economic Review, Juli 1961; ferner Kayser, E., Bevölkerungsgeschichte Deutschlands, 2. Auflage 1941, und Rostow, W. W., The World Economy, History and Prospect, Austin und London 1978. Zu den Zahlen über die Dritte Welt vgl. Weltbank, Weltentwicklungsbericht laufende Jahrgänge; Global 2000, Der Bericht an den Präsidenten, Frankfurt 1980; United Nations, Statistical Yearbook laufende Jahrgänge.

[2] Diese und die folgenden Angaben über die Industrieländer nach: Paige, D. C., Economic Growth, The Last Hundred Years, a. a. O.; Clark, C., The Conditions of Economic Progress, 3. Auflage, London und New York 1966, S. 125; Hoffmann, W. G. u. J. H. Müller, Das deutsche Volkseinkommen 1851–1957, Tübingen 1959; Mitchell, B. R., Abstract of British Historical Studies, Repr. 2. Auflage, London 1976, S. 343 ff. u. S. 367 f.; Deane, Ph. u. W. A. Cole, British Economic Growth 1688–1959. Trends and Structure, Cambridge 1969, S. 24–28 u. S. 329–331.

[3] Nach Weltbank, Weltentwicklungsbericht 1984, S. 95; zu den Wachstumsraten einzelner Entwicklungsländer vgl. auch: United Nations, Statistical Yearbook, 1983, u. Global 2000 a. a. O.

[4] Siehe auch Tabelle 2 im Beitrag von Erich Schmitz, Grundbedarfsorientierte Entwicklungspolitik, in diesem Heft.

⁵) Abgrenzungen nach dem Prokopfeinkommen tauchen in der Literatur häufig ohne nähere Quellenangabe oder Begründung für das Niveau der Abgrenzung auf. So definiert H. Besters in dem von ihm und E. E. Boesch herausgegebenen Handbuch der Entwicklungspolitik, Stuttgart 1966, S. 262: „Alle Länder, deren Bevölkerung im Durchschnitt ein geringeres Prokopfeinkommen als 200 US-Dollar beziehen, gelten als unterentwickelt." Diese 200-Dollar-Grenze scheint sich auf das durchschnittliche Prokopfeinkommen der Weltbevölkerung für 1955 zu beziehen. Unterentwicklung wurde daher mit einem Prokopfeinkommen von weniger als 200 US-Dollar gleichgesetzt.
Mitte der siebziger Jahre wurde die statistische Grenze zwischen „armen" und Entwicklungsländern mit „mittleren" Einkommen mit einem Prokopfeinkommen von 200 US-Dollar definiert. Der Weltentwicklungsbericht für 1982 legt diese Grenze bei Prokopfeinkommen von 390 US-Dollar fest. Dabei ist die Entwertung des Dollar durch Inflationierung zu berücksichtigen. Die Obergrenze der „mittleren" Entwicklungsländer wurde mit 1660 US-Dollar (Paraguay) bestimmt (vgl. Weltentwicklungsbericht 1984, S. 252f.). Das „durchschnittliche" Prokopfeinkommen aller armen und mittleren Entwicklungsländer lag 1982 bei 250 bzw. 840 US-Dollar.
Schon sehr früh wurde versucht, die sehr grobe Meßlatte des Prokopfeinkommens (keine Berücksichtigung der Einkommensverteilung und daher wenig aussagekräftig für die tatsächlichen Einkommen der Bevölkerung) durch weitere ökonomische, soziale und politische Indikatoren zu ergänzen. Besonders wichtig wurde hierbei die Theorie W. Rostows über die „Stadien wirtschaftlichen Wachstums" (Stages of Economic Growth). In ihr wurde das „sich selbsttragende Wirtschaftswachstum" zum Entwicklungsziel. Als weiteres Kriterium für Unterentwicklung wurde der Dualismus von moderner und traditioneller Wirtschaft genannt. Vor allem auf die vielfältigen Kataloge sozialer und politischer Indikatoren für „Entwicklung" schlugen, wie bei allen Versuchen der Definition von Entwicklung, unvermeidlich die jeweiligen politisch-normativen Präferenzen durch (z. B. sozialistisch, liberal usw.). Zur Problematik des Prokopfeinkommens als Entwicklungskriterium und zu den normativen Aspekten der Definition von Entwicklung vgl. Oberndörfer, Dieter, Wirtschaftliches Wachstum und Demokratisierung, in: Politische Vierteljahresschrift 1970, Sonderheft 2, S. 421ff. – Generell zur Diskussion und Literatur über den Begriff der Entwicklung vgl. insbes. Nohlen, Dieter, und Nuscheler, Franz (Hrsg.), Handbuch der Dritten Welt, 2. Auflage Hamburg 1982, Bd. 1, S. 25–72.
⁶) Die Angaben sind der in Anm. 2 genannten Literatur entnommen.
⁷) In der politischen Diskussion wird immer wieder behauptet, der Reichtum Europas sei ein Ergebnis der Ausbeutung der Dritten Welt. Diese These ist im Lichte einer umfangreichen historischen Forschung nicht haltbar. Schon im 16. Jahrhundert hat der französische Staatsrechtler Jean Bodin dargestellt, daß die Conquista Lateinamerikas Spanien wirtschaftlich und demographisch geschwächt und der Edelmetallimport aus der neuen Welt extrem negativ inflationäre Folgen für die Volkswirtschaft Europas hatte. England hat als Zwischenhändler für außereuropäische Produkte im 17. und 18. Jahrhundert primär am Handel mit Europa verdient. Holland gründete seinen Reichtum *vornehmlich* auf den Zwischenhandel mit den Ostseeanrainerstaaten (Holz, Pelze, Fische usw.), dem Kontinent und England. Die Industrialisierung Englands erfolgte auf der Grundlage seiner internen Ressourcen (Bevölkerungszunahme, Stahl und Eisen, fortgeschrittene Technologie). Der Handel mit Europa und Nordamerika bildete die eigentliche Voraussetzung der englischen Vorreiterposition bei der Industrialisierung. Der Imperialismus Englands im 19. Jahrhundert war ebenso wie der Kolonialismus Frankreichs, Deutschlands und der USA wirtschaftlich eher ein Zuschußunternehmen und hatte für das volkswirtschaftliche Wachstum eine marginale, in England sogar eine merklich negative Bedeutung. Hobson kritisierte zu Recht, daß die Kosten des imperialen Kolonialismus die Bildung von Massenkaufkraft in England gehemmt hätten. Vgl. hierzu insbesondere die detaillierten Ausführungen bei Elsenhans, Hartmut, Nord-Süd-Beziehungen, Stuttgart 1984; vgl. auch Schulin, Ernst, Der Ausgriff Europas nach Übersee. Eine universalhistorische Skizze des Kolonialzeitalters, Saeculum XXXV (1/1984), S. 83–85.
⁸) Weltentwicklungsbericht 1984; a. a. O., S. 36 u. 41.
⁹) Zur Diskussion und Literatur über die „Neue Weltwirtschaftsordnung" vgl. Tetzlaff, Rainer, Perspektiven und Grenzen der neuen Weltwirtschaftsordnung, in: Nohlen, Dieter, und Nuscheler, Franz (Hrsg.), Handbuch der Dritten Welt, a. a. O.; Donges, J. B., Außenwirtschafts- und Entwicklungspolitik, 1981; Zweifelhofer, Hans, Neue Weltwirtschaftsordnung und katholische Soziallehre, 1980; Matthies, Volker (Hrsg.), Neue Weltwirtschaftsordnung, 1980.

[10] Global 2000, a. a. O., S. 26—29.
[11] Global 2000, a. a. O., S. 197 f; arabische Ölstaaten 1976—1980 nach: Die Weltwirtschaft (XI, 1984, S. 21).
[12] Siehe Tabelle 2 im Beitrag von Erich Schmitz in diesem Heft.
[13] Diese und die folgenden Zahlen nach Global 2000, a. a. O., und Weltentwicklungsbericht, 1984, S. 13 u. S. 41.
[14] Weltentwicklungsbericht 1984, a. a. O., S. 13.
[15] In den veränderten Außenhandelsströmen der USA fand dieser Prozeß schon seinen Niederschlag. Der Anteil Europas am amerikanischen Außenhandel ging seit 1960 von 33 auf 16% zurück; der Anteil der pazifischen Staaten stieg von früher 13 auf 34% an.
[16] Senghaas, Dieter, Von Europa lernen, Frankfurt 1982.
[17] Menzel, Ulrich, Der Differenzierungsprozeß in der Dritten Welt und seine Konsequenzen für den Nord-Süd-Konflikt und die Entwicklungstheorie, in: Politische Vierteljahresschrift, Jg. 24, S. 31—59.
[18] Zum Stand der Diskussion, zur Literatur über Entwicklungsmodelle und insbesondere die polaren Zielvorstellungen einer Integration in den Welthandel oder einer Abkoppelung („autozentriertes" Wachstum) vgl. insbesondere Bohnet, Michael, Ökonomische Entwicklungstheorien Entwicklungspolitik, in: Nohlen, Dieter u. Franz Nuscheler (Hrsg.), Handbuch der Dritten Welt, a. a. O., S. 292—311.
[19] Russett, B. M. (ed.), World Handbook of Political and Social Indicators, 2. Auflage, 1967, S. 196.
[20] Elsenhans, Hartmut, Abhängiger Kapitalismus oder bürokratische Entwicklungsgesellschaft. Versuch über den Staat in der Dritten Welt. Frankfurt 1981.
[21] Behrendt, Richard F., Soziale Strategien für Entwicklungsländer, Frankfurt 1965.
[22] Zur Kritik an der Entwicklungspolitik aus der Sicht liberaler Ordnungspolitik vgl. insbesondere Bauer, Peter T., Equality, The Third World and Economic Delusion, London 1981. Zur linken Kritik vgl. Erler, Brigitte, Tödliche Hilfe, Freiburg 1985. Beide Positionen bringen gute Argumente. Die ordnungspolitische Kritik vergißt, daß die meisten Ökonomien der Dritten Welt sich nicht nach den Lehrbuchregeln entwickeln können, weil das die politischen und sozialen Rahmenbedingungen verhindern. B. Erler („Hilfe kommt nur den Reichen zugute") generalisiert skandalöse Einzelfälle und verliert dadurch an Überzeugungskraft. Vgl. auch den Beitrag von Heribert Weiland in diesem Heft.
[23] Vgl. hierzu Wolff, Jürgen H., Planung in Entwicklungsländern, Berlin 1977.
[24] Zu den möglichen negativen Konzequenzen von Entwicklungshilfe, insbesondere zu den sozialen, politischen, kulturellen und ökologischen Folgekosten von Entwicklungshilfeprojekten vgl. Koch, H. A. (Hrsg.), Folgekosten von Entwicklungsprojekten — Probleme und Konsequenzen für eine effiziente Entwicklungspolitik, Schriften des Vereins für Socialpolitik, Berlin 1984.
[25] Vgl. hierzu Wolff, Jürgen H., a. a. O. und ders., Bürokratische Politik, Der Fall Kolumbien, Berlin 1984; Oberndörfer, Dieter, Politik und Verwaltung in der Dritten Welt — Überlegungen zu einer neuen Orientierung, in: Politische Vierteljahresschrift, Sonderheft 13 (1982), S. 447—457, und ders., Entwicklungspolitik und internationale Verwaltungsbeziehungen, in: König, Klaus (Hrsg.), Entwicklungspolitik und internationale Verwaltungsbeziehungen, Bonn 1983, S. 119—131.
[26] Dies entspricht auch der Linie der derzeitigen Bundesregierung. Vgl. hierzu die Ausführungen des Verfassers im Hearing des Ausschusses für wirtschaftliche Zusammenarbeit des Deutschen Bundestages, in: Stenografisches Protokoll, 9. Sitzung des Ausschusses für wirtschaftliche Zusammenarbeit, 6. 5. 1981, Öffentliche Anhörung von Sachverständigen zum Thema „Deutsche Entwicklungspolitik zu Beginn der achtziger Jahre".
[27] Zu den folgenden Thesen zur Problematik des Begriffspostulats der kulturellen Identität vgl. ausführlicher Oberndörfer, Dieter, Grundrechte für die Dritte Welt. Aspekte der Entwicklungspolitik, in: Evangelische Kommentare, November 1981; ferner ders., Menschenrechte, Grundbedürfnisse und kulturelle Identität, Gutachten des wissenschaftlichen Beirats des BMZ zur Bedeutung soziokultureller Faktoren für die Entwicklungspolitik, Hrsg. Zwiefelhofer, Hans, Bonn 1982; ders., Menschenrechte, kulturelle Identität, das westliche Wissenschaftsverständnis und die deutsche reformatorische Tradition, in: Oberndörfer, Dieter, und Karl Schmitt (Hrsg.), Demokratie und Kirche, Paderborn 1983, S. 189—201.
[28] Herder, Johann Gottfried, Sämtliche Werke, Berlin 1877—1913, XVIII, S. 222.
[29] Vgl. hierzu Hanf, Theodor, Überlegungen zu einer demokratieorientierten Dritte-Welt-Politik, in: Aus Politik und Zeitgeschichte, B. 23/80, S. 11—23.

Gerald Braun

Kriege und Konflikte in der Dritten Welt*

Die gängigen Entwicklungsmodelle übersehen, daß die Welt nicht gewaltfrei ist

---

Die gängigen Modelle kapitalistischer oder sozialistischer Entwicklung basieren auf der Vorstellung von einer gewaltfreien Welt – nur leider ist die Welt nicht gewaltfrei.
Kriege, Militarisierung und Gewaltherrschaft werden in diesen Modellen ignoriert, bestenfalls in den Datenkranz gesamtwirtschaftlicher Gleichungssysteme verbannt. Spötter sprechen denn auch von völlig unzureichenden Entwicklungskonzepten, „die genausogut für einen anderen Planeten geschrieben sein könnten"[1]) – eben weil sie bewaffnete Auseinandersetzungen und Gewalt konsequent vernachlässigen. Vermutlich war dies mit ein Grund für ihr Scheitern.
Wer den Gang der Dinge zum Besseren beeinflussen will, kommt nicht darum herum, über Kriege und militärische Konflikte in der Dritten Welt nachzudenken; über ihre Ursachen, ihren Verlauf und ihre Folgen – für die Dritte Welt, aber auch für uns.

Seit Ende des Zweiten Weltkriegs nur 26 Tage ohne Krieg

Im internationalen System „organisierter Friedlosigkeit" *(D. Senghaas)* sind Kriege die Regel, nicht die Ausnahme.
Seit Ende des Zweiten Weltkrieges wurden nur 26 Tage ohne Krieg auf der Erde registriert. Dies war im Monat September des Jahres 1945[2]). Seitdem gab es keinen einzigen Tag ohne militärische Konflikte.
Krieg beziehungsweise militärischer Konflikt ist dabei *definiert* als gewaltsame Auseinandersetzung
– zwischen zwei oder mehr regulären Streitkräften befeindeter Staaten (zwischenstaatlicher oder *Territorialkrieg*) oder

– zwischen einer regulären Streitkraft und bewaffneten Guerillaeinheiten (innerstaatlicher oder *Bürgerkrieg).*

Voraussetzungen für die Existenz eines Krieges sind ein Mindestmaß an organisiertem Kampf, Dauer, Kontinuität und Ausdehnung. Die Ereignisse des 17. Juni 1953 in der DDR sind nach dieser Definition kein Krieg, wohl aber ist es der Ungarnaufstand vom Oktober 1956.

Zwischen 1945 und 1982 sind 152 Kriege[3]) mit einer Gesamtdauer von mehr als 400 Jahren geführt worden. Sie wurden auf den Territorien von 71 Staaten unter Beteiligung 84 regulärer Armeen ausgetragen; bewaffnete Guerillas, Partisaneneinheiten und Söldnertruppen nicht eingerechnet.

„Nur" sieben bewaffnete Konflikte fanden in *Europa* statt: Die Bürger- und Guerillakriege in Griechenland 1944/45 und 1946 bis 1949; der Guerillakrieg und die Aufstandsbewegung in Spanien 1945 bis 1948; die Revolution und bewaffnete Intervention durch die UdSSR in Ungarn 1956; die bewaffnete Intervention von Truppen des Warschauer Paktes in der CSSR 1968; der Bürger- und Religionskrieg in Nordirland ab 1969 und der bewaffnete Konflikt im Baskenland seit 1978.

Allein 145 – oder 95% – der Kriege unseres Zeitalters wurden in der *Dritten Welt* ausgetragen; davon 45 bewaffnete Auseinandersetzungen im Nahen und Mittleren Osten, 41 in Asien, 31 in Afrika und 28 in Lateinamerika. In einigen Krisenherden der armen Welt wurde der Krieg zum gesellschaftlichen Dauerzustand *(vgl. Abbildung 1).*

Anders formuliert: Die wirtschaftlich verarmten, sozial brüchigen und politisch instabilen Länder der Dritten Welt wurden zum Hauptkriegsschauplatz – und werden es vermutlich bleiben. In Europa hingegen, bis zum Zweiten Weltkrieg das Zentrum aller militärischen Konflikte der Neuzeit, gelang es, eine Zone des Friedens zu schaffen; freilich eines bewaffneten Abschreckungsfriedens, der sich in der Abwesenheit von Krieg erschöpft. Die Koexistenz von Gewalt in armen und Gewaltverzicht in reichen Ländern ist denn auch auf die aggressive Formel „Krieg den Hütten, Friede den Palästen" gebracht worden.

Daß gewaltsame Konflikte zum Monopol der Armen und Schwachen geworden sind, wird noch durch die zahlreichen politischen Morde, blutigen Staatsstreiche und Militärrevolten in Entwicklungsgesellschaften unterstrichen (sie sind in *Abbildung 1* nicht enthalten).

Vom Territorial- zum Bürgerkrieg

Parallel zur Konfliktverlagerung in die Dritte Welt verliert der herkömmliche Typ des Krieges als einer zwischenstaatlichen militärischen Auseinandersetzung zunehmend an Bedeutung.

Von den 170 bewaffneten Konflikten der Nachkriegszeit[4]) waren lediglich 34 *klassische Territorialkriege* des Clausewitzschen Typs. Sie

Abbildung 1: Kriege und bewaffnete Konflikte 1945 bis 1982

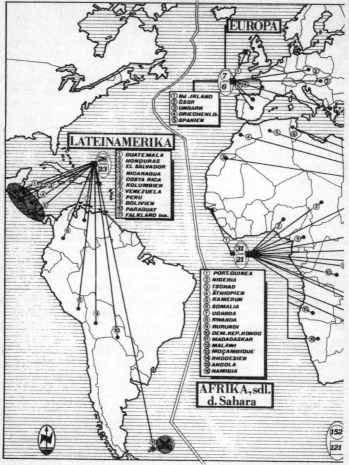

Quelle: Braun, Gerald, Nord-Süd-Konflikt und Entwicklungspolitik, Opladen 1985, S. 19.

fanden ausnahmslos in der Dritten Welt statt – mit oder ohne ausländische Beteiligung *(vgl. Abbildung 2)*. Anders ausgedrückt: Weder zwischen noch innerhalb der Ost-West-Militärblöcke gab es Territorialkriege. Der Krieg ist hier nicht mehr die Fortsetzung der Politik mit anderen Mitteln.

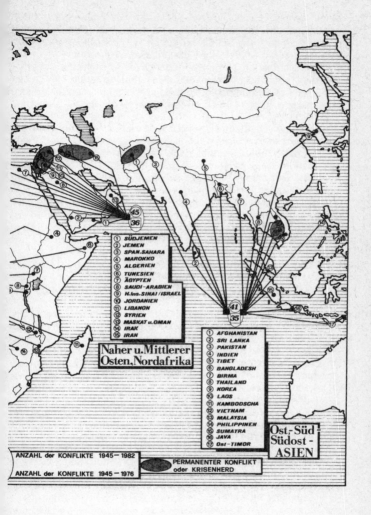

Eine *Analyse der zwischenstaatlichen Kriege* ergibt folgendes Bild[5]:
- 65% aller Territorialkriege sind „endogene" oder „hausgemachte" Drittweltkriege *ohne Beteiligung beziehungsweise Intervention von Industriestaaten* (Intervention ist dabei definiert als aktive Teilnahme bewaffneter Streitkräfte eines Landes an den Kämpfen in

einem anderen Land). Souveräne Staaten der Dritten Welt führten gegeneinander 18 klassische Grenzkriege, zum Beispiel Indien gegen Pakistan, die VR China gegen Vietnam, Irak gegen Iran. Zudem intervenierten Streitkräfte aus Entwicklungsländern in vier Fällen militärisch in Territorialkriege zwischen Drittwelt-Staaten – teilweise als Stellvertreter der Supermächte oder als selbsternannte Ordnungsmächte, zum Beispiel Kuba in den äthiopisch-somalischen Krieg, Libyen in den Krieg zwischen Tansania und Uganda.
- An zwölf zwischenstaatlichen Kriegen waren *Kampftruppen aus westlichen oder östlichen Industrienationen* beteiligt. So fanden vier nachkoloniale Territorialkriege statt zwischen Industriestaaten und Nationen der Dritten Welt, zum Beispiel USA gegen Nordvietnam, Großbritannien gegen Argentinien im Falklandkrieg. Darüber hinaus griffen Einheiten aus Industriestaaten achtmal in Kriege zwischen Entwicklungsländern ein – in der Regel, um Blocksolidarität zu sichern beziehungsweise „guten Freunden" zu helfen, zum Beispiel Großbritannien im indisch-pakistanischen Kashmirkrieg, Frankreich und Großbritannien im Suezkrieg zwischen Israel und Ägypten.

Nicht weniger als 136 bewaffnete Konflikte der Nachkriegszeit waren innerstaatliche Bürgerkriege – entweder in Form von Anti-Regime- oder Sezessionskriegen. *Der interne Bürgerkrieg ist Prototyp des Krieges der Gegenwart.*

Ziel des *Anti-Regime-Krieges* ist der Sturz der Regierung, wobei Dekolonisations- beziehungsweise Unabhängigkeitskriege – etwas willkürlich – diesem Kriegstyp zugerechnet werden.

Die *Sezessions-, Nationalitäten- und Religionskriege* sind hingegen nach Intention der Konfliktparteien begrenzt, das heißt es geht um Abspaltung, Autonomie oder verbesserten Rechtsstatus einer Gruppe oder Region.

Zu den *innerstaatlichen Kriegen* ist festzuhalten:
- Die Hälfte aller Bürgerkriege sind *endogene Drittweltkriege.* An den übrigen militärischen Konflikten sind Industriestaaten als Kriegsparteien oder als Interventionsmächte beteiligt.
- Zwei Drittel aller internen bewaffneten Auseinandersetzungen sind *Anti-Regime-Kriege,* in denen die Regierung durch Guerillakräfte insgesamt bekämpft wird (zum Beispiel Guerillakriege in Lateinamerika und Südostasien).
- Immerhin ein Drittel aller gewaltsamen Konflikte in der Dritten Welt sind *Sezessions-, Nationalitäten- oder Religionskriege* zwischen separatistischen, ethnischen oder religiösen Bewegungen und der Zentralregierung (zum Beispiel Kurden im Irak, Palästinenser in Jordanien, Ibos in Nigeria). Zwei dieser Kriege finden in Europa statt (Nordirland, Baskenland).

Zahl, durchschnittliche Dauer und Intensität der internen Bürgerkriege, bisweilen euphemistisch auch als kleine oder *lokale Kriege* bezeichnet, haben *langfristig zugenommen.* Keiner dieser Kriege wurde je offiziell erklärt oder beendet – es sei denn durch physische Vernichtung des Gegners.

Die Internationalisierung lokaler Kriege

Als typische Verlaufsform des modernen Bürgerkriegs ist von einer Phase lokal begrenzten verdeckten Kampfes auszugehen, die über einen Guerillakrieg zur offenen Anwendung organisierter militärischer Gewalt auf beiden Seiten führen kann – nicht notwendigerweise muß. Fremde Mächte intervenierten meist in der Spätphase des internen Konfliktes mit Kampftruppen in insgesamt 82 aller innerstaatlichen Kriege (sogenannter *internationalisierter Bürgerkrieg*). An diesen Interventionen waren insgesamt 62mal Streitkräfte aus westlichen Industrienationen, sechsmal Truppen sozialistischer Industrieländer und 16mal Armeen aus Staaten der Dritten Welt beteiligt.

Eine *Analyse der militärischen Intervention* ergibt folgendes Bild:
- Bei den 53 *Interventionen von Industriestaaten* in Anti-Regime-Kriege handelt es sich in knapp der Hälfte aller bewaffneten Konflikte um klassische Dekolonisationskriege (zum Beispiel Algerien, Angola, Mosambik); in den übrigen Fällen gilt die Intervention der Aufrechterhaltung des post-kolonialen Status quo (zum Beispiel Frankreich im Tschad, UdSSR in Afghanistan). Streitkräfte aus Industriegesellschaften intervenierten darüber hinaus 13mal gegen separatistische Bewegungen in der Dritten Welt beziehungsweise wurden von der herrschenden Regierung gerufen (zum Beispiel Belgien in Zaire, Großbritannien im Jemen).
- *Kampftruppen aus Entwicklungsländern* griffen je achtmal in Anti-Regime-Kriege ein (zum Beispiel senegalesische Einheiten in Gambia) und in Sezessionskriege – zumeist auf Seiten der Zentralregierung (zum Beispiel marokkanische Truppen in Zaire gegen Shaba-Separatisten).

Mit Rückzug der französischen, britischen und portugiesischen Kolonialarmeen sowie der Reformulierung der US-amerikanischen „Strategie des begrenzten Krieges" in der Nach-Vietnam-Aera *verringern* sich die militärischen *Interventionen westlicher Streitkräfte* in der Dritten Welt. Sie werden – da innen- wie außenpolitisch „kostengünstiger" – teilweise durch indirekte militärische Präsenz etwa in Form von *Militärhilfe*, *Waffenlieferungen* und *Militärberatern* ersetzt.

Dagegen *wächst* die Neigung *sozialistischer Industrienationen* (etwa der UdSSR in Angola und Afghanistan) und – vor allem – der Entwicklungsländer, in Bürgerkriege anderer Entwicklungsgesellschaften militärisch einzugreifen. Ein durchgängiges Interventionsmuster ist bislang nicht erkennbar[6]. *Staaten der Dritten Welt* intervenieren *als Stellvertreter* der Supermächte (Kuba in Äthiopien, Marokko in Zaire), versuchen *regionale Vormachtansprüche* abzusichern (Süd-

Abbildung 2: Kriege und bewaffnete Konflikte 1945 bis 1982

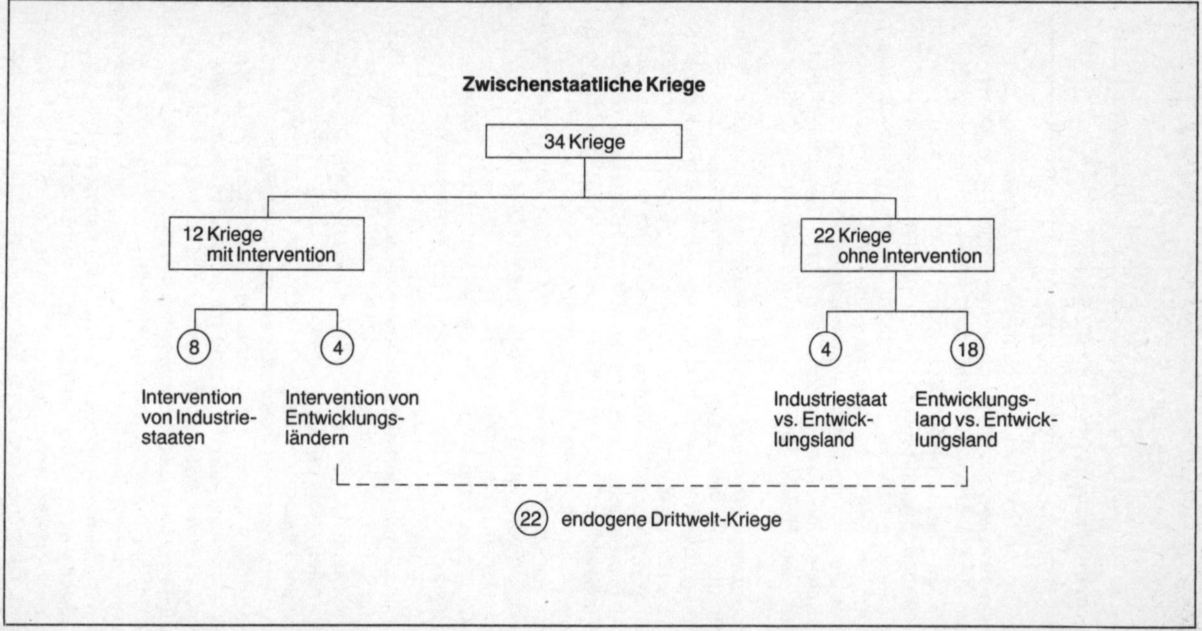

Zwischenstaatliche Kriege

- 34 Kriege
  - 12 Kriege mit Intervention
    - 8 Intervention von Industriestaaten
    - 4 Intervention von Entwicklungsländern
  - 22 Kriege ohne Intervention
    - 4 Industriestaat vs. Entwicklungsland
    - 18 Entwicklungsland vs. Entwicklungsland

22 endogene Drittwelt-Kriege

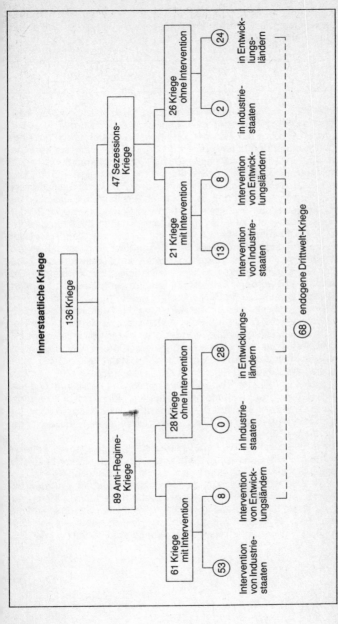

Quelle: Nach Senghaas, Dieter, „Militärische Konflikte in der Dritten Welt", in: Leviathan, 12 (1984) 2, S. 280.

afrika in Angola, Syrien im Libanon) oder verstehen sich als ethnische, religiöse oder ideologische *Avantgarde* (Libyen in Afrika, Iran im Nahen und Mittleren Osten).

Der Zahl der Opfer nach ein „Dritter Weltkrieg"

Während über die Kriege der Gegenwart sonst relativ genaue Informationen vorliegen, bleiben ihre Opfer weitgehend vergessen.
Die Angaben über die Zahl der Toten, Verwundeten und Flüchtlinge sind lückenhaft und differieren erheblich. Nur unzulänglich kann geklärt werden, wie viele Menschen direkten Kampfhandlungen oder mittelbaren Kriegsfolgen – wie Hunger, Krankheit usw. – zum Opfer fallen. *Langzeitschäden* – etwa durch den Einsatz chemischer und bakteriologischer Waffen – sind kaum abzuschätzen. Schließlich besteht bei gewaltsamen Stammes- und Religionsfehden oder Bürgerkriegen, die bis zur Ausrottung von Minderheiten beziehungsweise zum Genozid führen können, kein Interesse des Siegers, Zahlen über die Verluste zu veröffentlichen. Bekannt ist lediglich, daß etwa in den mittelamerikanischen Staaten Guatemala, El Salvador und Nicaragua *Gewalteinwirkung vor allen Krankheiten zur wichtigsten Todesursache* geworden ist. In diesen Ländern wurden seit 1978 mehr als 120000 Menschen in Bürgerkriegen getötet[7]).
Tabelle 1 enthält daher nur eine Auflistung der Toten jener bewaffneten Konflikte, die relativ gut dokumentiert sind. Andere Kriege sind statistisch schlechter erfaßt, dürften aber mehr Opfer gekostet haben, wie etwa der chinesische Bürgerkrieg (1945–1949), die bewaffneten Auseinandersetzungen in Indien/Pakistan (1945–1948), in Indonesien/West-Irian (1982) und in Kurdistan (1965–1970). Die Zahl der *Flüchtlinge und Vertriebenen* wird mit 15 bis 17 Millionen angegeben[8]). Südostasien (Nachfolgekriege des Indochinakonflikts), der Mittlere Osten (Afghanistan) und Schwarzafrika (Horn von Afrika, südliches Afrika) sind die Zentren dieser erzwungenen Völkerwanderungen.
In allen Fällen hatte die *Zivilbevölkerung* – und dies ist ein weiteres Merkmal der Kriege unseres Zeitalters – erheblich stärker unter den Kriegsauswirkungen zu leiden als in den konventionellen Kriegen vor dem Zweiten Weltkrieg. Schätzungen haben ergeben, daß den bewaffneten Konflikten der Nachkriegsepoche etwa so viele Menschen zum Opfer gefallen sind wie im Zweiten Weltkrieg: „So entspricht die Gesamtheit der lokalen Kriege in dieser Hinsicht einer Art von *Drittem Weltkrieg,* der unter besonderen Umständen geführt wurde"[9]).

Tabelle 1: Kriegstote in der Dritten Welt 1945 bis 1984

Land	Zeitraum	Interventionsmächte	Zahl der Kriegstoten[1] (grobe Schätzungen)
1. Korea	1950–1953	UdSSR, VR China, USA	1 400 000
2. Algerien	1954–1962	Frankreich	500 000
3. Vietnam	1960–1975	USA, Australien, Südkorea, VR China	2 000 000
4. Sudan	1960–1972		700 000
5. Zaire	1960–1966	Belgien, Großbritannien, Sudan	110 000
6. Irak	1961–1975	Iran	105 000
7. Indonesien	1965–1966	VR China	500 000
8. Nigeria/Biafra	1967–1970		2 000 000
9. Kambodscha	1969–1973	USA	306 000
10. Bangladesh	1971	Indien	1 500 000
11. Burundi	1972–1973		100 000
12. Indonesien	1975–1977		300 000
13. Kambodscha	1975–1978	VR Vietnam	2 000 000
14. Afghanistan	1979–	UdSSR	1 000 000
15. Iran/Irak	1980–		680 000

Gesamtzahl der Kriegstoten in der Dritten Welt:

Schätzung 1: (Leitenberg)	18–19 000 000
Schätzung 2: (Kende)	25–30 000 000
Zahl der Kriegstoten im Ersten Weltkrieg	12 000 000
Zahl der Kriegstoten im Zweiten Weltkrieg	56 000 000

[1] Nur Kriege mit mehr als 100 000 Toten
Quellen: SIPRI, Warfare in a Fragile World, London 1980; Sivard, Ruth Leger, World Military and Social Expenditures 1983, Leesburg/Virginia 1983, S. 21; Matthies, Volker, Kriege in der Dritten Welt, Opladen 1982, S. 82; Badische Zeitung v. 22./23. 8. 1984.

Einige Einwände

Die skizzierten Ausführungen zum Krieg der Gegenwart sollten mit einiger Vorsicht aufgenommen werden. Tatsächlich sind viele Erkenntnisse umstritten, manches ist eher trivial.
Folgende *Einwände* lassen sich vorbringen:
– Die *Definition* des „Krieges" ist *vage* und nicht hinreichend operationalisiert. Konkurrierende Untersuchungen mit anderen Definitionen kommen zu anderen Ergebnissen. Dabei schwanken die Angaben über die Zahl der Kriege in der sogenannten Nachkriegszeit zwischen 30 und 300[10]).

- Die *Typenbildung* („Territorial-, Anti-Regime- und Sezessionskriege") ist zu statisch und undifferenziert. *Neuartige Konflikte* (schmutzige Kriege der Regierung gegen die eigene Bevölkerung, internationaler Terrorismus) werden *nicht erfaßt*, bekannte Konfliktformen nur unzulänglich eingeordnet. *Problematisch* ist insbesondere die *Unterscheidung von zwischen- und innerstaatlichen Kriegen*. Was nämlich – vor allem bei ethnischen Konflikten – aus völkerrechtlicher Sicht ein interner Krieg ist, kann aus ethnisch-kultureller Perspektive ein externer Krieg sein.
- Die Zuordnung von *Dekolonisations- und Unabhängigkeitskonflikten* zur Kategorie der Anti-Regime-Kriege ist – sowohl aus nördlicher wie aus südlicher Perspektive – überholt. Zumindest müßte zwischen einer kolonialen und einer postkolonialen Phase unterschieden werden[11]).
- Der Begriff der *ausländischen Beteiligung* („Intervention mit Kampftruppen") ist im Zeichen subtilerer Interventionsformen zu eng. Diskretere Interventionen reichen – nach dem Ende der Kanonenboot-Diplomatie – von Waffenlieferungen über die Entsendung von Militärberatern bis zum Aufbau transnationaler Militärakademien (etwa in der Panamazone), die sich auf die Bekämpfung von Guerillabewegungen spezialisieren.
- Angesichts des notorischen Mangels an zuverlässigen Daten ist insbesondere für die Kolonialzeit davon auszugehen, daß es zahlreiche *vergessene Kriege* gibt. Sie sind der Weltöffentlichkeit ebenso unbekannt geblieben wie der Friedens- und Konfliktforschung[12]). Anders ausgedrückt: Im Zeitalter elektronischer Medien werden bewaffnete Konflikte praktisch vor unser aller Augen ausgetragen – wie die Fernsehberichte aus Beirut, Südafrika und Mittelamerika zeigen. Dies führt vermutlich zu einer systematischen Überbewertung von Kriegen in der Gegenwart.

Kritik sollte weit, aber nicht zu weit getrieben werden. So ist die Tatsache, daß Kriege integraler Bestandteil der Nachkriegsgeschichte sind, nicht ohne analytischen und moralischen Wert.

Die „Kriegslage" im Überblick

Festzuhalten bleibt:
- Der *dominierende* Kriegstyp der Gegenwart ist ein *langanhaltender Bürgerkrieg mit ausländischer Beteiligung*. Im Kern geht es dabei um den Einsatz revolutionärer und konterrevolutionärer Strategien zur Austragung gesellschaftlicher Konflikte. Die hohe Zahl derartiger Konflikte deutet auf einen engen Zusammenhang zwischen dem Einsatz militärischer Gewalt und politischen, ökonomischen und sozio-kulturellen Instabilitäten[13]). Verkürzt formuliert: Die unmittelbaren Ursachen der Bürgerkriege in der Dritten Welt sind überwiegend „hausgemacht" (was nicht ausschließt, daß sie

von Interventionsmächten verschärft beziehungsweise „ausgebeutet" werden können).
- Die *Zahl konventioneller Territorialkriege ist relativ gering*, scheint jedoch gerade zwischen Entwicklungsländern (zum Beispiel Iran–Irak) zu steigen – und ist schon deshalb keine zu vernachlässigende Größe. Die größere Verselbständigung territorialer Konflikte ist Ergebnis eines weitergehenden politisch-militärischen Emanzipationsprozesses von Teilen der Dritten Welt[14]. In seinem Verlauf bauen vor allem die regionalen Vormächte der Dritten Welt militärische Gewaltapparate auf, die den Krieg wieder zur Fortsetzung der Politik mit anderen Mitteln machen. Ironischerweise geschieht dies zu einem Zeitpunkt, da die Industriegesellschaften in ein Nach-Clausewitz-Zeitalter eintreten.
- Die wachsende Zahl von *Interventionen regionaler Führungsmächte* in die bewaffneten Konflikte anderer Drittweltstaaten deutet auf die Entstehung einer *neoimperialen Expansionspolitik*. Sie kann zu (Süd-Süd-)Abhängigkeiten und regionalen Konflikten führen, die in ihrer Massivität der „alten" imperialistischen Politik der europäischen Kolonialmächte in nichts nachstehen.
- Auch die militärischen *Interventionen der Industrienationen* in der Dritten Welt sind unverändert hoch – und im Zuge eines (wieder) wachsenden Ost-West-Gegensatzes um geopolitische Einflußzonen und strategische Rohstoffe eher wieder im Ansteigen begriffen. Die gängige Aussage, die Dritte Welt liege mit sich selbst im Krieg, während die Industriegesellschaften der Hort des Friedens seien, ist falsch, zumindest einseitig[15].
- Die erkennbare *Internationalisierung* gewaltsamer Konflikte in Entwicklungsgesellschaften kann langfristig dazu führen, daß militärische Konflikte in weiten Bereichen der Dritten Welt *tendenziell unlösbar* werden. Nach aller Erfahrung *sinkt die Wahrscheinlichkeit dauerhafter Konfliktlösung mit wachsender Zahl von Beteiligten*.
- In der *nördlichen Hemisphäre* hingegen ist nach dem Zweiten Weltkrieg nicht nur der territoriale, sondern auch der innerstaatliche Krieg zur Seltenheit geworden. Offenbar konnten vor allem in den westlichen Demokratien soziale Strukturen und politische Systeme entwickelt werden, die den Krieg zur Seltenheit machen (innerhalb des Ostblocks mußte die Sowjetunion in Ungarn, der CSSR und in Polen intervenieren, um den Verfall des „Roten Imperiums" mit militärischen Mitteln aufzuhalten).

Die Abwesenheit von Krieg in demokratischen Industriegesellschaften bedeutet nicht die Existenz einer heilen, konfliktfreien Welt; wohl aber, daß es im großen und ganzen gelungen zu sein scheint, gesellschaftliche Konflikte mit gewaltfreien Methoden auszutragen[16]. Dies gilt selbst dann, wenn man die gesellschaftlichen Kosten des „bewaffneten" Friedens in Rechnung stellt.

Man kann daher argumentieren, daß aus theoretischer Perspektive eher die Ausnahme – der Friede in der nördlichen Hemisphäre – erklärungsbedürftig ist als die Regel – der Krieg in der Dritten Welt.

Die Militarisierung der Dritten Welt als kriegsverschärfender Faktor

Eine *Kriegstheorie mittlerer Reichweite* müßte die Konzentration spezifischer bewaffneter Konflikte auf bestimmte Länder und Regionen empirisch abgesichert erklären, um daraus die Zukunft des Krieges und seine Verhütung ableiten zu können. Eine derartige Theorie existiert gegenwärtig nicht, und es ist zweifelhaft, ob es sie je geben wird.

Unterscheidet man zwischen *konfliktauslösenden* und *konfliktverschärfenden* Faktoren beziehungsweise Bedingungskonstellationen, so wäre als wichtigster konfliktverschärfender Faktor die *Militarisierung* von weiten Teilen der Dritten Welt zu nennen. Diese Militarisierung, definiert als Tendenz des Militärs, den Staatsapparat, die wirtschaftlichen Ressourcen eines Landes und seine Bürger zu kontrollieren, läßt sich an einigen ausgewählten *Indikatoren* demonstrieren[17]:

- Der Anteil der Dritten Welt an den *weltweiten Rüstungsausgaben* stieg zwischen 1960 und 1984 von 10,3% auf 25,1%. Er übertraf damit den Anteil der Entwicklungsländer am Weltsozialprodukt; eine Situation, die mit dem Begriff der „Überrüstung" umschrieben werden kann.
- Die Dritte Welt wurde in den vergangenen Jahrzehnten zum größten *Waffenimporteur*. Ihr Anteil am weltweiten Waffenhandel stieg von rund 50% (1960) auf knapp 70% (1984). Er ist seitdem real rückläufig, weil viele Entwicklungsstaaten wegen ihrer hohen Auslandsverschuldung nicht mehr in der Lage sind, weitere Waffenkäufe zu finanzieren.
- Die Kommerzialisierung der internationalen Rüstungsmärkte – Waffen gegen Devisen – hat dazu geführt, daß Ost und West *relativ wahllos* an alle Entwicklungsländer *modernste Waffensysteme verkaufen,* die dafür bezahlen können. Dies gilt auch, wenn sie gegeneinander Krieg führen, wie beispielsweise im Falle des Abnutzungskrieges zwischen dem Irak und dem Iran, die gegenwärtig Waffen aus 44 Ländern beziehen.
- Die technologisch-industriell fortgeschritteneren *Schwellenländer* der Dritten Welt (zum Beispiel Israel, Brasilien, Südafrika, Indien) installieren *eigene Rüstungsindustrien* und versuchen gleichzeitig, sich im internationalen Waffenbasar *Exportmärkte* zu sichern. Diese Drittwelt-Waffensysteme sind in der Regel als sogenannte *counter-insurgency*-Waffen optimiert, das heißt für den Einsatz gegen revolutionäre Bewegungen in Bürgerkriegen besonders geeignet.
- Die Mehrzahl der regionalen Rüstungsmächte in der Dritten Welt steht *an der Schwelle zu Nuklearstaaten* (zum Beispiel die VR China, Indien, Pakistan, Israel, Südafrika, Brasilien, Argentinien) –

ohne den Atomwaffensperrvertrag unterzeichnet zu haben. Nukleare Rüstungswettläufe – etwa nach der Bedrohungsspirale UdSSR→China→Indien→Pakistan→Iran→Irak – sind daher nicht auszuschließen.
- Bemerkenswert ist überdies die *Zunahme des Militärpersonals.* Im Jahre 1960 standen in der Dritten Welt etwa 8,7 Millionen Mann unter Waffen, Milizeinheiten eingeschlossen. 1980 hatte sich ihre Zahl auf etwa 15,1 Millionen Mann vergrößert – eine Steigerung um mehr als 70%.
- Nicht zuletzt hat die zunehmende Verfügung über physische Gewaltpotentiale und wirtschaftliche Ressourcen den Anspruch des Militärs auf gesellschaftliche Steuerung und Kontrolle erkennbar wachsen lassen. 1965 wurden zehn Staaten von Militärs regiert, 1976 waren es schon 35. *Gegenwärtig haben 52 Länder der Dritten Welt Militärregierungen;* die Militärs im „Wartestand" nicht eingerechnet.

Das Militär als Avantgarde der Modernisierung?

Insgesamt gesehen konnte das Militär seinen Anspruch als Avantgarde der Modernisierung nicht einlösen[18]). Empirisch gesichert ist lediglich, daß Militärregierungen noch stärker als andere Regime ihre Machtmittel – etwa in Form systematischer Menschenrechtsverletzungen – gegen die eigene Bevölkerung einsetzen, zu deren angeblichem Schutz sie häufig angetreten sind. Dabei kann die Militarisierung der Dritten Welt nicht schlicht als Übergangsphase der politischen Evolution interpretiert werden, die gleichsam automatisch von einer Periode ziviler politischer Kontrolle abgelöst wird. Im Gegenteil: Militärische Modelle ökonomischer und politischer Herrschaftssicherung könnten sich als Modelle der Zukunft erweisen.

Der Zusammenhang zwischen der Militarisierung von Teilen der Dritten Welt und der Häufigkeit von Kriegen ist keineswegs gesichert. Nicht schlüssig konnte bislang die Frage beantwortet werden, ob die Verfügung über mehr und bessere Waffen zu einer Häufung bewaffneter Auseinandersetzungen führt. Zwar korreliert das Wachstum von Rüstungsausgaben und -importen positiv mit der Zahl und regionalen Verteilung kriegerischer Konflikte etwa im Nahen und Mittleren Osten sowie in Südostasien. Ungeklärt ist jedoch, ob die steigenden Rüstungsausgaben Ursache der Kriege sind – oder umgekehrt.

Theoretische und empirische Argumente sprechen jedoch für folgende *Vermutungen:*
- Die *Aufrüstung* der Dritten Welt *verschärft bestehende gesellschaftliche Konflikte und destabilisiert soziale Systeme.* Zwar beträgt der Anteil der Militärausgaben am Bruttosozialprodukt in Entwicklungsländern durchschnittlich nur etwa 5%. Er liegt damit nicht wesentlich über den Werten der Industrienationen. Berück-

sichtigt man jedoch, daß in armen Gesellschaften ein erheblich größerer Teil des Sozialproduktes für die physische Überlebenssicherung der Bevölkerung notwendig ist (oder sein sollte), so können Rüstungsausgaben im Extremfall Teile der Bevölkerung unter das Existenzminimum drücken, ihre Verelendung zementieren oder gar beschleunigen. Differenzierter formuliert: Der Einsatz knapper Ressourcen (Realkapital, Personal, Finanzmittel und Devisen) für militärische Zwecke hat – wie empirisch nachgewiesen werden konnte[19] – geringere Entwicklungseffekte als ihre alternative Verwendung für „zivile" Sozial- und Investitionsprojekte. Dies ist, gesamtwirtschaftlich gesehen, der wahre Kern jenes Satzes von der Wahl zwischen Butter und Kanonen.
- Mit zunehmender innenpolitischer Instabilität wächst die Neigung der Herrschenden in der Dritten Welt, *gesellschaftliche Konflikte mit militärischen Mitteln zu lösen*. Bislang ist kein Fall bekannt geworden, in dem dies tatsächlich gelungen wäre. Im Gegenteil: Da unerwünschte soziale Veränderungen als Sicherheitsbedrohung gewertet und rigoros geahndet werden, wird das Militär zwangsläufig auf das grenzferne Schlachtfeld der eigenen Gesellschaft verwiesen.
- Unbestritten ist auch, daß anhaltende Aufrüstungsprozesse die *Dauer und Intensität militärischer Konflikte* vergrößern. Die Verfügbarkeit über moderne Waffen macht Kriege blutiger, für Bevölkerung und Umwelt vernichtender[20].

„Wir behaupten keineswegs, daß unweigerlich (militärische) Macht kausal Gewalt hervorruft. Wir behaupten nur, daß historisch dieser Zusammenhang systematisch nachweisbar ist"[21]. Oder weniger weitreichend formuliert: Die Militarisierung von Teilen der Dritten Welt ist eine notwendige, jedoch *keineswegs hinreichende Bedingung* für die gewaltsame Austragung von Konflikten.

Bürgerkriege und Armut

Die auffällige Konzentration von Bürgerkriegen in der Dritten Welt läßt vermuten, daß die gewaltsamen Konflikte in den Strukturdefekten der Entwicklungsgesellschaften begründet sind. Offenbar besteht ein enger Zusammenhang zwischen ungelösten wirtschaftlichen oder ethnisch-kulturellen Modernisierungskonflikten, mangelnder politischer Konsolidierung und der Anwendung militärischer Gewalt *(vgl. Abbildung 3).*

Ausgangspunkt der klassischen *Anti-Regime-Kriege* ist nicht selten die triviale Erkenntnis – paradoxerweise – der privilegierten Mittelschichten, daß sie in armen und strukturell ungleichen Gesellschaften leben.

Die *Armut* hat in Entwicklungsländern *zwei Dimensionen:*

Da das Volkseinkommen niedrig ist und – insbesondere in den ärm-

sten Staaten und Regionen – nur langsam wächst, gibt es *nur wenig zu verteilen.* Zudem sind die *Einkommen und Vermögen extrem ungleich verteilt.* Diese Ungleichheit ist in den politisch-gesellschaftlichen Machtstrukturen von Entwicklungsgesellschaften begründet – sie ist in diesem Sinne *strukturelle Ungleichheit.*
Armut und Ungleichheit sind bisweilen hinreichende, jedoch nicht notwendige Bedingungen für den Ausbruch von Bürgerkriegen[22]). Nicht notwendig deshalb, weil besonders arme Bevölkerungsgruppen so mit dem täglichen Überlebenskampf beschäftigt sind, daß sie sich gewaltsame Konflikte nicht „leisten" können. Sie verfügen über keine Sparvermögen, keine Nahrungsmittelvorräte und sind daher kaum mobilisierbar – ausgenommen bei agrarischer Eigenversorgung, die wirtschaftliche Rückfallpositionen eröffnet. Die Dauer und Gewaltsamkeit von Bürgerkriegen in afrikanischen Subsistenzökonomien – etwa in Uganda – mag hierfür ein Beleg sein.

Die städtische Mittelklasse als Avantgarde der Revolution

Wichtiger ist jedoch, daß im Modernisierungsprozeß unterentwickelter Gesellschaften ein *Ungleichgewicht zwischen verschiedenen Lebensbereichen* entsteht. In der Regel zählen Bereiche wie *Bildung* und *Verstädterung* zu den „vorauseilenden" gesellschaftlichen Sektoren, während der landwirtschaftlich-technische Sektor zurückbleibt. Je größer dieses Ungleichgewicht, desto höher sind Ausmaß und Intensität gewaltsamer Konflikte in einer Gesellschaft. Ein umfassender Bildungsboom mobilisiert insbesondere bei den besser ausgebildeten Mittelschichten zusätzliche *Einkommenserwartungen* und *Statusansprüche (Gesetz der steigenden Erwartungen).* Dies gilt analog für die Zuwanderer aus ländlichen Räumen in die städtischen Zentren. Die Städte bilden zudem einen Anziehungspunkt für Angehörige der gebildeten Mittelschichten im Kampf um lukrative Posten in Verwaltung, Militär und Wirtschaft.
Bei steigendem Bildungsniveau beziehungsweise zunehmender Verstädterung und geringer wirtschaftlicher Entwicklung können die – subjektiv als legitim erachteten – Ansprüche ganzer Gruppen von der Gesellschaft nicht mehr eingelöst werden. Sie fühlen sich relativ benachteiligt beziehungsweise frustriert (These von der *relativen Deprivation* beziehungsweise Frustrations-Aggressions-These)[23]), verbünden sich mit anderen Unzufriedenen und organisieren den bewaffneten Kampf gegen die Staatsgewalt. Mit anderen Worten: Die besser gebildete städtische Mittelklasse ist normalerweise die Avantgarde der Revolution – von den lateinamerikanischen Stadtguerillas bis zu den Widerstandsgruppen in den schwarzen Townships Südafrikas. Allerdings ist dies aus Sicht der herrschenden Eliten der schlimmste denkbare Fall. Im Normalfall droht der Staatsklasse zunächst „nur"

Abbildung 3: Ursachen militärischer Konflikte in der Dritten Welt

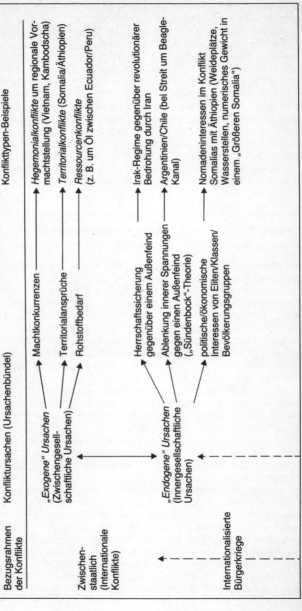

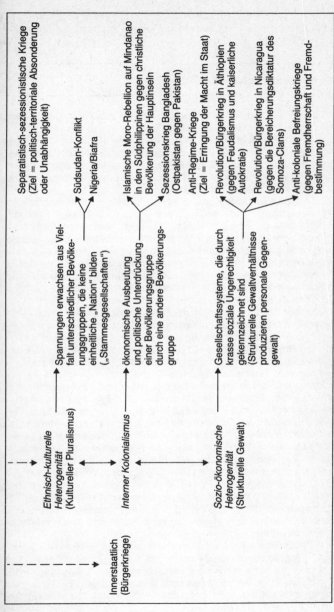

Quelle: Matthies, Volker, Kriege in der Dritten Welt, Opladen 1982, S. 75.

ein Legitimationsentzug, den sie mit den „bewährten" Reform- und Entwicklungsprogrammen autoritärer Regime zu verhindern sucht.

Strategien der Konterrevolution

Nach dem klassischen Muster konterrevolutionärer Strategien *(counter-insurgency)* umfassen derartige „Reform"-Konzepte eine balancierte Mischung aus zivilen Wirtschaftsprogrammen und militärischen Sicherheitsmaßnahmen; das heißt aus Zuckerbrot und Peitsche. (In demokratischen Gesellschaften führt Legitimationsentzug über die Wahlurne zur legalen Auswechslung der Regierung – und damit zur gewaltfreien Konfliktlösung.)
Gezielte Wirtschaftsprogramme sollen städtische Mittelschichten weiter begünstigen und – so hofft man – das revolutionäre Potential in kontrollierbarem Rahmen halten. Zu diesen Maßnahmen gehören unter anderen die Verbesserung der Wohn- und Ausbildungsverhältnissen, überdurchschnittliche Einkommenssteigerungen (zum Beispiel für das Militär und den Beamtenapparat) und die *Subventionierung von Grundnahrungsmitteln,* um die Lebenshaltungskosten in den Städten niedrig zu halten. Die *stadtzentrierte Entwicklungspolitik* in der Dritten Welt ist aus dieser Perspektive wenig mehr als der Versuch, Massenloyalität zu erhalten. Sanierungsprogramme des *Internationalen Währungsfonds,* die etwa den Abbau von Nahrungsmittel-Subventionen vorsehen, pflegen denn auch auf hartnäckigen Widerstand der Regierungen in der Dritten Welt zu stoßen. Werden sie akzeptiert, lösen sie in den Städten nicht selten „Brotrevolten" aus.
Allein das Jahr 1984 ergibt folgende Bilanz:
Die Ankündigung von Preiserhöhungen bei Grundnahrungsmitteln in Marokko führte Ende Januar zu anhaltenden Protestdemonstrationen. Sie wurden mit Waffengewalt aufgelöst. Es gab 150 Tote. Die Regierung mußte die Preiserhöhungen zurücknehmen. Ähnlich erging es der tunesischen Regierung – wo zur Jahreswende 1984 ein Aufstand in den Städten ausbrach – und der Regierung *Mubarak* in Ägypten. Die Dominikanische Republik brach im Mai ihre Verhandlungen mit dem *Internationalen Währungsfonds* (IWF) ab. Im Gefolge von Preiserhöhungen bei Benzin und Lebensmitteln waren starke Unruhen ausgebrochen. Die philippinische Regierung mußte bei ihrem Abkommen mit dem IWF auf massive Proteste hin einen Teilrückzieher machen und etliche geplante Preis- und Steuererhöhungen zurücknehmen.
Wie die wachsende Zahl von Bürgerkriegen zeigt, waren die „Befriedungs"-Programme im großen und ganzen wenig erfolgreich. Zum einen sind die wirtschaftlichen Versprechungen im Zeichen akuter Stagnations- oder Verfallstendenzen immer weniger einlösbar, zum anderen zeitigen sie kontraproduktive Wirkungen: Die relative Be-

nachteiligung von Teilen der Mittelschicht wird dadurch eher vergrößert.
Folglich muß die Regierung immer auch versuchen, durch *Ausbau des Militär- und Polizeiapparats* eine effektive Herrschaftsgefährdung auszuschalten. Die besondere Aufmerksamkeit der *Sicherheitsingenieure* gilt dabei der „inneren Front". Gemeint sind damit Bombenanschläge, Sabotageaktionen und ganz allgemein als subversiv betrachtete Aktivitäten. Der Phantasie des Sicherheitsapparats von „Dracula-Regimen" *(Th. Hanf)* sind dabei kaum Grenzen gesetzt. Neben den „bewährten" Methoden – Kriminalisierung von Oppositionellen, Pressezensur, Verhängung des Kriegsrechts, systematische Folter – sind neuerdings auch Todesschwadrone im Einsatz, die Menschen umbringen oder spurlos verschwinden lassen: Der *Staat als Terrorist* führt Krieg gegen die eigene Bevölkerung.
Zusammengefaßt: Die Strukturdefekte von Entwicklungsgesellschaften produzieren soziale Konflikte, die von anti-demokratischen Regimen friedlich nicht zu lösen sind. Die permanente Krisensituation läßt den Militär- und Sicherheitsapparat zum zentralen gesellschaftlichen Konfliktmanager werden. Als straff organisierte Institution verfügt er über ein physisches Gewaltmonopol, das – anders als in demokratischen Industriegesellschaften – vor allem *Innere Sicherheit* garantieren soll. Drohung und Anwendung institutionalisierter Gewalt werden in Entwicklungsgesellschaften alltäglich.
Damit produziert die Konterrevolution nicht selten jene Bürgerkriege, die sie eigentlich verhindern wollte.

Der Kampf um kulturelle Identität und Sezessionskriege

Gilt der Anti-Regime-Krieg in Lateinamerika als wichtigster Kriegstyp, so verweist die wachsende Zahl von Sezessionskriegen in Afrika und Asien auf die *zentrifugale Dynamik ethnisch-kultureller Bindungen.* Sie können offenbar mit dem Hinweis der Herrschenden auf die Notwendigkeit der Nationenbildung nicht dauerhaft überspielt werden.
Zahl, Dauer und Gewaltsamkeit ethnisch-kultureller Konflikte in Entwicklungsländern beruhen auf mehreren, *sich wechselseitig verstärkenden Faktoren:*
Nur 9% aller Staaten der Erde sind ethnisch homogen, das heißt bestehen aus nur einem Staatsvolk; immerhin 39 Länder (= 30%) sind aus verschiedenen Völkern und Stämmen zusammengesetzt, von denen keine die Mehrheit hat[24]). Zwischen beiden Extremen liegt der Normalfall: Eine Gruppe dominiert, in ihrem Schatten müssen zahlreiche Minderheiten leben (sogenannte *ethnische Heterogenität*). Vor allem die *unvollendeten Nationalstaaten* der Dritten Welt zeichnen sich durch die Ko-Existenz zahlreicher Bevölkerungsgruppen, Religionen, Sprach- und Kulturkreise aus – sämtlich Ursachen potentieller ethnisch-kultureller Konflikte. Insbesondere in Afrika und Asien

hinterließ der Kolonialismus eine künstliche, zentralisierte „Staatsnation" als vorherrschenden Staatstyp, die verwandte Kulturgruppen durch Grenzen zerschnitt, verfeindete Völker hingegen zusammenzwang. Trotz aller anti-kolonialistischen Rhetorik sind sich die Herrschenden in der Dritten Welt darin einig, daß eine Revision der kolonialen Grenzen weder möglich noch wünschenswert sei.

Beim nachkolonialen Konkurrenzkampf um die Besetzung des Staatsapparates und die Verteilung knapper Mittel (auch aus Entwicklungsprojekten) brachen vielfältige ethnisch-kulturelle und religiöse Konflikte aus. *Ethnisch-kulturelle Konflikte* sind Auseinandersetzungen rassisch, religiös oder sprachlich definierter Gruppen (besser: sich selbst definierender Gruppen) um sozio-kulturelle Identität. Mehr noch als „nur" politische oder wirtschaftliche Konflikte sind Identitäts-Konflikte *von existentieller Natur*[25]). Aus Sicht der Betroffenen handelt es sich um Null-Summen-Konflikte über nicht kompromißfähige Werte und Rechte; das heißt, eine Gruppe kann bei der Konfliktaustragung nur gewinnen, wenn die andere verliert – oder umgekehrt.

Nach aller Erfahrung sind ethnisch-kulturelle Auseinandersetzungen daher besonders intensiv, langanhaltend und *nur schwer zu lösen* (wie die gewaltsamen Dauerkonflikte von Nordirland über den Libanon, Indien, Sri Lanka und den Sudan bis zu den Philippinen zeigen). Während sich in Europa trotz Renaissance ethno-politischer Bewegungen eine doppelte Loyalität – zum Nationalstaat *und* zur eigenen Volksgruppe – herausgebildet hat, gibt es in den meisten afroasiatischen Gesellschaften nur eine Bindung: Die zur eigenen Gruppe.

Folglich fühlen sich unterprivilegierte Völker nicht selten als *Fremde im eigenen Land,* von einer „neokolonialen" Regierung beherrscht und von deren Besatzungstruppen unterdrückt. Separatistische Bewegungen bestreiten daher – subjektiv verständlich – die Legitimität der Staatsklasse und die Autorität des staatlichen Machtapparates. Ihre Forderungen reichen von der Anerkennung kultureller Autonomie (Sprache, Religion, Bildungswesen) im Rahmen bestehender Grenzen bis zur Sezession und zur Gründung eines eigenen Volks-Staates.

Umgekehrt ist „der" Staat nicht neutraler Sachwalter eines irgendwie objektivierten Gemeinwohls – sondern selbst Partei. Die Propagierung eines zentralistischen *Nationalismus* ist selten mehr als ein *Vehikel zur Status- und Privilegiensicherung herrschender ethnischer Gruppen.*

Interner Kolonialismus:
Wenn Rassen- und Klassenkonflikte sich überlagern

Eine besonders brisante Situation ist immer dann gegeben, wenn sich Rassen- und Klassenkonflikte überlagern und wechselseitig verstärken. Dies ist in Entwicklungsgesellschaften die Regel. Einige

Gruppen sind unterprivilegiert, das heißt, von wirtschaftlichen Gütern und politischen Positionen ausgeschlossen – und empfinden diese Situation als Resultat der Diskriminierung durch eine Fremdgruppe. In einer solchen Konstellation des *Internen Kolonialismus* kann das „wir"-Gefühl des eigenen Volkstums wichtige instrumentelle Funktionen übernehmen: „Die übereinstimmenden Grenzlinien von kultureller Andersartigkeit und ökonomisch-struktureller Benachteiligung ermöglichen erst eine ethnische beziehungsweise nationalistische Mobilisierung gegen strukturelle Über- und Unterordnungsverhältnisse"[26]). Aber auch der umgekehrte Fall ist verbreitet: Bestimmte Volksgruppen werden politisch und gesellschaftlich *diskriminiert,* verfügen *aber über ein wirtschaftliches Monopol* in bestimmten Sektoren. Dies gilt etwa für *Auslandschinesen* in Südostasien und für *Inder* in Ostafrika. Eine derartig gegenläufige Machtverteilung ist nicht minder konfliktreich.

Die Struktur- und Entwicklungsbedingungen in der Dritten Welt sind nun kaum geeignet, die Forderung ethnischer Bewegungen nach Identität, politischer Teilhabe und materiellem Wohlstand auf friedlichem Wege zu erfüllen[27]). Die zentralistisch-autoritäre Entwicklungsdiktatur ist die wohl starreste und phantasieloseste Staatsform, um ethnische Gruppen – etwa durch Sicherung von Minderheitenrechten – zu pazifizieren. Die Stagnation vieler Entwicklungsökonomien verhindert auch ein – in Europa bewährtes – Konfliktmanagement: Die Umverteilung volkswirtschaftlicher Ressourcen zugunsten benachteiligter Volksgruppen.

Die *Folgen* liegen auf der Hand: Friedliche Konfliktregelungen sind eher die Ausnahme, Sezessionskriege die Regel. Die ungelösten ethnisch-kulturellen Identitätskonflikte haben zu einigen der langwierigsten und gewaltsamsten Bürgerkriege der letzten Jahrzehnte geführt.

Die wachsende Zahl konventioneller Grenzkriege

Die wachsende Zahl konventioneller Grenzkriege zwischen Staaten der Dritten Welt findet – vordergründig betrachtet – eine eher *einfache Erklärung:* Die *Zahl der Staaten und Grenzen* hat sich in der Nachkriegsepoche sprunghaft *erhöht.* Wiesen die 66 Staaten des internationalen Systems 1946 404 Grenzen verschiedenster Art auf, so wuchs die Zahl der Grenzen im Jahre 1965 auf 778 – weil es inzwischen 125 Staaten gab[28]).

Damit steigt rein quantitativ die Möglichkeit zwischenstaatlicher Konflikte. Auch die Gewaltsamkeit derartiger Konflikte nimmt mit steigender Unsicherheit zu; eine Unsicherheit, die aus der wachsenden Zahl unberechenbarer Handlungsstrategien von Nachbarstaaten resultiert (beziehungsweise aus den verminderten Möglichkeiten der Umweltkontrolle). Insgesamt wächst so die Wahrscheinlichkeit, daß zwischenstaatliche Konflikte in bewaffnete Auseinandersetzungen umschlagen. Territorialkriege wären damit die gleichsam „natürliche" Folge eines Staatensystems, dessen Komplexität (Zahl der Staaten) und Anarchie (Fehlen verbindlicher Ordnungsregeln) wächst.

In der Folgezeit wurden weitere exogene, *zwischenstaatliche Ursachen* von Territorialkriegen (Machtkonkurrenzen, Territorialansprüche, Rohstoffbedarf) ermittelt – und wieder verworfen *(vergleiche Abbildung 3)*. Damit kann nicht – oder nicht hinreichend – erklärt werden, warum ausgerechnet bestimmte regionale Mächte in der Dritten Welt (zum Beispiel Indien, Iran, Irak, Nigeria, Südafrika) überdurchschnittlich in Grenzkriege verwickelt sind.

Regionale Vormächte sind aufgrund ihrer Größe und ihres Modernisierungsmusters durch strukturelle Ungleichheit und ethnisch-kulturelle Vielfalt gekennzeichnet. Offenbar ist die *gesellschaftliche Instabilität* dieser Staaten *auch* eine Ursache für Territorialkriege. Pointierter formuliert: Zwischenstaatliche Kriege in der Dritten Welt sind überwiegend hausgemacht, das heißt in innerstaatlichen Strukturen begründet; etwa nach dem Satz: Kriege gegen andere beginnen im eigenen Land.

Im Zuge eines wirtschaftlich-militärischen Emanzipationsprozesses haben vor allem die regionalen Vormächte der Dritten Welt Militärapparate aufgebaut, die den Krieg wieder zur Fortsetzung der Politik mit anderen Mitteln machen. Allerdings reichen die militärischen Potentiale nicht zum totalen Sieg, so daß zeitlich und räumlich begrenzte Blitzkriege (zum Beispiel Israel, Südafrika, Indien) die Regel sind, bisweilen auch langanhaltende Abnutzungskriege (zum Beispiel Iran/Irak).

Zwei Verhaltensmuster lassen sich dabei unterscheiden:

Der *defensive Imperialismus (Th. Hanf)* einiger Führungsmächte (Südafrika, Israel, Argentinien, Brasilien, Indien) zielt primär auf die Stabilisierung des innergesellschaftlichen Status quo. Ungelöste wirtschaftlich-politische und ethnisch-kulturelle Konflikte, die zu internen Bürgerkriegen zu eskalieren drohen, werden gegen einen oder mehrere Nachbarstaaten abgeleitet (Sündenbock-Theorem).

Ideologisch abgestützt wird dieses Verhalten in der Regel mit der *Doktrin der Nationalen Sicherheit,* die in Lateinamerika verbreitet ist, aber inzwischen auch in andere Entwicklungskontinente exportiert wurde. Nach dem Motto „der Feind ist überall" wird vorgeblich die Sicherheit der Nation – in Wahrheit mehr die Sicherheit der Staatsklasse – von außen und innen bedroht. Die Verteidigung der Nationalen Sicherheit rechtfertigt intern den Einsatz bewaffneter Gewalt gegen oppositionelle Gruppen und legitimiert extern einen Interventionsanspruch in Nachbarstaaten.

Anders als in demokratischen Industriegesellschaften, in denen Nationale Sicherheit ein Mittel zur Bewahrung grundlegender Ziele wie Freiheit, Gerechtigkeit usw. ist, wird das Ziel-Mittel-Verhältnis praktisch auf den Kopf gestellt: Die Nationale Sicherheit als vermeintlich

oberstes Ziel von Entwicklungsgesellschaften gilt als Alibi, grundlegende Menschenrechte einzuschränken.
Die *militärischen Interventionen* reichen von der Zerschlagung von Guerilla-Basen im Ausland bis zur Destabilisierung von Nachbarregierungen – meist um ein „genehmes" Regime an die Macht zu bringen. Langfristiges Ziel dieser regionalen *Counter-Insurgency*-Strategie ist die Schaffung eines Sicherheitsgürtels aus wirtschaftlich schwachen und politisch abhängigen Satellitenstaaten. Konsequenterweise versuchen regionale Vormächte raumfremde Staaten aus der Region herauszuhalten und deren militärische Präsenz zu minimieren. Umgekehrt sind schwache Randstaaten daran interessiert, fremde Mächte in regionale Konflikte hineinzuziehen.
Anlaß militärischer Interventionen sind häufig Grenzscharmützel, aber auch die Aufnahme exilierter Guerillas durch benachbarte Staaten („Der Freund meines Feindes ist mein Feind"). *Ursache* ist jedoch nicht selten die *Existenz grenzüberschreitender Volksgruppen* (vgl. etwa die Kurden, Palästinenser, Somali). Angesichts virulenter Konflikte können ethnisch-kulturelle Gegen-Eliten transnationale Loyalitäten mobilisieren, wenn etwa die Regierung eines Nachbarstaates der eigenen Gruppe, Religion oder Sprache angehört. In diesem Falle können ungelöste ethnisch-kulturelle Konflikte in Entwicklungsgesellschaften sich zu zwischenstaatlichen Kriegen ausweiten. „Dispute um ethnisch gemischte Grenzgebiete oder Grenzen, mit denen der Lebensbereich einer einzelnen ethnischen Gruppe durchschnitten wird, eskalieren besonders leicht zu militärischen Auseinandersetzungen"[29]).
Paradoxerweise sind diese Auseinandersetzungen das Ergebnis eines defensiven Imperialismus: „Er will nicht gestalten, kein Konzept und keine Idee durchsetzen, sondern lediglich die äußeren Bedingungen schaffen, um im Lande selbst den Status quo zu erhalten"[30]).

Der aggressive Imperialismus regionaler Mächte

Demgegenüber ist der aggressive Imperialismus einiger regionaler Mächte ein relativ neues Phänomen. Seine Ziele und Erscheinungsformen sind vielfältig und abschließend nicht geklärt. Dominierten beim Wettlauf der europäischen Kolonialmächte um die Aufteilung der Welt wirtschaftlich-politische Motive, so dient die Neue Expansionspolitik überwiegend *ideologisch-religiösen* oder *auch ethnisch-kulturellen Zielen*. Protagonisten dieses ideologischen Imperialismus, der seine Ideen mit Feuer und Schwert durchzusetzen versucht, sind offenbar der Iran und Libyen. Gewaltsame Kreuzzüge zur Schaffung eines islamischen Gottesstaates nach iranischem Muster werden von revolutionären Garden getragen, die damit instabile Regime der Region (Ägypten, Saudi-Arabien, Kuwait) bedrohen. Schließlich dient im Falle Libyens ein aggressiver Pan-Arabismus als

Legitimation, militärisch zu intervenieren (etwa im äthiopisch-somalischen Krieg, im Sudan und im Tschad). Es entbehrt nicht einer gewissen Ironie, daß die bedrohten Regime sich teilweise an ihre ehemaligen Kolonialherren um (Waffen-)Hilfe wenden.
Da ideologisch-religiöse und ethnische Konflikte auch in den zwischenstaatlichen Beziehungen Identitätskonflikte um nicht kompromißfähige Werte sind, werden sie weitgehend *außerhalb bestehender Normen des Kriegsvölkerrechts* ausgetragen. Anders formuliert: Der Zweck scheint den Einsatz jeden Mittels zu rechtfertigen – von revolutionären Kindergarden über terroristische „Volksbüros" bis zur Anwendung chemisch-bakteriologischer Waffen.
Der Imperialismus neuen Typs ist – theoretisch formuliert – das Ergebnis einer Machtdiffusion im internationalen System. In ihrem Verlauf bauen technologisch-industriell fortgeschrittenere Entwicklungsländer eigene Wirtschafts- und Militärpotentiale auf. Die Kriege und Konflikte in der Dritten Welt verselbständigen sich. Die Chancen einseitiger Steuerung und Kontrolle von Konflikten durch die Supermächte sinken. Damit werden die Kriege in den Regionen Asiens, Afrikas und Lateinamerikas „in der Tendenz unbeherrschbar"[31]).
Dies verheißt für die Zukunft wenig Gutes.

Gewaltsame Konflikte als gesellschaftlicher Dauerzustand

Die Dynamik gesellschaftlicher Konflikte in der Dritten Welt läßt sich – grob vereinfacht – folgendermaßen skizzieren *(vergleiche auch Abbildung 4):*
- Die Struktur- und Modernisierungsprobleme von Entwicklungsgesellschaften können von den *autoritären politischen Systemen* nicht angemessen, das heißt auf friedlichem Wege, verarbeitet beziehungsweise gelöst werden. Dabei ist allerdings nach verschiedenen Herrschaftstypen zu unterscheiden[32]).
- Die Folge ist ein *akuter Legitimitätsverfall,* der sich zur Staatskrise ausweiten kann. Teile der Bevölkerung entziehen – offen oder versteckt – den Herrschenden ihre Unterstützung etwa in Form von Streiks, Protesten und Demonstrationen.
- Im Konflikt zwischen „Selbstprivilegierung und Legitimationszwang"[33]) entscheiden die Staatsklassen sich für eine *konterrevolutionäre Doppelstrategie:* Teile der städtischen Mittelschichten – und der Staatsklasse selbst – versucht man durch gezielte Wirtschafts- und Sozialprogramme zu befrieden. Anhaltende Opposition wird durch einen schlagkräftigen Sicherheitsapparat gewaltsam niedergehalten.
- Der Versuch gewaltsamer Konfliktlösung produziert seinen eigenen – gewaltsamen – Widerstand. Der „Ausnahme- oder Notstandsstaat in Permanenz" *(H. R. Sonntag)* ist die Folge. Nach einer Phase lokal begrenzten verdeckten Kampfes kann sich der

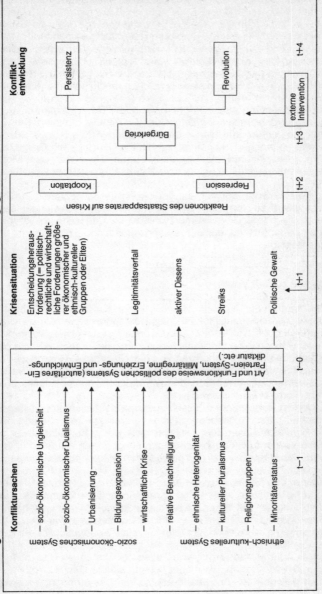

Abbildung 4: Ein vereinfachtes Modell zur Konfliktdynamik in Entwicklungsgesellschaften

Quelle: Nach Zimmermann, Ekkart, Krisen, Staatsstreiche und Revolutionen. Opladen 1981, S. 55.

bewaffnete Konflikt zum *offenen Bürgerkrieg* ausweiten, muß es aber nicht notwendigerweise.
- In einer Spätphase des Konflikts *intervenieren fremde Mächte* nicht selten auf beiden Seiten in das Kampfgeschehen mit Truppen, Waffenlieferungen oder Militärberatern. Der innerstaatliche Rassen- und Klassenkonflikt weitet sich zum internationalisierten Bürgerkrieg aus. Er wird damit häufig zum Nebenkriegsschauplatz des Ost-West-Gegensatzes zwischen den Supermächten oder ihren Stellvertretern.

Die Alimentierung eines Bürgerkriegs durch Dritte ist mit ein Grund für die Gewaltsamkeit und Dauer der Auseinandersetzung. Ein weiteres Moment kommt hinzu: Die wachsenden Kosten des Krieges werden – entgegen ökonomischem Rationalkalkül – ein Grund, den Krieg weiterzuführen, statt ihn zu beenden. Etwa nach dem Motto: „Wir kämpfen weiter, damit unsere Toten nicht vergebens gestorben sind."

Die Folgen liegen auf der Hand: Je mehr Konfliktparteien in einen Krieg verwickelt sind und je länger er dauert, desto schwieriger ist es, ihn zu beenden. Gewaltsame Konflikte werden zum gesellschaftlichen Dauerzustand, der Bürgerkrieg zur Routine – ohne Sieger und ohne Besiegte.

Schritte zum Frieden

Soziale Konflikte sind konstitutiver Bestandteil jeder Gesellschaft. Eine Welt ohne Konflikte ist kaum vorstellbar, möglicherweise nicht einmal wünschenswert. „Immer liegt in sozialen Konflikten eine hervorragende schöpferische Kraft von Gesellschaften. Gerade weil sie über je bestehende Verhältnisse hinausweisen, sind Konflikte ein Lebenselement der Gesellschaft – wie möglicherweise Konflikt überhaupt Element allen Lebens ist"[34])

Frieden ist daher nicht utopisch-autoritär als Abschaffung aller gesellschaftlichen Konflikte zu definieren, sondern als Zustand „idealen" Konflikts. Dieser Zustand ist erreicht, wenn Konflikte weder gewaltsam unterdrückt noch gewaltsam ausgetragen werden, sondern wenn ihre Regelung mit nur *gewaltlosen Methoden* wahrscheinlich ist.

Dabei dürfen Friedensstrategien nicht die Schaffung eines „neuen" Menschen zur Voraussetzung ihrer Verwirklichung machen. Der „neue" Mensch hat bekanntlich bislang auf sich warten lassen – und wenn er kam, war er dem alten Menschen frappierend ähnlich.

Aus unseren Überlegungen folgt für eine *Friedenspolitik mittlerer Reichweite:*

Erstens: Die Militarisierung von Teilen der Dritten Welt ist nicht die Ursache von Kriegen, wohl aber scheint sie die Gewaltsamkeit und Dauer bewaffneter Auseinandersetzungen zu erhöhen. Probleme

der inneren Sicherheit sind nicht durch Rüstung gegen die eigene Bevölkerung zu lösen, sondern durch *gesellschaftliche Reformen.* Alle Maßnahmen, die diesen *Militarisierungsprozeß bremsen,* sind Beiträge zur Konfliktdämpfung.
Hierzu zählen etwa:

- Die Förderung *vertrauensbildender Maßnahmen* zwischen den Industriemächten, um die geostrategische Konkurrenz der Blöcke in der Dritten Welt in friedliche Bahnen zu lenken (zum Beispiel kooperatives Krisen- und Konfliktmanagement etwa im Rahmen der EG, verbindlicher Verhaltenskodex gegenüber Drittweltkonflikten, interventionsfreie Zonen).
- Die konsequente *Begrenzung von Waffenexporten* – vor allem in die Krisenregionen der Dritten Welt (zum Beispiel regionale Exporteurkartelle, Waffenembargos). Paradoxerweise ist weniger die Lieferung von Großwaffensystemen, die vor allem kritisiert wird, als vielmehr der Verkauf beziehungsweise die Produktion von *Counter-Insurgency*-Waffen (sogenannte kleine Waffen) sowie von Kommunikations- und Sicherheitssystemen (zur angeblichen „Terrorismus"-Bekämpfung) besonders konfliktverschärfend.
- Die Einstellung beziehungsweise schrittweise Verringerung von Entwicklungshilfe an Regierungen, die überdurchschnittlich militarisiert und militant sind – gemessen an den Rüstungsausgaben oder Waffenimporten pro Kopf der Bevölkerung im Verhältnis zu einer ausreichenden Basisversorgung. Dies bedeutet umgekehrt die *Honorierung friedlicher Regierungen* durch überdurchschnittliche Vergabe von Wirtschafts- und Entwicklungshilfe; von Regierungen, die in den vergangenen Jahren keine Kriege gegen die eigene Bevölkerung und gegen Nachbarstaaten geführt haben und die erkennbar an sozialen Reformen und an der Verwirklichung von Menschenrechten arbeiten. Sind zwar viele Regime der Dritten Welt gewaltsam und unfriedlich – so sind doch einige unfriedlicher als andere.
- Die Förderung von *Abrüstung und Entmilitarisierung* in der Dritten Welt (zum Beispiel Aufbau kernwaffenfreier Zonen, regionale Friedenszonen, kollektive Sicherheitsgemeinschaften). Vollständige Abrüstung kann dabei kein Ziel sein, da auch Entwicklungsländer legitime Sicherheitsinteressen haben, deren Schutz mit militärischen Mitteln notwendig ist. Wohl aber kann eine Abkehr von der sklavischen Kopie der konventionellen Verteidigungskonzepte industrieller Gesellschaften ein Mehr an Sicherheit bedeuten (etwa durch defensive und dezentralisierte Volksmilizen, eine „Süd-Süd-Sicherheitskooperation").

Allerdings sind alle derartigen Versuche an den Interessen der Nord- *und* der Süd-Länder bisher gescheitert. Die Regierungen der Entwicklungsstaaten beklagen zwar den Widerspruch von Rüstung in industriellen Gesellschaften und Unterentwicklung in der Dritten Welt, weigern sich aber, ihn für die eigenen Gesellschaften zur Kenntnis zu nehmen. Ihr Argument lautet: Solange der Rüstungswettlauf zwischen Ost und West das internationale System fundamental präge, könne man der Dritten Welt nicht verwehren, was die Erste und die Zweite Welt automatisch für sich in Anspruch nehmen: den weiteren Ausbau ihrer Militärapparate.

Entwicklungshilfe und soziale Reform

Zweitens: Die Kriege und bewaffneten Konflikte in der Dritten Welt sind überwiegend hausgemacht. Sie werden durch einen Teufelskreis von struktureller Ungleichheit, mangelnder politisch-sozialer Konsolidierung und staatlicher Repression in Gang gehalten.
Eine Entwicklungsstrategie, die nur bei der Bekämpfung von Armut ansetzt, ohne nach ihren gesellschaftlichen Ursachen zu fragen, ist eine Strategie „halbierter" Vernunft. Die Entwicklungspolitik hat sich daher an der *Herstellung ordnungspolitischer Rahmenbedingungen* zu orientieren, die die Wahrscheinlichkeit gewaltsamer Konfliktaustragung minimieren beziehungsweise friedlicher Entwicklung maximieren. Anders formuliert: Die Entwicklungspolitik ist zu wichtig, um sie den Entwicklungstechnokraten zu überlassen.

- Theoretische und empirische Argumente sprechen für die Vermutung, daß die *Ursache der Armut nicht in materiellen Defiziten*, etwa im Mangel an Realkapital und technischer Ausrüstung begründet ist – wie viele Entwicklungspolitiker argumentieren. Dieses Argument verwechselt Ursache und Wirkung. Im Gegenteil: Viele Länder der Dritten Welt sind reich. Man kann sogar behaupten, daß mehr Kapital zur Verfügung steht als sinnvoll, das heißt produktiv, eingesetzt werden kann – daher die notorische Klage der Entwicklungsadministration, Geld sei vorhanden, es fehlten nur die ökonomisch attraktiven Projekte.
- Offenbar ist die verbreitete Armut in der Dritten Welt eher in einem *Defizit an immateriellen Werten* begründet: Unterentwickelt sind *Freiheit, Rechtsstaatlichkeit* und *soziale Gerechtigkeit*. Die Diktaturen ohne Entwicklung in der Dritten Welt erzeugen Angst, Unsicherheit, befördern Rückzugsverhalten (auch in die Subsistenzproduktion). Sie behindern damit Innovationen und ersticken schöpferische Kreativität im weitesten Sinne des Wortes.
Daher ist die Vergabe von Entwicklungshilfe an die *Einhaltung universeller Menschenrechte* wie persönliche Integrität, Selbstbestimmung und den Schutz ethnischer Minderheiten zu knüpfen. Angesichts verbreiteter Rechtsverletzungen in der Dritten Welt würde die strikte Einhaltung dieses Prinzips die Zahl der Empfängerländer gegen Null konvergieren lassen. Aber auch hier gilt, daß manche Regime stärker Menschenrechte mißachten als andere.
- Dabei ist weniger auf Länderebene als auf *Projektebene* darauf zu achten, daß die *Selbstorganisation, Eigenständigkeit und Teilhabe* der *Armen* und *Entrechteten* konsequent abgestrebt werden. Dies

bedeutet andere Projektstrukturen als in der entwicklungspolitischen Praxis gängig. Gegenwärtig dienen Partizipation und Selbstorganisation bestenfalls der nachträglichen Legitimierung einer verordneten „Entwicklung von oben". Zudem müssen auch andere Projekttypen (etwa Rechtsberatung und Minderheitenschutz, Agrarreformen, die Organisation entrechteter Slumbewohner, Landarbeiter und Frauen) höheren Stellenwert erhalten. Kurz: Entwicklungshilfe muß eine konsequente Strategie der *Sozialreformen* einleiten – so mühselig dies auch sein mag.

Zusammengefaßt: Die gängige These „Demokratie durch Entwicklung" ist vom Kopf auf die Füße zu stellen, sie muß lauten „Entwicklung durch Demokratie". Dies bedeutet nicht den Export des Westminster-Modells oder des Bonner Parlamentarismus, wohl aber die Orientierung einer demokratischen Entwicklungshilfe an Menschenrechten, Machtkontrolle und friedlichem Machtwechsel[35].

Natürlich ist dies eine Einmischung in die inneren Angelegenheiten der Dritten Welt (oder – wie auch formuliert wird – eurozentrischer Ideologieexport). Sie pflegt auf den vehementen Widerstand organisierter Interessen zu stoßen – in der Dritten Welt und bei uns.

Aber auch eine Entwicklungshilfe, die universelle Werte tabuisiert, ist Einmischung in die inneren Angelegenheiten – allerdings zugunsten des gesellschaftlichen Status quo; eines Status quo, der – vorsichtig formuliert – „für die ökonomische Entwicklung keineswegs optimal ist, für die soziale Entwicklung oft schädlich und zur Förderung politischer Partizipation und zur Verwirklichung der Menschenrechte bestenfalls unwirksam"[36].

Schließlich hat Europa der Dritten Welt mehr zu bieten als die „abgepackten Lösungen" (I. Illich) der technisch-industriellen Zivilisation. Von Europa ging einst der Ruf der großen Französischen Revolution nach „Freiheit, Gleichheit und Gerechtigkeit" aus. Nur wird das manchmal vergessen.

Anmerkungen

*) Der folgende Beitrag basiert auf den zitierten Arbeiten von I. Kende, V. Matthies und D. Senghaas.

[1]) Kennedy, Gavin, The Military in the Third World, New York 1974, S. 4.

[2]) Vgl. Kende, Istvan, Kriege nach 1945. Militärpolitik Dokumentation, H. 27, Frankfurt/M. 1982, S. 3.

[3]) Zusätzlich zu den von Kende ermittelten 148 Kriegen wurden aufgenommen: Die Intervention der Warschauer-Pakt-Truppen in der CSSR 1968; die bewaffnete Intervention der Sowjetarmee in Afghanistan ab 25. 12. 1979; der Einmarsch der israelischen Armee in den Libanon ab dem 6. 6. 1982; die bewaffnete Invasion südafrikanischer Truppen in Südangola (,Operation Protea') ab 14. 8. 1981.

[4]) Die Abweichung zu den 152 Kriegen in Abbildung 1 ergibt sich aus einigen Mehrfachkategorisierungen. So kann der Krieg in Afghanistan sowohl zum Typ zwischenstaatlicher Krieg (bewaffnete Intervention durch die UdSSR) als auch zum innerstaatlichen Anti-Regime-Krieg (Aufstandsbewegung gegen die derzeitige Regierung) gerechnet werden.

[5]) Vgl. zum folgenden Senghaas, Dieter, „Militärische Konflikte in der Dritten Welt", in: Leviathan, 12 (1984) 2, S. 272–280.

[6]) Duner kommt – allerdings auf sehr schmaler empirischer Basis (7 Bürgerkriege der siebziger Jahre) – zu überraschenden Ergebnissen: (1) Von 36 Interventionsparteien waren 25 Entwicklungsländer; (2) Entwicklungsländer neigen stärker als Industriestaaten zu direkter militärischer Intervention mit Kampftruppen; (3) Es gibt keine Tendenz zur Eskalation von indirekter zu direkter militärischer Intervention. Vgl. Duner, Bertil, „The Many-Pronged Spear: External Military Intervention in Civil Wars in the 1970s", in: Journal of Peace Research, 20 (1983) 1, S. 59–72.

[7]) So das Journal der American Medical Association, zit. in: Süddeutsche Zeitung v. 17./18. 8. 1985.

[8]) Vgl. Matthies, Volker, „Die Dritte Welt als Flüchtlingslager", in: Jahrbuch Dritte Welt 3, Daten – Übersichten – Analysen, München 1985, S. 59.

[9]) SIPRI (Hrsg.), Rüstung und Abrüstung im Atomzeitalter, Reinbek bei Hamburg 1977, S. 208.

[10]) Die niedrigere Zahl ergibt sich, wenn nur militärische Konflikte mit mehr als 1000 Toten als Krieg definiert werden; die höhere, wenn jede bewaffnete Auseinandersetzung unabhängig von ihrer zeitlichen Dauer und territorialen Ausdehnung als Krieg gilt. Vgl. Small, Melvin; Singer, David J., Resort to Arms. International and Civil Wars, 1816–1980, Beverly Hills, London, New Delhi 1982.

[11]) Vgl. Matthies, Volker, „Kriege in der Dritten Welt: Zur Entwicklung und zum Stand der Forschung", in: Nuscheler, Franz (Hrsg.), Dritte-Welt-Forschung. Entwicklungstheorie und Entwicklungspolitik. Politische Vierteljahresschrift, Sonderheft 16, 1985, S. 368.

[12]) Vgl. Khan, Khushi M.; Matthies, Volker, „Kriegerische Konflikte in der Dritten Welt: Problemhorizont und Forschungsansätze", in: Khan, Khushi M.; Matthies, Volker (Hrsg.), Regionalkonflikte in der Dritten Welt, München, Köln, London 1981, S. 27.

[13]) Vgl. Senghaas, Dieter, „Militärische Konflikte . . ." a.a.O., S. 276.

[14]) Vgl. Braun, Gerald, „Perspektiven und Modelle globaler Sicherheitspolitik", in: Schulz, Karl-Ernst (Hrsg.), Streitkräfte im gesellschaftlichen Wandel, Bonn 1980, S. 370.

[15]) Senghaas, Dieter, „Militärische Konflikte . . ., a.a.O., S. 274.

[16]) Vgl. Peltzer, Michael, Widmaier, Ulrich, „Innerstaatliche Konflikts- und Gewaltereignisse: Daten und Hypothesen. Eine explorative Studie mit Indikatoren des World Handbook of Political and Social Indicators III", in: Eberwein, Wolf-Dieter (Hrsg.), Politische Stabilität und Konflikt, Politische Vierteljahresschrift, Sonderheft 14, 1983, S. 4–65.

[17]) Zu den Zahlenangaben vgl. Braun, Gerald, Nord-Süd-Konflikt und Entwicklungspolitik, Opladen 1985 (Kap. 1); SIPRI, World Armaments and Disarmament. SIPRI-Yearbook 1985, London/Philadelphia 1985, S. 270ff.

[18]) Vgl. hierzu Rüland, Jürgen, Werz, Nikolaus, „Von der ‚Entwicklungsdiktatur' zu den Diktaturen ohne Entwicklung" – Staat und Herrschaft in der politikwissenschaftlichen Dritte-Welt-Forschung, in: Nuscheler, Franz (Hrsg.), Dritte-Welt-Forschung, Entwicklungstheorie und Entwicklungspolitik. Politische Vierteljahresschrift, Sonderheft 16, 1985, S. 223f. sowie Illy, Hans-F.; Sielaff, Rüdiger; Werz, Nikolaus, Diktatur – Staatsmodell für die Dritte Welt? Freiburg im Breisgau, Würzburg 1980.

[19]) Vgl. Senghaas, Dieter, „Zur Analyse von Rüstung und Entwicklung", in: Holtz, Uwe (Hrsg.), Entwicklung und Rüstung, Baden-Baden 1984, S. 275–279.
[20]) Vgl. Betz, Joachim, „Waffen, Hunger und Krieg. Rüstung in der Dritten Welt", in: Sicherheit und Frieden (1984) 2, S. 45.
[21]) Eberwein, Wolf-Dieter; Reuß, Folker, „Zur Gewalt verdammt? Militärische Konfrontationen, Machtstatus und Mobilität", in: Eberwein, Wolf-Dieter (Hrsg.), Politische Stabilität und Konflikt, Politische Vierteljahresschrift, Sonderheft 14, 1983, S. 181. Die Autoren beziehen diese Aussage auf zwischenstaatliche Konflikte.
[22]) Vgl. Zimmermann, Ekkart, Soziologie der politischen Gewalt, Stuttgart 1977, S. 103. Mit Hilfe des GINI-Index für die Landverteilung konnte empirisch belegt werden, daß Revolutionen um so gewaltsamer ausgetragen werden, je ungleicher die Verteilung von Grund und Boden ist. Vgl. Hübner-Dick, Gisela, Politische und soziale Krisen in der Dritten Welt, Bonn 1983, S. 32f.
[23]) Zur Darstellung und Kritik dieser Ansätze: Vgl. Hübner-Dick, Gisela, Politische und soziale Krisen . . ., a.a.O., sowie Zimmermann, Ekkart, Krisen, Staatsstreiche und Revolutionen, Opladen 1981.
[24]) Vgl. Khan, Khushi, M.; Matthies, Volker, „Kriegerische Konflikte" . . ., a.a.O., S. 46.
[25]) Vgl. dagegen Rothschild, Joseph, Ethnopolitics. A Conceptual Framework, New York 1981, S. 7. Rothschild argumentiert, ethnische Konflikte seien nicht notwendigerweise tiefer als Klassenkonflikte.
[26]) Gerdes, Dirk, „Minderheitenschutz – eine internationale Rechtsnorm auf der Suche nach ihrem Gegenstand", in: Vereinte Nationen (1980) 4, S. 128.
[27]) Vgl. Beitrag Hanf in diesem Heft.
[28]) Vgl. Moser, Beat, Ethnischer Konflikt und Grenzkriege, Diessenhofen 1983, S. 206.
[29]) Ebenda, S. 214.
[30]) Hanf, Theodor, „Konflikte im südlichen Afrika", in: Kaiser, Karl; Schwarz, Hans-Peter (Hrsg.), Weltpolitik. Strukturen – Akteure – Perspektiven, Bonn 1985, S. 660.
[31]) Senghaas, Dieter, „Militärische Konflikte . . ." a.a.O.
[32]) Vgl. Beitrag Werz in diesem Heft.
[33]) Elsenhans, Hartmut, Abhängiger Kapitalismus oder bürokratische Entwicklungsgesellschaft: Versuch über den Staat in der Dritten Welt, Frankfurt 1981, S. 144.
[34]) Dahrendorf, Ralf, Pfade aus Utopia. Gesammelte Abhandlungen I, München 1967, S. 272.
[35]) Vgl. Oberndörfer, Dieter, „Menschenrechte, Grundbedürfnisse und kulturelle Identität", in: Wissenschaftlicher Beirat beim Bundesminister für wirtschaftliche Zusammenarbeit (Hrsg.), Herausforderungen für die Entwicklungspolitik in den achtziger Jahren, München, Köln, London 1982, S. 271–279.
[36]) Hanf, Theodor, „Überlegungen zu einer demokratieorientierten Dritte-Welt-Politik", in: Aus Politik und Zeitgeschichte, B 23/80 v. 7. Juni 1980, S. 23.

Literaturhinweise

Holtz, Uwe (Hrsg.), Entwicklung und Rüstung, Baden-Baden 1984.
Kende, Istvan, Kriege nach 1945. Militärpolitik Dokumentation, Heft 27, Frankfurt/M. 1982.
Khan, Khushi M.; Matthies, Volker (Hrsg.), Regionalkonflikte in der Dritten Welt, München, Köln, London 1981.
Krämer, Georg, Weltmilitärordnung und Dritte Welt, Bielefeld 1983.
Matthies, Volker, Kriege in der Dritten Welt, Opladen 1982.
Zimmermann, Ekkart, Krisen, Staatsstreiche und Revolutionen, Opladen 1981.

Theodor Hanf

Kulturelle Vielfalt als politische Herausforderung*

Konflikte nicht nur zwischen Arm und Reich, sondern auch zwischen Gruppen mit unterschiedlichen kulturellen Merkmalen

---

Sowenig die Vereinten Nationen vereint sind, sowenig sind die meisten ihrer Mitglieder Nationen. Wie das politische Weltsystem in seiner Gesamtheit durch Konflikte rivalisierender Hegemonialmächte gekennzeichnet ist, so ist es die Mehrzahl seiner Bestandteile durch innerstaatliche Konflikte zwischen Volks-, Religions- und Sprachgruppen. Neun von zehn der heute bestehenden Staaten sind kulturell nicht homogen, sondern weisen unterschiedliche Grade kultureller Vielfalt auf. Und in vielen dieser Staaten finden sich Konflikte weniger zwischen Arm und Reich, sondern zwischen Gruppen mit unterschiedlichen kulturellen Merkmalen.
Unter günstigen Bedingungen kann kulturelle Vielfalt sicher zum Reichtum des Geisteslebens eines Landes beitragen; unter weniger günstigen aber bringt sie Konflikte mit sich – aus einem vielstimmigen Gesang wird gleichsam vielstimmiges Feldgeschrei. In einigen Weltgegenden gilt dies weniger als für andere. Weniger gilt es zweifellos für Südamerika, wo frühe und lange Kolonialherrschaft, gekoppelt mit starker Einwanderung aus europäischen Ländern, zum Entstehen relativ einheitlicher Kulturen geführt hat. Um so mehr gilt es für Afrika und Asien, wo sich eine Vielzahl unterschiedlicher und selbstbewußter autochthoner Kulturen behauptet hat. *Samuel P. Huntington* bezeichnet solche Gruppenkonflikte – im Gegensatz zu sozialrevolutionären Auseinandersetzungen – als die heute dominante Form gesellschaftlichen Konflikts und stellt fest, daß ihre Häufigkeit und Heftigkeit deutlich zunehmen: Kulturelle Vielfalt ist eine zentrale politische Herausforderung der Gegenwart.

---

*) Dieser Aufsatz erschien zuerst in der von Gerfried W. Hunold und Gerhold Höver herausgegebenen Festschrift für Franz Böckle: Die Welt für morgen. Ethische Herausforderung im Anspruch der Zukunft, München 1986, S. 81–98.

Sollten sich früher die Staaten den Völkern anpassen, so nunmehr die Völker den Staaten

Von jeher war kulturelle Vielfalt und ihre politische Bewältigung ein Problem in allen Vielvölkerstaaten: Wie kann das Zusammenleben von Gruppen unterschiedlicher Herkunft, Glaubensüberzeugung und unterschiedlichen Selbstverständnisses gestaltet werden? Seit der Entkolonisierung hat die Anzahl von Vielvölkerstaaten in der Weltgesellschaft beträchtlich zugenommen. Die *kolonialen Grenzen* zerschnitten hier Völker und Kulturgruppen, zwangen dort andere zusammen. Konfliktformen der alten Vielvölkerstaaten wie des Habsburger- oder Osmanenreiches – Irredenta und Separatismus – traten nunmehr auch in zahlreichen anderen Teilen der Welt auf.

Als die Siegermächte des *Ersten Weltkrieges* dem Balkan eine neue Ordnung geben wollten, versuchten sie, Staaten nach ihrem eigenen Bilde zu schaffen: Sie sollten so homogen wie möglich sein, bestehenden Völkern ihren eigenen Staat verschaffen – einen *Nationalstaat*. Dieser Versuch scheiterte überall da, wo sich aus mannigfachen Gründen die Grenzen nicht so ziehen ließen, daß sie in der Tat unterschiedliche Gruppen voneinander trennten – das heißt vor allem da, wo diese Gruppen nicht getrennt, sondern gemeinsam wohnten, wo es eine „Gemengelage" von Völkern und Kulturen gab. Als in den Jahren *nach dem Zweiten Weltkrieg* die früheren Kolonien die Unabhängigkeit erlangten, da wurde nicht einmal der Versuch unternommen, die Grenzen der neuen Staaten mit den vorhandenen Gruppen und Völkern in Einklang zu bringen, weder seitens der alten noch der neuen Herrscher. Die durch die Zufälle kolonialer Expansion entstandenen Grenzen wurden vielmehr festgeschrieben – ganz ausdrücklich etwa in der Charta der *Organisation Afrikanischer Staaten*. Wollte man in den zwanziger Jahren noch die Staaten den Völkern anpassen, so sollten sich nunmehr die Völker den Staaten fügen. Hatte der Völkerbund noch versucht, die Unzulänglichkeiten der Entsprechung von Staaten und Völkern durch völkerrechtlich gesicherten *Minderheitenschutz* zu mildern, so erkannten die Vereinten Nationen die Schutzwürdigkeit von Minderheiten nicht mehr verbindlich an. Wie homogen oder heterogen auch immer die Bevölkerung eines Staates war, sie sollte nunmehr zur Nation werden. *Nation Building* wurde zum Schlagwort einer Epoche, und Politiker wie Sozialwissenschaftler erwarteten, daß wachsende Kommunikation und Urbanisierung, Bildung und wirtschaftlicher Fortschritt den Modernisierungsprozeß in Gang setzen würden, der aus heterogenen Kulturgruppen kohärente Nationen schaffen würde. Als großes Vorbild galten die Vereinigten Staaten, von *Walter Lipset* als *First New Nation* dargestellt; ihre gesellschaftliche Entwicklung galt als Beleg für die Möglichkeit, aus Gruppen unterschiedlichster Herkunft und Prägung eine Nation werden zu lassen.

Modernisierung hat die Gegensätze eher verschärft

Knapp drei Jahrzehnte später aber läßt sich nicht übersehen, daß *Nation Building* vielerorts gescheitert ist. Zahlreiche neue Staaten sind von Bürgerkriegen zerrissen, in anderen herrschen schwere Spannungen. Demokratische Formen der Konfliktregelung sind nur in einer kleinen Minderheit von Ländern gefunden worden. In der Mehrzahl aber führte kulturelle Vielfalt zu Gruppengegensätzen und zu Krisen.

Die *Analogie mit den Vereinigten Staaten* erwies sich als *irreführend*. Was immer an heterogenen Gruppen in dieses Land einwanderte: Sie alle kamen aus eigenem Entschluß dorthin, waren vor Elend oder Verfolgung in ihrer Heimat geflohen, waren bereit, ihre frühere Gruppenidentität aufzugeben und Amerikaner zu werden. In alten wie in neuen Vielvölkerstaaten aber lebten die Gruppen dort, wo schon ihre Vorväter gelebt hatten; wie immer die Grenzen gezogen, der Staat etabliert werden mochte – sie wollten bleiben, was sie waren, an Sprache und Traditionen festhalten, ihre unterschiedlichen Identitäten bewahren. Die Modernisierungsprozesse verminderten die Unterschiede nicht, sondern machten sie deutlicher und verschärften sie gar. Rapide *Verstädterung* und die Entstehung großer Metropolen führten zwar Menschen unterschiedlicher Gruppen zusammen. Sie lernten sich kennen, aber nicht unbedingt schätzen: Verschiedenheit von Lebensweisen und Umgangsformen, die in räumlicher und sozialer Distanz leicht toleriert werden können, lösen bei *Nähe und ständigem Kontakt* oft Gereiztheit und Abneigung aus. Vor allem aber führt Zusammenleben zwangsläufig auch zum Wettbewerb, zur *Konkurrenz*. Konkurrenz in einer kulturell vielfältigen Gesellschaft wird aber leicht nicht nur als eine Angelegenheit einzelner, sondern als die ihrer jeweiligen Gruppen betrachtet. *Gruppenkonkurrenz nach außen* führt zur *Gruppensolidarität nach innen;* individueller Erfolg wird weitgehend vom gesamtgesellschaftlichen Status der jeweiligen Gruppe mitbestimmt. Zunehmende Bildung macht kulturelle Unterschiede schärfer sichtbar; je verschiedene Traditionen, Denkweisen, Formen des Gruppenselbstverständnisses werden von Gebildeten deutlicher und gegensätzlicher artikuliert. Kurz: Kommunikation, Urbanisierung, Bildung tragen in vielen Fällen weniger dazu bei, Gegensätze zu mindern, als vielmehr, sie hervorzuheben und zu verschärfen.

Die Politisierung von Gruppengegensätzen

Häufige Folge ist die Politisierung von Gruppengegensätzen. Solidaritätsbildung und damit politische Mobilisierung ist unvergleichlich

viel einfacher auf der Basis vorhandener und bekannter als aufgrund zu schaffender und neuer Merkmale: Volkstum, Religion oder Sprache bieten sich dafür eher an als Schicht, Klasse oder Ideologie.
Die Bildung eines die Kulturgruppen übersteigenden *Klassenbewußtseins* hat wenig Chancen, solange auch wirtschaftliche Belange besser bei der Solidarität der Kulturgruppe als bei der Gleichgestellter aus anderen Gruppen aufgehoben zu sein scheint – zum Beispiel eher beim Chef, der aus derselben, als beim Kollegen, der einer anderen Gruppe angehört. Gruppenübergreifende Ideologien haben nur geringe Chancen, solange individuelles und Gruppeninteresse eng verknüpft sind; gruppenspezifische Ideologien sind daher attraktiver.
Die gesellschaftliche Dynamik der Modernisierung führt aus diesen Gründen häufiger zu einer Konsolidierung der Kulturgruppen und zum Konflikt zwischen ihnen als zu ihrem Verschwinden und Verschmelzen in einer homogenisierten Gesellschaft: Politisierung kultureller Vielfalt wird damit zu einer der wichtigsten Antriebskräfte für inner- und nicht selten auch für *zwischenstaatliche Konflikte.*

Eine Änderung der Staatsgrenzen stößt auf allgemeinen Widerstand der etablierten Staatenwelt

---

Unter den Versuchen, diese Konflikte zu regeln, lassen sich *fünf unterschiedliche Formen* unterscheiden. Eine erste stellen die Versuche dar, Staatsgrenzen so zu verändern, daß sie den Kulturgruppen stärker entsprechen: Anschluß von Gebieten an andere Staaten oder Teilung eines Staates. Klassische *Irredenta* stößt heute überwiegend auf den Widerstand des etablierten Staatensystems. Somalias Anspruch auf die kulturell somalische, zu Äthiopien gehörende Provinz Ogaden scheiterte; die Annexion der ehemals Spanischen Westsahara durch Marokko wird von der Mehrheit afrikanischer Staaten nicht anerkannt. Auch Versuche des *Separatismus* ethnischer, religiöser oder sprachlicher Gruppen sind seit dem Zweiten Weltkrieg überwiegend gescheitert, wie die Beispiele Katangas, Biafras, des Südsudans, der Südphilippinen und der tamilischen Region Sri Lankas zeigen. Eine *Teilung* von Staaten nach kulturellen Kriterien führte nur in wenigen Fällen zu gegenseitiger und internationaler Anerkennung, etwa die zwischen Indien und Pakistan sowie die zwischen Singapur und Malaysia – nur letztere erfolgte friedlich und einvernehmlich. In anderen Fällen, etwa Zypern, Palästina und Libanon, führten Kriege zu einer De-facto-Teilung ohne Anerkennung; die Konflikte bestehen weiter. Veränderung von Staatsgrenzen hat sich somit überwiegend als wenig taugliches Instrument der Konfliktregelung erwiesen. Sie ist in der Regel mit beträchtlicher *Gewaltanwendung,* häufig mit die Konfliktstaaten übersteigenden *Kriegen* verbunden und tendiert dazu, *Dauerkonflikte* hervorzurufen.

Dominieren und assimilieren?

Eine zweite Form ist die der *Dominanz* einer Kulturgruppe über die anderen. Dominanz ist sowohl *häufiger wie auch dauerhafter* als meist angenommen wird. Ihre Mittel sind sehr unterschiedlich. Sie reichen von der Leugnung bestehender Unterschiede zur Herrschaftsverschleierung wie in Burundi bis zur Legalisierung einer Kulturgruppenhierarchie wie in Südafrika, von subtiler Manipulation einer Minderheit wie in Ägypten, zum rücksichtslosen Einsatz des Staatsmonopols über physische Herrschaftsinstrumente im Dienste einer Minderheit wie in Syrien. Die Stärkung der Staatsmacht durch *moderne Waffen und Überwachungssysteme* hat die Chancen für erfolgreiche Dominanz gesteigert. Dennoch bleibt Herrschaft ohne den Konsens größerer Minderheiten oder gar Mehrheiten ständiger Bedrohung ausgesetzt.

Eine dritte Form der Konfliktregelung ist die *Assimilation*. Es handelt sich um *eine mildere Form der Dominanz* einer Gruppe über die anderen. Die dominierende Gruppe öffnet sich gegenüber individuellen Mitgliedern anderer Gruppen, die bereit sind, ihre eigenen kulturellen Merkmale aufzugeben und die der dominierenden Gruppe anzunehmen. Assimilation kann relativ unproblematisch verlaufen, wenn einerseits die dominierende Gruppe „kulturelle Konvertiten" ohne Einschränkungen akzeptiert und wenn andererseits die dominierten Gruppen dem Verlust ihrer kulturellen Identität wenig Widerstand entgegensetzen. Beides ist nur selten der Fall. Am ehesten sind diese Bedingungen in typischen Einwanderungsländern wie den USA, Australien, oder, hier auf Juden beschränkt, in Israel gegeben. Aber selbst dort entstehen dann Probleme, wenn eine nichtdominierende Gruppe wie die spanischsprachige in den Vereinigten Staaten an ihrer Identität festhält oder die dominante Gruppe gegenüber der völligen Integration einer bestimmten anderen, beispielsweise der Afroamerikaner, Widerstand entgegensetzt. Assimilationsprozesse sind in der Regel mit starkem *sozialem und wirtschaftlichem Druck* auf die dominierten Gruppen verbunden. Letztlich handelt es sich um den Versuch, diese Gruppen als Gruppen zum Verschwinden zu bringen. *Milton Esman* bezeichnet dies als *Ethnozid*. Auch unter günstigen Bedingungen bleibt Assimilation schwierig. Die neue Blüte partikularistischer Bewegungen in Ländern, die als klassische Beispiele erfolgreicher Assimilation angesehen wurden – Korsen, Bretonen und Okzitanier in Frankreich, sog. neue Ethnizität in den USA – zeigt, daß kulturelle Identitäten oft *zählebiger* sind als vermutet.

Schaffung einer neuen kulturellen Identität – angepriesen, doch wenig erfolgreich

Eine vierte Form der Konfliktregelung ist von *Esman* als *synkretistische Assimilation* bezeichnet worden. Auch sie zielt darauf ab, bestehende Kulturidentitäten zum Verschwinden zu bringen, im Unterschied zur Assimilation jedoch zum Verschwinden *aller* Partikularidentitäten zugunsten einer neuen, gemeinsamen nationalen Identität. Keine Gruppe soll dominieren; vielmehr sollen alle aufgehen in einer synkretistischen nationalen Kultur. Dieses Modell lag vielen Versuchen des *Nation Building* in der Dritten Welt zugrunde. In der Regel wurde es angestrebt von aus verschiedenen Kulturgruppen rekrutierten politischen Eliten; oft hielten diese eine „Entwicklungsdiktatur" für das am besten geeignete Instrument zur Erreichung des angestrebten Zieles. Noch in den sechziger Jahren galt es nicht nur von vielen Politikern neuer Staaten, sondern auch der Mehrheit angelsächsischer Sozialwissenschaftler als besonders geeignet und erstrebenswert. Inzwischen hat es sich als notorisch ungeeignet erwiesen. Meist diente es als legitimierende Ideologie für herrschende Verwaltungsbourgeoisien oder Staatsklassen. Die kulturellen Partikularidentitäten erwiesen sich weit resistenter als angenommen; oft boten sie sich als Vehikel der Opposition gegen ansonst unkontrollierte Staatsmacht an und gewannen dadurch neue Attraktivität. Wenn das Modell scheiterte, gingen Teile der herrschenden Eliten häufig zu dem Versuch über, ihrer jeweils eigenen Gruppe die Macht zu sichern, das heißt, zur Dominanz unter formaler Beibehaltung synkretistischer Symbolik.

Autonomie, Kompromiß, Konsens – das Konkordanz-Modell

Eine fünfte Form der Konfliktregelung wird als Konkordanz bezeichnet. Dieses Modell strebt weder die Abschaffung der Kulturgruppen noch die Vorherrschaft einer von ihnen an, sondern versucht, die Existenz zwischen ihnen zu organisieren unter Wahrung aller partikularen Eigenheiten. Konflikte werden nicht durch Mehrheitsentscheidungen, sondern durch Kompromiß- und Konsensbildung geregelt. Wichtige Merkmale des Konkordanzsystems sind *proportionale* oder *paritätische* Vertretung aller Gruppen in Legislative und Exekutive und weitgehende *Gruppenautonomie* vor allem im Kultur- und Erziehungsbereich. Die *Macht* wird zwischen den Gruppen *geteilt und dezentralisiert*. Beispiele erfolgreicher Konkordanz sind etwa die Schweiz, Belgien, die Niederlande, Österreich bis 1966, Jugoslavien, Malaysia, Libanon bis 1975 und, im Hinblick auf die Koexistenz religiöser und säkularistischer Juden, Israel. Konkordanz kann eine

Übergangsform von Konfliktregulierung sein, wie in Österreich oder den Niederlanden, wo sie einen langsamen und friedlichen Prozeß freiwilliger Integration ermöglichte, aber auch eine dauerhafte Form friedlicher Koexistenz. In einigen Fällen entstand sie aufgrund der Einsicht der Führer verschiedener Konfliktgruppen, daß ein Teil der Macht dem Kampf um die Macht mit ungewissem Ausgang vorzuziehen sei. In anderen Fällen stellte sich diese Einsicht jedoch erst nach blutigen Bürgerkriegen ohne Sieger und Besiegte ein.

Wann und wie treten Krisen in kulturell vielfältigen Gesellschaften auf?

Aus der Untersuchung der wichtigsten Konfliktregelungsmuster ist bereits deutlich geworden, daß *jedes* von ihnen ein beträchtliches Krisenpotential aufweist. Ansätze zur Grenz- beziehungsweise Staatsmodifikation sind offensichtlich am stärksten mit dem Risiko gewaltsamer Konfliktaustragung verknüpft, nicht zuletzt wegen ihrer internationalen Dimension. Aber auch in stabilen Dominanzsystemen kann Gewalt ausbrechen; und selbst Konkordanzsysteme, welche am ehesten für friedliche und demokratische Konfliktregelung geeignet scheinen, sind nicht gegen gewaltträchtige Krisen immun, wie der Fall des Libanon zeigt. Die Frage drängt sich auf, unter welchen Bedingungen Krisen in kulturell vielfältigen Gesellschaften am wahrscheinlichsten auftreten.

Die Antworten hierauf fallen sehr unterschiedlich aus; grob vereinfacht können sie nach einer kulturalistischen und einer ökonomischen Präferenz in der Analyse unterschieden werden. *Kulturalister* neigen dazu, Volks-, Religions- und Sprachgruppen für den „Stoff" zu halten, aus dem kulturell vielfältige Gesellschaften gemacht sind. Ihnen zufolge ist Machtkampf zwischen den Gruppen nahezu unvermeidlich und unaufhebbar. Fundamentale Werte der Gruppen und deren Symbole werden als gegensätzlich und gegenseitig ausschließlich angesehen. Im Konflikt werde sich letztlich der Stärkere durchsetzen. In dieser fast *sozialdarwinistischen* Sichtweise wird in der Regel übersehen, daß es bei Gruppenkonflikten *nicht nur um Werte und Symbole,* sondern *auch um Status und wirtschaftliches Privileg* geht, und daß nicht selten kulturelle Symbolik im ökonomischen Interesse mobilisiert und manipuliert wird. *Ökonomisten* hingegen sehen die Gruppenkonflikte meist als *Verschleierung grundlegender wirtschaftlicher Widersprüche.* Für sie handelt es sich nur um letztere; kulturell-symbolische Konflikte sind für sie daher nur Epiphänomene, Ausdruck „falschen Bewußtseins". Problematisch ist für die Plausibilität der ökonomistischen Analyse nicht nur die Tatsache, daß offensichtlich viel mehr Konflikte aufgrund „falschen" statt „richtigen" Bewußtseins ausbrechen. Sie bietet auch keine überzeugende Erklärung dafür, daß Konflikte zwischen Gruppen *gleichen* ökonomischen Status, aber unterschiedlicher Kultur oft die heftigsten sind, wie dies zum Beispiel für den auftretenden Mittelstand in Israel nachgewiesen worden ist. Vor allem aber läßt sie außer acht, daß kulturelle Konflikte auch unabhängig von ökonomischen sehr real sein können, etwa im Fall religiöser oder sprachlicher Dominanzansprüche.

Monokausal kulturalistische wie ökonomistische Ansätze allein erscheinen daher unzureichend für die Erklärung von Konflikten in kulturell vielfältigen Gesellschaften. Erstere erhellen ausschließlich die „horizontale" Dimension von Konflikten nebeneinander bestehender Kulturgruppen, letztere hingegen ebenso ausschließlich die „vertikale" Dimension von Gegensätzen zwischen über- und untergeordneten Schichten und Klassen. Die volle Wirklichkeit kulturell vielfältiger Gesellschaften erschließt sich freilich nur, wenn *beide* Dimensionen und ihre Verknüpfung untersucht werden. *Jede Kulturgruppe ist sozio-ökonomisch geschichtet.* Diese Schichtung kann in allen Kulturgruppen einer Gesellschaft annähernd *parallel* verlaufen, wie etwa in den Sprachgruppen der Schweiz. Sie kann aber auch höchst *ungleich* sein bis hin zu dem Extremfall, daß eine Kulturgruppe ausschließlich die Ober-, eine andere die Unterschicht stellt; ein solcher Extremfall war lange Zeit etwa in Südafrika gegeben. Im ersten Fall kann man von *egalitärer Inkorporation* von Kulturgruppen, im letzteren von *ungleicher* sprechen. Die Inkorporationsweise von Kulturgruppenstruktur und Schichtung ist für jede kulturell vielfältige Gesellschaft empirisch bestimmbar und charakterisiert deren jeweilige Eigenart.

Krisen durch ökonomische Veränderungen und Gewichtsverschiebungen

Welche Inkorporationsweise ist am stärksten geeignet, krisenhafte Zuspitzungen von Kulturgruppenkonflikten hervorzubringen? In der Literatur ist die These weit verbreitet, daß dies vor allem dann der Fall sei, wenn *extrem ungleiche Inkorporation* vorliege. Sie erscheint zunächst plausibel. Wenn Reichtum und Armut an Volkstum, Religion und Sprache gebunden sind, dann können soziale Konflikte durch kulturelle Distanz verschärft werden und umgekehrt.

Eine vergleichende Analyse von Konflikten in kulturell vielfältigen Gesellschaften zeigt jedoch, daß diese These genauer Überprüfung nicht standhält. Zwar trifft es zu, daß deutlich egalitär inkorporierte Gesellschaften am ehesten Harmonie zwischen den Kulturgruppen aufweisen und daß in ihnen nicht selten sogar die auch in homogenen Gesellschaften zu beobachtenden sozialen Spannungen eher milder Natur sind. Umgekehrt hingegen haben sich extrem inegalitär inkorporierte Gesellschaften, wie etwa das indische Kastensystem und lange Zeit auch das südafrikanische Apartheidsystem, als außerordentlich stabil und krisenresistent erwiesen. Extreme soziale Über- und Unterordnung wird in diesen Fällen durch *Perzeptionen kultureller Über- beziehungsweise Unterlegenheit legitimiert und stabilisiert.*

Krisenhafte Entwicklungen sind vielmehr in erster Linie in solchen Gesellschaften zu verzeichnen, in denen *wirtschaftlicher Fortschritt entweder zuvor bestehende soziale Unterschiede mindert oder aber eine zuvor vorhandene soziale Parallelität zwischen Kulturgruppen zum Vorteil der einen und zum Nachteil der anderen verändert wird.* Offensichtlich besteht hier eine Analogie zu dem, was die *Revolutionsforschung* für homogene Gesellschaften beobachtet hat: Revolutionen pflegen nicht auszubrechen, wenn soziale Ungleichheit extrem ist. Sie treten vielmehr dann auf, wenn zuvor extrem Benachteiligte den wirtschaftlichen Abstand zu den Privilegierten vermindern konnten oder aber wenn bisher Privilegierte sich von sozialem Abstieg bedroht sehen. In beiden Fällen sind es *nicht absolut, sondern relativ Unterprivilegierte,* welche die revolutionäre Krise auslösen. Das Krisenphänomen der relativen Deprivation läßt sich nicht nur bei Individuen, Schichten oder Klassen feststellen, sondern auch bei Kulturgruppen. Das Krisenpotential dürfte in letzterem Fall noch höher einzuschätzen sein, als dies in kulturell homogenen Gesellschaften der Fall ist: Während bei ökonomisch Unterprivilegierten erst ein Klassenbewußtsein ausgebildet werden muß, ist das kulturelle Gruppenbewußtsein bereits vorgegeben. *Krisen* werden *dann besonders akut, wenn relative ökonomische Deprivation einhergeht mit relativer kulturell-symbolischer Deprivation* – wenn eine Gruppe sich nicht nur als wirtschaftlich, sondern auch in ihrem Volkstum, ihrer Religion oder ihrer Sprache als benachteiligt ansieht.

Die Voraussetzungen für das Zustandekommen und das Bewußtwerden relativer Deprivation sind *immer öfter* gegeben. *Wachsende Kommunikation* erleichtert Vergleiche und macht es zunehmend unwahrscheinlicher, daß offensichtliche Ungleichheit als selbstverständlich hingenommen wird. Zunehmende Einbeziehung in regionale Wirtschaftssysteme und in den Weltmarkt führen zur Auflösung überkommener ökonomischer Hierarchien, zum Aufstieg der einen und zum Abstieg der anderen. In homogenen Gesellschaften mag dies zu sozialem Umsturz, zum Austausch regierender Eliten und zu einschneidenden Strukturveränderungen führen; in kulturell vielfältigen Gesellschaften ist – bei gleichen ökonomischen Bedingungen – eher Bürgerkrieg zwischen ihren Kulturgruppen zu erwarten. Sozialrevolutionen enden in der Regel mit Niederlage oder Sieg, sie verlaufen häufig in relativ kurzen Zeiträumen. Bürgerkriege zwischen Volks-, Religions- und Sprachgruppen aber enden häufig ohne eindeutige Sieger und Besiegte – wer heute unterliegt, mag morgen seine Chance erneut versuchen; sie können sich auf lange Perioden erstrecken. Privilegierte Schichten einer homogenen Gesellschaft riskieren den Verlust ihrer Privilegien; in Bürgerkriegen unterliegende Kulturgruppen aber laufen Gefahr, unterjocht oder ihrer Identität beraubt zu werden, wenn nicht gar ihre Existenz zu verlieren. *Kulturgruppenkonflikte weisen daher oft einen Grad von Intensität und Erbitterung auf, der den von Sozialrevolutionen übersteigt.* In der deutschen und der niederländischen Geschichte sind die Religionskriege hierfür ein eindrucksvoller Beleg.

Stabilität also nur durch diktatorische Regime?

Sind solche Konflikte friedlich und demokratisch regulierbar? Die Mehrzahl der bestehenden Staaten ist kulturell nicht homogen; die Mehrzahl der bestehenden Staaten ist nicht demokratisch verfaßt; die Mehrzahl nichthomogener und nichtdemokratischer Staaten findet sich in der Dritten Welt. Aus der Verknüpfung dieser Feststellungen wird häufig auf eine grundsätzliche Unfähigkeit zur demokratischen Verfaßtheit nichthomogener Staaten überhaupt und solcher Staaten in der Dritten Welt im speziellen geschlossen. Nur starke Regierungen, von einem zersplitterten und oft gegensätzlichen Volkswillen weitgehend unabhängig, könnten in solchen Staaten Stabilität wahren; daher sei es auch unangebracht, hinsichtlich der Respektierung von Menschenrechten, die in vielen dieser Staaten ohnehin nicht eigenständiger Kultur und Tradition entsprächen, allzu strenge Maßstäbe anzulegen.
Demokratie-, Kultur- und Menschenrechtsrelativismus verbinden sich in Meinungen dieser Art, welche – jenseits der empirisch nachweisbaren Herausforderung durch die umrissenen Konfliktpotentiale – eine *normative Herausforderung an den Konsens der Völkergemeinschaft* darstellen, wie er am Ende des Zweiten Weltkrieges nach der Niederlage des Faschismus in den Menschenrechtspakten der Vereinten Nationen seinen Ausdruck gefunden hat.
Daß solche Relativismen das Wohlgefallen demokratisch nicht legitimierter Herrscher und der ihnen ergebenen Intellektuellen finden, ist leicht erklärbar: Sie verschaffen ihnen und ihren Herrschaftsformen einen sehr erwünschten Anschein von Legitimität und mindern den Druck, dem sie durch den bestehenden normativen Konsens – und sei er nur verbal – ausgesetzt sind. Es ist nicht erstaunlich, daß Despoten der Dritten Welt bei ihren Versuchen, völkerrechtliche Bindungen durch die Menschenrechtspakte zu relativieren und abzuschwächen, auf die diskrete Unterstützung durch die Ostblockstaaten rechnen können. Beiden sind insbesondere die in diesen Pakten bekräftigten bürgerlichen Freiheitsrechte ein ständiger Stachel im Fleische. Was aber führt auch Bürger liberal-demokratischer Staaten, die für sich selbst keine andere Rechts- und Verfassungsordnung wünschen, dazu, einer solchen Relativierung das Wort zu reden? Unter den angeführten Argumenten kehren drei besonders häufig wieder.
Ein erstes lautet, demokratische Stabilität und Respektierung der Menschenrechte seien erst bei Erreichung eines gewissen *Wohl-*

standes und *Bildungsgrades* möglich. Die Ergebnisse empirischer Demokratieforschung haben diese Annahme freilich nicht bestätigt. Zwar fallen Wohlstand und breite Bildung oft mit demokratischer Regierungsform zusammen; es ist aber offen, ob Wohlstand und Bildung Demokratie fördern oder ob Demokratie mehr Wohlstand und mehr Bildung schafft. Ein wirtschaftlich kärgliches Land wie Island weist seit Jahrhunderten eine freiheitliche Demokratie auf; die Schweizer Demokratie entstand lange, bevor das Land alphabetisiert wurde. Umgekehrt hat fortgeschrittene Industrialisierung und die Weisheit ihrer hohen Schulen weder Deutschland noch Italien vor Nationalsozialismus und Faschismus bewahrt. Es gibt offensichtlich *keinen sozial-ökonomischen Automatismus, der reichen Ländern demokratische Entwicklung garantiert oder arme daran hindert.*

Demokratie und Menschenrechte als Produkte westlicher Kultur für andere ungeeignet?

Ein zweites Argument lautet, Demokratie und Menschenrechte seien aus westlicher Kultur entstanden und für andere Kulturen wenig tauglich, da sie deren Wesen nicht entsprächen. Dieses Argument ist besonders nach der islamischen Revolution im Iran gängig geworden. Dem zuvor weitverbreiteten Ökonomismus hinsichtlich der Dritten Welt – mit der Grundannahme, ökonomische Entwicklung werde die Voraussetzungen für westliche Gesellschaftsmodelle in der ganzen Welt schaffen – und seinem bisherigen Scheitern folgte eine Welle des Kulturalismus: Westliche und nichtwestliche Kulturen seien fundamental und unveränderlich unvereinbar. Den Anwälten dieses Arguments sollte zu denken geben, daß es bereits den Gegnern der Weimarer Republik hierzulande diente: Westliche Demokratie sei dem deutschen Wesen fremd. Wie der Nationalsozialismus deutsche Geschichte und deutsche Identität manipulierte, so versuchen dies heute andere Gewaltherrscher unter Berufung auf Kulturtradition und Authentizität, die selektiv oder willkürlich interpretiert werden. Gewiß gab es in Afrika, im islamischen Orient und in Asien monarchische, oligarchische und autoritäre Traditionen – ebenso wie in Europa. Aber ebenso wie in Europa gab es auch *afrikanische, islamische und asiatische traditionelle Regierungssysteme,* die auf intensiver Partizipation der Regierten beruhten, die Machtkontrolle und friedlichen Machtwechsel kannten – also *Wesensmerkmale von Demokratie* aufwiesen. Die meisten heutigen autoritären Systeme der Dritten Welt beruhen nicht auf eigenständiger Kulturtradition der jeweiligen Länder; sie sind vielmehr *Fortsetzungen autoritär-administrativer kolonialer – also importierter – Systeme,* ungeachtet der oft geschichtsklitternden und kulturmanipulativen Symbolik, deren sich manche der heutigen Herrscher bedienen. Demokratie und Menschenrechte mußten auch in westlichen Ländern gegen *konkurrierende Traditio-*

nen durchgesetzt werden. Für Länder der Dritten Welt gilt aber nicht weniger als für westliche, daß – wann und wo immer – dann, *wenn Menschen zwischen Freiheit und Knechtschaft, Recht und Willkür, Gleichberechtigung oder Ungleichheit, Selbst- oder Fremdbestimmung, wählen konnten, sich für jeweils ersteres entschieden haben.*
Ein drittes, häufig gebrauchtes Argument für den Verzicht auf demokratische und menschenrechtliche Normen ist das *pragmatischer Opportunität* in der machtpolitischen *Ost-West-Konkurrenz:* Ein Diktator, der „unser" Diktator sei, sei besser als ein demokratisches Chaos, das den „anderen" dienen könne. Das Schicksal von Ländern wie Äthiopien, Iran oder Nicaragua, die lange von als prowestlich angesehenen Autokraten regiert wurden, zeigt die Kurzsichtigkeit dieses Arguments. Gerade undemokratische und Menschenrechte verachtende Regime bilden den Nährboden für regimefeindliche Bewegungen, die ihrerseits demokratische Verfahren und Menschenrechte unter anderen ideologischen Vorzeichen gering achten. Schwerwiegender und stärker auf Fakten gestützt als die drei genannten Argumente zur vermuteten Demokratieunfähigkeit der Dritten Welt ist jedoch ein anderes, wenn auch weniger geläufiges: daß nämlich die kulturelle Vielfalt und die aus ihr resultierenden *Gruppengegensätze,* welche die Mehrzahl der neuen Staaten charakterisieren, *ein kaum überwindbares Hindernis für demokratische Entwicklung* sei. Hierfür sprechen in der Tat, wie zuvor aufgezeigt, gewichtige Gründe. Die Hoffnung, durch *Nation Building* heterogene Gesellschaften zu homogenisieren und damit bessere Voraussetzungen für Demokratie zu schaffen, hat sich überwiegend als trügerisch erwiesen. In der Mehrzahl kulturell vielfältiger Staaten werden Konflikte durch Dominanz einer Gruppe oder forcierte Assimilation geregelt: immer seltener friedlich und noch seltener demokratisch. Muß Demokratie ein Privileg kulturell homogener Staaten bleiben?

Unter welchen Bedingungen ist Demokratie in kulturell gespaltenen Staaten dennoch möglich?

Staaten bestehenden Volks- und Kulturgruppen anzupassen wie umgekehrt Staaten ihre Nationen zu schaffen: beide Versuche sind in der Mehrzahl der Fälle gescheitert. Es erscheint daher sinnvoll, statt dessen nach den Bedingungen zu suchen, unter denen friedliche Koexistenz von Völkern und Kulturgruppen innerhalb bestehender Staaten demokratisch organisiert werden kann.
Diese Suche hat eine lange wissenschaftliche Tradition, vom österreichischen Liberalen *Adolf Fischhof* über die Austro-Marxisten *Karl Renner* und *Otto Bauer* bis zu der von *Arend Lijphart* und *Gerhard Lehmbruch* begründeten Konkordanzdemokratischen Schule der Politikwissenschaft. Vor allem aber gibt es die Realität einer *beachtlichen Anzahl von Staaten,* welche die *Koexistenz unterschiedlicher*

Volks-, Religions- und Sprachgruppen in der Tat *mit Erfolg demokratisch gestaltet* haben: Die Schweiz und Kanada, Belgien und Indien, die Niederlande und Malaysia, um nur einige anzuführen. *Demokratie ist keineswegs auf homogene Staaten beschränkt.*
Die Organisation demokratischer Regelung kultureller Vielfalt ist ihrerseits vielfältig. *Drei Grundmuster* unterschiedlicher Reichweite sind zu beobachten:

- Entpolitisierung kultureller Unterschiede durch *Kulturautonomie,*
- politische *Dezentralisierung* durch Föderalismusformen und
- Konkordanzdemokratie.

Kulturgruppengegensätze können entschärft werden, wenn den kulturellen Symbolen aller Gruppen innerhalb eines Staates *gleiche Anerkennung* gewährt wird, insbesondere *Religion und Sprache.* Wo Kulturleben und Erziehungswesen autonom von den vorhandenen Gruppen gestaltet werden können, besteht wesentlich weniger Gefahr des Entstehens symbolischer relativer Deprivation als einer eigenständigen Konfliktursache. Politische *Dezentralisierung* vermindert die Anzahl von Entscheidungen, die von Angehörigen einer Gruppe für die einer anderen bindend gefällt werden, und damit mögliche Konfliktgegenstände. Konkordanzdemokratien lassen *alle Kulturgruppen an der Machtausübung teilnehmen* und räumen Minderheiten in Grundsatzfragen ein *Vetorecht* ein; sie vermindern durch *Gruppenproporz* das Risiko der Entstehung von Perzeptionen relativer Deprivation im wirtschaftlichen und politischen Bereich. Jedes dieser Grundmuster trägt also dazu bei, Gruppenkonflikte zu reduzieren.

Der zentralistische Einheitsstaat ist das phantasieloseste Modell, das europäisches Staatsdenken hervorgebracht hat

---

Die meisten der nichthomogenen *neuen* Staaten kennen diese Konfliktregelungsmuster freilich noch nicht. Ihr Staatsmodell ist überwiegend nach *kolonialem Vorbild* der zentralistische Einheitsstaat, das phantasieloseste Modell, welches europäisches Staatsdenken hervorgebracht hat – und das für nicht homogene Gesellschaften am wenigsten geeignete. Mancherorts hat jedoch bereits eine *Rückbesinnung* auf solche einheimischen Traditionen eingesetzt, die kulturelle Diversität weit stärker berücksichtigen. Kulturelle Identität kann kaum bewahrt werden ohne die Bewahrung der einheimischen Sprachen – und damit einer *Pluralität von Sprachen.* In manchen vorkolonialen Gesellschaften Afrikas und des Orients gab es Formen politischer Konkordanz. Heute wird bereits nicht selten an diese angeknüpft, etwa im *ethnischen oder religiösen Proporz* bei der Zuteilung von Ämtern und Benefizien. Die fortschreitende Loslösung von der ausschließlichen Fixierung auf die früheren Kolonialmetropolen mag in der Zukunft auch eine größere Chance eröffnen, von anderen politischen Modellen zu lernen, ebenso wie sich auf eigene kulturpluralistische Traditionen zu besinnen.

Vor allem aber dürfte es die zu erwartende *Zuspitzung von Gruppenkonflikten* sein, welche *zu neuem Nachdenken über Formen der Koexistenz zwingen wird*. Wo Herrschaft ohne Konsens schwierig wird, da beginnt in der Regel die Suche danach, wie er geschaffen werden kann.

Literaturhinweise

Connor, Walker: Nation-Building or Nation-Destroying? In: World Politics, 24 (1972) 3, S. 319–355.
Esman, Milton J.: The Management of Communal Conflict. In: Public Policy, 21 (1973), S. 49–78.
Esman, Milton J.: Ethnic Conflict in the Western World, Ithaca and London 1979.
Lehmbruch, Gerhard: Proporzdemokratie. Politisches System und politische Kultur in der Schweiz und in Österreich, Tübingen 1967.
Lijphart, Arend: Cultural Diversity and Theories of Political Integration. In: Canadian Journal of Political Science, 4 (1971) 1, S. 1–14.
Lijphart, Arend: Democracy in Plural Societies. A Comparative Exploration, New Haven and London 1977.
Nordlinger, Eric A.: Conflict Regulation in Divided Societies, Harvard 1977.
Oberschall, Anthony: Social Conflict and Social Movements, Englewood Cliffs, N.Y. 1973.
Pappalardo, Adriano: The Conditions for Consociational Democracy: a Logical and Empirical Critique. In: European Journal of Political Research, 9 (1981), S. 365–390.
Pinard, Maurice: The Moderation and Regulation of Communal Conflicts: a Critical Review of Current Theories. Paper presented to E.C.P.R. and Canadian Political Science Ass. Twinned Workshop, Louvain, April 8–14, 1976.
Rabushka, Alvin, and Shepsle, Kenneth A.: Politics in Plural Societies: A Theory of Democratic Instability, Columbus 1972.
Smith, Anthony D.: The Ethnic Revival. The Ethnic Revival in the Modern World, Cambridge 1981.
Smith, M. G.: Social and Cultural Pluralism. In: Annals of the New York Academy of Sciences, 1960, S. 763–777.
Smooha, Sammy: Pluralism and Conflict: a Theoretical Exploration. In: Plural Societies, 6 (1975) 3, S. 69–89.
Schermerhorn, R. A.: Comparative Ethnic Relations. A Framework for Theory and Research, New York 1970.
Steiner, Jürg: The Consociational Theory and Beyond. In: Comparative Politics, 13 (1981) 3, S. 339–354.
Van den Berghe, Pierre L.: The Present State of Comparative Race and Ethnic Studies. In: Jan Berting et al. (Eds.), Problems in International Comparative Research in the Social Sciences, Oxford and New York 1979, S. 23–36.
Van den Berghe, Pierre L.: The Ethnic Phenomenon, New York/Oxford 1981.
Yinger, J. Milton: Ethnicity and Social Change: the Interaction of Structural, Cultural, and Personality Factors. In: Ethnic and Racial Studies, 6 (1983) 4, S. 395–409.
Young, Crawford: The Politics of Cultural Pluralism, Madison, Wisc. 1976.

Rainer Hampel und Jürgen Rüland

Verstädterung: Wachstum ohne Entwicklung?

Ausmaß, Ursachen, Folgen, Gegenstrategien

Verstädterung = Fortschritt, Entwicklung, Modernisierung?

Urbanisierung wurde lange Zeit mit Fortschritt, Entwicklung und Industrialisierung gleichgesetzt. Hintergrund dieser Auffassung war die Entwicklungsgeschichte der westlichen Industriestaaten, in denen Verstädterung und Industrialisierung als sich wechselseitig bedingende Prozesse Hand in Hand gingen. Insofern wird auch erklärbar, warum viele Staaten der Dritten Welt nach Erlangung der Unabhängigkeit die Schaffung einer urbanen Gesellschaft zu einem vordringlichen Entwicklungsziel erhoben. Die mit der Urbanisierung verbundenen, schon früh sichtbar werdenden Probleme wie städtische Armut, Verslumung oder Umlandzersiedlung wurden unter Verweis auf die Situation der heutigen Industriestaaten während ihrer eigenen Phase rapider Verstädterung als vorübergehende Probleme sogenannter „transitionaler Gesellschaften" abgetan.

In der Zwischenzeit, nach mehr als drei Entwicklungsdekaden, ist jedoch deutlich geworden, daß Verstädterung nur in wenigen Schwellenländern ein Indikator für gesellschaftlichen Fortschritt, Entwicklung und Industrialisierung ist. In den meisten Ländern der Dritten Welt sind die Städte – oder genauer: die Landeshauptstädte – nicht Zentren, sondern bestenfalls Enklaven der Modernisierung und des sozialen Wandels; sie sind in ihrer Mehrzahl „aktiv unterentwickelte Gebiete"[1]), in denen gerade durch den intensiven Kontakt mit der entwickelten Welt die Erscheinungsformen der Unterentwicklung besonders ausgeprägt sind. Dies macht den rapide voranschreitenden Verstädterungsprozeß zu einem der brisantesten entwicklungspolitischen Probleme (zumindest in den Augen von Politikern und Wissenschaftlern; die Bevölkerung in den Entwicklungsländern hat möglicherweise ein anderes Problembewußtsein in Hinsicht auf die Verstädterung).

Im folgenden Artikel wird nun der Versuch unternommen, die demographische Dimension und die Ursachen rapider Verstädterung aufzuzeigen, ihre Folgeprobleme darzustellen und schließlich mögliche Lösungsansätze zu erörtern.

Während es 1870 nur fünf Millionenstädte gab, sind es heute schon fast zweihundert – mit wachsender Tendenz

Während in den *Industriestaaten* das Städtewachstum heute an einem relativen *Sättigungspunkt* angelangt ist, hat es in den Entwicklungsländern geradezu gigantische Dimensionen angenommen. Allein zwischen 1950 und 1980 nahm die städtische Bevölkerung der Entwicklungsländer um fast 700 Millionen Menschen zu, verglichen mit einem Zuwachs von etwas mehr als 300 Millionen in den sogenannten entwickelten Ländern. Nach UN-Schätzungen wächst die Stadtbevölkerung in der Dritten Welt bis zum Jahre 2000 um weitere 1,1 Milliarden Menschen. Dies bedeutet, daß dann bereits 43% der zu erwartenden Gesamtbevölkerung in der Dritten Welt verstädtert sein werden (1950 = 17%).
Nach dem neuesten Weltentwicklungsbericht (1984)[2] wuchsen die Städte in der Dritten Welt zwischen 1950 und 1980 fast doppelt so schnell wie die Gesamtbevölkerungen, wobei über die Hälfte des städtischen Bevölkerungszuwachses aus dem *Geburtenüberschuß* resultierte. Bis zum Ende des Jahrhunderts werden sie sogar dreimal so schnell wie die Gesamtbevölkerungen wachsen. Noch 1870 gab es nur fünf Städte mit mehr als einer Million Einwohnern. Heute hingegen sind es schon fast 200, und im Jahre 2000 werden es mehr als 400 sein. 1950 wurden in der Dritten Welt 31 Städte mit mehr als einer Million Einwohnern gezählt; 50 Jahre später wird es sehr wahrscheinlich neunmal so viele – nämlich 284 – geben; dagegen wird in den entwickelten Ländern nur mit einem dreifachen Zuwachs – von 46 auf 155 – gerechnet.
Noch dramatischer wird die Zunahme bei den Städten mit vier und mehr Millionen Menschen sein. Gab es 1950 nur drei solcher Superstädte – Shanghai, Groß-Buenos Aires, Calcutta –, und im Jahre 1975 siebzehn, so wird man im Jahre 2000 wahrscheinlich 61 Gigantenstädte mit mehr als vier Millionen Einwohnern zählen. Das wäre ein 20facher Anstieg in 50 Jahren, im Vergleich zu einem nur dreifachen Anstieg in den entwickelten Ländern. London, noch im Jahre 1950 mit 10,4 Millionen Einwohnern die zweitgrößte Stadt der Welt, wird ein halbes Jahrhundert später wohl nicht einmal mehr zu den 25 größten Städten in der Welt gehören. Im Jahre 2000 – so schätzt man – wird Mexiko City 31 Millionen Menschen behausen müssen (1975 = 11,9 Millionen, 1950 = 2,9 Millionen), São Paulo 26 Millionen (1975 = 10,7 Millionen, 1950 = 2,5 Millionen), Shanghai 23 Millionen (1975 = 11,6 Millionen, 1950 = 5,8 Millionen), Peking und Rio de Janeiro jeweils 20 Millionen, Bombay, Calcutta und Jakarta etwa

17 Millionen usw. Von den 86 Weltmegapolen werden zu Ende des Jahrhunderts 61 in Entwicklungsländern liegen.

Lateinamerika wies 1980 mit 65,4% urbaner Bevölkerung die höchste städtische Konzentration in der Dritten Welt auf (in Mexiko leben heute schon 75% in den Städten), Südasien mit 24,8% die geringste. Im Jahre 2025 werden sich wohl 65,2% der gesamten Weltbevölkerung in städtischen Ballungsgebieten drängen; in Lateinamerika 83,6%, in Ostasien 62,3%, in Afrika 58,6%, in Südasien 55,8%.

Obwohl der Verstädterungsprozeß in den meisten Entwicklungsländern erst in den letzten Jahrzehnten einsetzte und diese daher einen noch relativ geringen Verstädterungsgrad aufweisen (1975: 28% gegenüber 67% in den entwickelten Ländern), erreicht der *absolute* Zuwachs der Stadtbevölkerung aufgrund eines starken säkularen Wachstums der Gesamtbevölkerung historisch nie gekannte Ausmaße. Der Verstädterungsprozeß, der damit von einem sehr hohen absoluten Bevölkerungsniveau ausgeht, schreitet *nicht nur* – wie früher irrtümlicherweise angenommen – *in den Millionenstädten,* sondern auch in den kleineren Zentren außerordentlich rasch voran. (So wuchsen z. B. in Kenia, dem Land mit der gegenwärtig höchsten Bevölkerungswachstumsrate auf der Welt, die kleineren Städte zwischen 1969 und 1979 doppelt so schnell wie die Hauptstadt Nairobi.)

Das koloniale Erbe, auch hier

Das Städtewachstum in der Dritten Welt weist in seinen historischen Wurzeln zurück auf die Kolonialzeit. Die Siedlungsstruktur der meisten Entwicklungsländer wurde primär durch das Bestreben der europäischen Kolonialisten geprägt, die Rohstoffe der Kolonien auszubeuten und Absatzmärkte für industrielle Produkte zu schaffen. Als *strategische Punkte* und transportgünstig gelegene *Warenumschlagplätze* genossen vor allem die heutigen Dritte-Welt-Metropolen Priorität bei der Landeserschließung. Die Kolonialherren begannen hier sehr früh, eine *Infrastruktur europäischen Zuschnitts* aufzubauen. Aufgrund dieses *Startvorteils* konzentrierte sich das städtische Wachstum in den Kolonien zunächst fast ausschließlich auf die Hauptstadt. Das Hinterland wurde nur so weit erschlossen, wie dies der Rohstoffausbeutung förderlich war, obwohl auch dort – vor allem an Eisenbahn- und Straßenknoten – neue Siedlungen entstanden, die heute Sekundarzentren bilden, welche in ihrer demographischen und wirtschaftlichen Entwicklung jedoch weit hinter den Metropolen zurückstehen. Verschärft wurde dieses *regionale Ungleichgewicht* durch zahlreiche Faktoren, die in ihrem Zusammenwirken einen Prozeß rasch fortschreitender ländlicher Unterentwicklung in Gang setzten: Extrem ungleiche Grundbesitzverhältnisse, eine starke ländliche Bevölkerungsvermehrung, knapper werdende Anbauflächen, fehlende nicht-landwirtschaftliche Erwerbschancen, zunehmende Arbeitslosigkeit und Unterbeschäftigung.

Auch heute wirken die ungleichen weltwirtschaftlichen und internen Austauschbeziehungen auf die *Siedlungsstruktur* der Entwicklungsländer ein, wodurch die Entwicklungskluft zwischen wenigen städtischen Zentren und dem Hinterland ständig vergrößert wird. Aus diesen Strukturgegebenheiten leiten sich *drei Determinanten* ab, die heute das Städtewachstum bestimmen:
- natürlicher Bevölkerungszuwachs;
- Nettowanderungsgewinne durch Landflucht und
- Eingemeindungen.

Der Hauptanteil der Bevölkerungszunahme geht auf das natürliche Wachstum zurück

Hohe Fruchtbarkeit und *sinkende Sterberaten* bewirken ein rapides natürliches Wachstum vieler Städte, das neuerdings die Zuwanderungsraten übersteigt. UN-Schätzungen besagen, daß heute durchschnittlich etwa 60% des Wachstums auf natürliche Bevölkerungszunahme und 40% auf Bevölkerungswanderungen zurückzuführen sind, ganz im Gegensatz zu den entwickelten Ländern, wo das Verhältnis in der Vergangenheit 40:60 betrug. Durch ihre hohe Fruchtbarkeit tragen vor allem die Unterschichtenangehörigen und die vergleichsweise jungen Neuzuwanderer, die zusammen oft zwischen 30 und 70% der Einwohnerschaft ausmachen, in erheblichem Maße zum demographischen Wachstum der Städte bei. *Ökonomische Überlegungen* (Kinderreichtum als Altersversicherung), *traditionelle Einstellungen* (zum Beispiel *machismo,* der Männlichkeitswahn, der sich in möglichst vielen Kindern ausdrückt) und *psychologische* („Neuland"-)Effekte (das heißt die scheinbar höhere Lebensqualität der Stadt) liegen diesem Fruchtbarkeitsverhalten zugrunde[3]). Die Wirkung von Familienplanungsprogrammen bleibt unter diesen Bedingungen sehr gering.

Die *Sterberate* ist in urbanen Zentren durchweg niedriger als in ländlichen Gebieten. Ein Grund dafür liegt zweifellos darin, daß sich die *Gesundheitseinrichtungen in den Ballungsräumen konzentrieren.* In Nairobi zum Beispiel sind zwei Drittel aller kenianischen Ärzte ansässig, und das größte Krankenhaus des Landes – in Nairobi gelegen – verschlingt 40% des gesamten kenianischen Gesundheitsbudgets. In Indien stand Ende der sechziger Jahre ein Arzt je 500 Stadtbewohner zur Verfügung; auf dem Land hingegen betrug das Verhältnis 1:40000. Für Indonesien lauten die unglaublichen (aber offiziellen) Zahlen: ein Arzt pro 28000 Stadtbewohner und ein Arzt pro 6 Millionen Landbewohner. Die qualitativ besseren Gesundheitsdienste in den Städten kommen zwar in weitaus größerem Umfang den höhe-

ren Sozialschichten zugute; dennoch erreichen sie die Unterschichten zumindest so weit, daß auch deren Sterblichkeit abnimmt.
Die hohe Fruchtbarkeit bei gleichzeitig sinkender Sterblichkeit ergibt eine *pyramidenförmige Altersverteilung*. Ein hoher Anteil der städtischen Bevölkerung ist *sehr jung* (Durchschnittsalter: 18 bis 19 Jahre) und noch nicht im generativen Alter. Bei einer in Zukunft unveränderten Altersstruktur muß infolgedessen mit einer Fortsetzung des starken natürlichen Bevölkerungswachstums gerechnet werden. Ein Vergleich des Altersaufbaus von Industrie- und Entwicklungsländern ergibt, daß die jüngeren Altersgruppen in den Entwicklungsländern sehr viel stärker besetzt sind als in den Industrieländern. So waren 1980 in den Entwicklungsländern 39% der Bevölkerung jünger als 15 Jahre gegenüber 23% in den Industrieländern.

Doch auch die Landflucht hält unvermindert an

Schätzungen gehen davon aus, daß in der Dritten Welt jedes Jahr mehr als zwölf Millionen Menschen in die Städte, insbesondere die Metropolen, abwandern. Mit anderen Worten: Die städtische Bevölkerung der Dritten Welt wächst jedes Jahr um ein weiteres Bombay. Die Wanderungsgewinne der Städte betragen je nach örtlichen Strukturbedingungen zwischen 40 und 50%, wobei sich lediglich in Metropolen mit mehr als fünf Millionen Einwohnern eine allmähliche Verlangsamung der Zuwanderung abzuzeichnen beginnt. Doch vor allem in den großen süd- und südostasiatischen Staaten (Indien, Pakistan, Indonesien), deren Bevölkerung auch heute noch überwiegend auf dem Lande lebt, wird die Landflucht auch in der nächsten Zukunft unvermindert anhalten.
Die Zuwanderung in die Städte verläuft *selektiv* nach demographischen und sozialen Merkmalen. Der *typische Stadtwanderer* läßt sich in der gebotenen Vereinfachung etwa so beschreiben: Er ist jung, männlichen Geschlechts (mit Ausnahme der lateinamerikanischen Länder, wo Frauen einen größeren Anteil der Migranten stellen) und unverheiratet; besser gebildet als die Zurückgebliebenen, stammt aus den Nachbarprovinzen und besitzt bereits Freunde oder Verwandte in der Stadt.
Die Wanderung kann sowohl direkt als auch *etappenweise* vor sich gehen. Viele Dörfler ziehen zunächst in eine nahe gelegene Klein- oder Mittelstadt – vor allem dann, wenn die Entfernung zur Metropole groß ist. Diese häufig noch stark von ländlichen Strukturmerkmalen und vergleichsweise geringer wirtschaftlicher Absorptionsfähigkeit geprägten Siedlungen vermögen jedoch häufig die mit der Wanderung verbundenen Hoffnungen auf sozialen und ökonomischen Aufstieg nicht zu erfüllen. Die Weiterwanderung in die Metropole ist daher oft Ausdruck ökonomischer Enttäuschungen. Etappenwanderung ist somit gleichzeitig auch *interurbane Wanderung*. 76% der

Migranten in Nairobi, 70% in Santiago, 57% in Jakarta, 50% in Lima und 30% in Seoul sind in einer anderen Stadt geboren[4]).
Land-Stadt-Wanderung kann aber auch *saisonal* vor sich gehen. In Indien und Indonesien sind viele Dorfbewohner in Perioden ruhender landwirtschaftlicher Tätigkeit gezwungen, ihren Lebensunterhalt in der nächsten Stadt zu erwirtschaften, wo sie Handlangertätigkeiten aller Art übernehmen oder Unterschlupf im informellen Wirtschaftssektor suchen.
Mehrere *Gründe* sind für diesen ungeheuren Ansturm auf die Städte verantwortlich:

- *Ökonomische Anreize*
  In fast allen Entwicklungsländern übersteigen die städtischen Löhne das ländliche Lohnniveau um ein Mehrfaches. Die schlechten Erwerbschancen im Agrarsektor, dessen Potential an Arbeitsplätzen und kultivierbaren Flächen infolge der Bevölkerungsexplosion und einer zunehmend kapitalintensiven Produktionsweise in vielen Entwicklungsländern erschöpft ist, sowie die ungenügende Befriedigung grundlegendster Bedürfnisse treiben die Landbevölkerung – gewissermaßen in einem *push-Effekt* – in die städtischen Ballungszentren.
- *Höhere Lebensqualität*
  Zugleich wirken die großen Städte wegen ihres größeren öffentlichen Dienstleistungsangebots und der damit verbundenen höheren Lebensqualität anziehend *(pull-Effekt)*. Insbesondere die weitaus besseren *Bildungschancen* beeinflussen oft den Entschluß zum Umzug in die Metropole. Hier konzentrieren sich die Sekundarschulen und Universitäten des Landes. Hinzu kommt bei den Absolventen weiterführender Schulen die Hoffnung, in der Stadt einen *white collar*-Job zu finden, der ihrem Qualifikationsstand angemessen erscheint.
- *Politische Gründe*
  Nach der Unabhängigkeit (in Afrika und Asien) führte der Aufbau einer nationalen Bürokratie und die einsetzende Industrialisierung zu einer einseitigen Vergrößerung der Erwerbschancen in den Metropolen. Weiter gestärkt wurde die Stellung der Hauptstadt durch die Einrichtung eines unitarischen Regierungssystems. Gleichzeitig entfielen die von den Kolonialherren errichteten Barrieren gegen die Land-Stadt-Wanderung. Darüber hinaus haben Bürgerkriege und Aufstände als Folge der Integrationsprobleme im Nationenbildungsprozeß den Wanderungsstrom in die Großstädte verstärkt. Viele Bauern setzten sich aus den unsicheren ländlichen Gebieten in die urbanen Zentren ab. Auf diesen Umstand ist unter anderem das rapide Wachstum von Saigon und Phnom Penh während der Indochina-Kriege zurückzuführen.

Eingemeindungen kommen hinzu

Vor allem die Metropolen wachsen wie ein Moloch in ihr Umland hinein. Früher selbständige Gemeinden verschmelzen zum einen durch die ständige Ausdehnung der Kernstadt, zum anderen aber auch durch ihr eigenes Wachstum mit der Metropole. Der Ballungsraum wird dadurch immer größer. Vermeintliche Dezentralisierungsmaßnahmen (beispielsweise die Verlagerung von Industrieanlagen, Behörden, Einkaufszentren und Bildungseinrichtungen in Stadtrandgebiete, der Bau von Satellitenstädten oder die Umsiedlung von Hütten- und Slumbewohnern ins Hinterland), mit denen man dieser Entwicklung Einhalt gebieten wollte, bewirken letzten Endes genau das Gegenteil. Sie führen zur *Zersiedlung und Verdichtung des metropolen Umlandes,* also einer Verstärkung des Metropolitanisierungstrends.

Der übermächtige Standortvorteil der Metropolen

Die rasante Geschwindigkeit des urbanen Wachstums wirft sowohl auf nationaler als auch innerstädtischer Ebene Folgeprobleme von erheblicher Tragweite auf.
Das Städtewachstum ist nicht allein ein Vorgang, der nur die interne Struktur einer Stadt verändert. Vielmehr wirkt er über demographische, ökonomische, politische und soziale Mechanismen zurück auf den *Ablauf und die Richtung des nationalen Entwicklungsprozesses.* Er führt vor allem in den kleinen hochzentralisierten Entwicklungsländern mit mittlerem Einkommen zunehmend zur *Primatbildung,* das heißt zur Vorherrschaft einer einzigen Metropole gegenüber den kleineren urbanen Zentren. (Von den 75 Ländern mit einem Pro-Kopf-Einkommen bis zu 1800 US-Dollar waren 1973 fünfundfünfzig Länder durch eine dominierende Primarstadt gekennzeichnet. Primatbildung findet sich unter anderem in Lateinamerika, wo in 15 von 22 Ländern die größte Stadt mehr als doppelt so groß ist wie die zweitgrößte Stadt.)
Aufgrund ihrer *funktionalen Überlegenheit* (Konzentration aller wichtigen wirtschaftlichen, sozialen, politischen und administrativen Einrichtungen) und ihrer *natürlichen und infrastrukturellen Standortvorteile* übt die Metropole eine ungeheure Anziehungskraft auf Industrie und Gewerbe aus, die sich vorzugsweise dort ansiedeln. Die Folge davon ist, daß immer neue Zuwanderer auf der Suche nach Arbeit in die Metropole strömen, obwohl die dort vorhandenen Erwerbsmöglichkeiten schon lange nicht mehr ausreichen, um sie ökonomisch zu absorbieren. Für das Hinterland bedeutet diese übermächtige Standortkonkurrenz der Metropole, daß die eigene Chance auf wirtschaftliche Erschließung immer geringer wird. Durch die Abwanderung der

„besten Kräfte" *(brain-drain)* wird den ländlichen Räumen Humankapital entzogen, dem bei ihrer Entwicklung eine Schlüsselfunktion zukommen müßte.

Hinzu kommt ein weiterer, vorwiegend *politischer Faktor,* der die Disparitäten zwischen Stadt und Land noch verstärkt. Wegen der enormen Bevölkerungskonzentration in den Ballungsräumen, des dort vergleichsweise hohen Bildungsstandards und der damit einhergehenden stärkeren Politisierung der Bevölkerung sehen sich die Regierungen hier einem vergleichsweise massiven Legitimationsdruck ausgesetzt. Sie leiten daher einen Großteil der öffentlichen Investitionen und Subventionen (vor allem für Nahrungsmittel) – gewissermaßen als tragende Elemente einer *sozialen Befriedungsstrategie* – in die Primärstädte. Zu Recht spricht *Michael Lipton*[5]) daher von einer einseitigen Präferenz zugunsten urbaner Regionen in der Entwicklungspolitik.

Metropolenwachstum ohne Arbeitsplätze

Das rapide Wachstum der Städte in der Dritten Welt bringt ein *sprunghaftes Anschwellen ihrer Erwerbsbevölkerung* mit sich, ohne daß genügend Arbeitsplätze für sie zur Verfügung ständen. Die hohe Arbeitslosigkeit betrifft in erster Linie die jüngeren Altersgruppen zwischen 15 und 24 Jahren, die älteren Arbeitskräfte über 45 sowie Personen mit geringer Schulbildung. Obwohl statistisch außerordentlich schwer erfaßbar, kann man davon ausgehen, daß es mit Ausnahme einiger weniger Schwellenländer in den Großstädten der Dritten Welt eine durchschnittliche *Arbeitslosenquote* von 10 bis 15% zuzüglich einer Unterbeschäftigungsquote von etwa 30% gibt[6]).

Diese schwierige wirtschaftliche Situation ist zum großen Teil darauf zurückzuführen, daß viele Regierungen *kopflastige Entwicklungsstrategien* verfolgen, die primär auf eine *rasche Industrialisierung* abzielen, den *Agrarsektor* jedoch weitgehend *vernachlässigen.* Diese (in urbanen Zentren, vor allem aber der Metropole angesiedelten) Industrien beruhen in der Regel auf *kapitalintensiven, importierten Fertigungstechnologien,* was bedeutet, daß die Kosten für die Schaffung von Arbeitsplätzen außerordentlich hoch sind, die Produktion aus Rentabilitätsgründen und infolge der massiven Konkurrenz aus Drittländern stark durchrationalisiert ist und folglich der Zugewinn an Arbeitsplätzen sich in einer bescheidenen Größenordnung bewegt. *Ohne Verkettung mit einheimischen Wirtschaftssektoren* (Zulieferer- und Dienstleistungsbetriebe, Landwirtschaft) – und dies ist mit Ausnahme weniger Schwellenländer wie Südkorea, Taiwan, Singapur und partiell Malaysia in den meisten Entwicklungsländern so – wird durch diese Industrialisierungsstrategien das Beschäftigungsproblem eher noch verschärft. Hinzu kommt, daß diese Industrien infolge ihrer extremen Weltmarkt- und Konjunkturabhängigkeit beson-

ders krisenanfällig sind. Nicht nur, daß sich die weltweite Rezession zu Beginn der achtziger Jahre und der zunehmende Protektionismus der Industrienationen in vielen Entwicklungsländern in Massenentlassungen niederschlugen, vielmehr noch wird langfristig der geradezu revolutionäre technologische Wandel im Bereich der Mikroelektronik das Arbeitsplatzwachstum in der Dritten Welt empfindlich schwächen. Vollautomatisierte Produktionstechnologien wiegen den komparativen Lohnkostenvorteil der Entwicklungsländer auf; sie machen die Auslagerung lohnkostenintensiver Fertigungsanlagen in Entwicklungsländer überflüssig und führen z.T. sogar zu einer Rückverlagerung von Produktionskapazitäten in die Industriestaaten.

Die erörterten Industrialisierungsstrategien bedrohen den einheimischen traditionellen – zumeist arbeitsintensiven – Produktionssektor (Handwerk und Kleingewerbe). Die Folge ist, daß in vielen Fällen ganze Erwerbszweige unter dem Druck billiger industrieller Massenprodukte eingehen, wodurch zahlreiche Arbeitsplätze vernichtet werden.

Der „informelle Wirtschaftssektor" als Auffangbecken

Ein Auffangbecken für Arbeitssuchende ist der informelle Wirtschaftssektor. Er wirkt als Puffer zwischen Beschäftigung und Arbeitslosigkeit und bietet vielen Migranten und neu in das Erwerbsleben Eintretenden eine *Überlebensnische*. Zum informellen Wirtschaftssektor gehören die verschiedenartigsten *Kleinhandels- und Dienstleistungstätigkeiten,* wie sie etwa Zeitungs- und Bauchladenverkäufer, Schuhputzer, Müllsammler, Autobewacher usw. erbringen, aber auch *produktive Aktivitäten.* Die Produktion in diesem Sektor, die von der Nahrungsmittelerzeugung auf kleinen Anbauflächen, der Haltung von Kleinvieh, Fischfang in Kanälen bis hin zur Herstellung von Kleidern und Hausrat sowie dem Bau von Unterkünften reicht, ist jedoch fast ausschließlich *Subsistenzproduktion* und geht kaum in den regulären Markt ein. Bei all diesen Tätigkeiten überwiegt die *Selbständigkeit,* aber auch die sehr unsichere Existenzgrundlage, da das erzielte Einkommen oft sehr gering ist und unregelmäßig ausfällt. Das muß aber nicht unbedingt bedeuten, daß die *Einkommen* im informellen Sektor niedriger sind als jene im formellen Sektor; zum Beispiel wurde in Davao auf den Philippinen festgestellt, daß viele informell Tätige einer höheren Einkommensklasse zugerechnet werden müssen als formell Beschäftigte, und in Jakarta fand man, daß ein Viertel der Bevölkerung der untersten Einkommensklasse im formellen Sektor beschäftigt war[7]).

Heute sind etwa 40 bis 60% der Bevölkerung in den großen Ballungsräumen der Dritten Welt im informellen Sektor tätig. Noch größere Bedeutung besitzt der informelle Wirtschaftssektor jedoch in Sekundar- und Kleinstädten, da hier die Zunahme industrieller Arbeitsplätze infolge der vornehmlich auf die Metropole ausgerichteten Investitionsentscheidungen nur sehr zögernd voranschreitet. Von einer bestimmten Größenordnung der Städte an und der raschen Zunahme der Erwerbsbevölkerung sind aber auch im informellen Sektor die Erwerbschancen in nicht allzu ferner Zukunft erschöpft. In Kairo etwa nimmt der informelle Sektor bereits nur noch ein Fünftel der Zuwanderer auf[8]). Seine verminderte Absorptionsfähigkeit wird fast überall noch verschärft durch *restriktive Maßnahmen* der kommunalen Behörden, die im informellen Sektor ein Hemmnis ihrer Modernisierungsbestrebungen sehen. Solche Maßnahmen berücksichtigen jedoch nicht, daß mit einer weiteren gravierenden Verschlechterung der Lebensbedingungen für viele Großstadtbewohner gerechnet werden muß, wenn der informelle Sektor als eine Art „soziales Netz" ausfällt.

Soziale Folgeprobleme: Slums und Hüttenviertel am Stadtrand

Die Versorgung der in den Städten der Dritten Welt lebenden Menschen mit Wohnraum ist eines der schwierigsten Probleme der Stadtentwicklungspolitik. Die wohl sichtbarste Folge des urbanen Wachstums ist die Entstehung von Slums und Squattersiedlungen (randstädtische Elendsviertel). Ungenutzte Flächen (an Flußufern und Müllkippen, entlang Eisenbahnlinien, an Berghängen) werden von Neuzuwanderern und Armutsgruppen in Besitz genommen und mit behelfsmäßigen Hütten bebaut. Der Anteil der Slum- und Squatterbevölkerung in den Metropolen beträgt zwischen 30 und 60%; er ist etwas geringer in Sekundar- und Kleinstädten. Insgesamt leben heute schon mehr als 200 Millionen Menschen in Slums und Squattersiedlungen. Bei Wachstumsraten um jährlich 10% wachsen die Armensiedlungen wesentlich rascher als die Gesamtbevölkerung einer Stadt. Das explosive Wachstum von über 12% in Manila beispielsweise führt innerhalb von sieben Jahren zu einer Verdoppelung der Slum- und Squatterbevölkerung, sofern dieser Trend weiter anhält.

Die Explosion der Bodenpreise und Mieten

Aber nicht nur die städtischen Unterschichten, sondern auch der Mittelstand wird mit dem Wohnraumproblem konfrontiert. Während Spontansiedler meist keine Mieten zahlen, leidet der Mittelstand unter der Explosion der Mieten- und Bodenpreise. Auch der Mittelstand ist daher häufig gezwungen, in dicht besiedelten Vierteln mit relativ schlechter Bausubstanz zu wohnen.

Eng verbunden mit der Wohnraumproblematik ist die *Bodennutzung*. Die gespannte Lage auf dem Wohnungsmarkt ist zweifelsohne zu einem großen Teil das Ergebnis der vorherrschenden Bodennutzung und der daraus folgenden hohen Grundstückspreise. Die Existenz eines Bodenmarktes, dessen Funktionsprinzipien einerseits von Angebot und Nachfrage, andererseits durch (den Markt ausschaltende) korrupte Praktiken bestimmt werden, und eine den modernen Sektor begünstigende Flächennutzungspolitik nach dem Vorbild der westlichen Industriestaaten führen in Zusammenhang mit dem demographischen Wachstum zu einem ständigen Nachfrage- und damit Preisanstieg, der durch spekulative Manipulationen noch weiter angeheizt wird. Der kapitalkräftige moderne Wirtschaftssektor mit seinen extensiven Bebauungsformen (im Vergleich zu den traditionellen) expandiert daher unaufhaltsam auf Kosten einer fortschreitenden Verdichtung der vorwiegend traditionell genutzten Flächen und der Abdrängung des kapitalarmen traditionellen Wirtschaftssektors (das heißt der Bevölkerungsmehrheit) auf standortungünstige Räume. Zudem wird die Durchführung *gemeinnütziger Projekte* der öffentlichen Hand (zum Beispiel sozialer Wohnungsbau, Infrastrukturerschließungsmaßnahmen) durch die Explosion der Quadratmeterpreise erheblich erschwert.

Diese Entwicklung führt zu einer *ständigen Entmischung städtischer Funktionen*. Im Kernstadtbereich können sich nur noch die kapitalkräftigsten Unternehmen des formellen Dienstleistungssektors wie Hotels, Banken und Versicherungen sowie die Besitzer von Luxuswohnungen auf Dauer behaupten. Eine Folge der Funktionsentmischung ist *die soziale Segregation*. Dieses Problem gibt zwar auch in den Städten der Industrienationen Anlaß zu heftigen kommunalpolitischen Kontroversen, in den urbanen Zentren der Entwicklungsländer jedoch ist das Ausmaß der sozialen Trennung als Konsequenz einer extrem ungleichen Einkommensverteilung noch wesentlich größer.

Die öffentlichen Dienstleistungen kommen nicht mehr mit

Die Versorgung der Bevölkerung mit öffentlichen Dienstleistungen kann mit dem raschen demographischen Wachstum nur in den wenigsten Fällen Schritt halten. So schätzt die Weltgesundheitsorganisation, daß lediglich ein Viertel der städtischen Bevölkerung in Entwicklungsländern mit *Trinkwasser* über private Hausanschlüsse versorgt ist, ein weiteres Viertel über öffentliche Zapfstellen. In Elendsquartieren ist der Anteil der Haushalte mit privaten Anschlüssen noch wesentlich niedriger. Die meisten Bewohner dieser Viertel beziehen ihr Wasser von Brunnen oder privaten Wasserverkäufern. Für die zweifelhafte Qualität dieses Wassers muß in Manila oft das Dreifache der öffentlichen Tarife bezahlt werden.

Ähnlich unterentwickelt ist auch das *öffentliche Personentransportwesen*. In den meisten Metropolen dominiert der motorisierte, umweltschädliche Individualverkehr. Private Kraftfahrzeuge – ein Statussymbol der Wohlhabenden – befördern nur einen kleinen Teil der

Fahrgäste, nehmen aber etwa neunmal mehr Straßenraum pro Passagier in Anspruch als ein Bus. In Mexico City entfallen 97% des gesamten Verkehrsaufkommens auf Pkws. Sie befördern aber nur ein Fünftel der rund 15 Millionen Menschen, die täglich unterwegs sind. Alle anderen sind auf die nur 3% öffentlichen Verkehrsmittel angewiesen: eine U-Bahn und etwa 5500 schrottreife Autobusse.

In Metro Manila, wo 84% sämtlicher Motorfahrzeuge in Privatbesitz sind, wird 70% des Straßenraumes vom Privatverkehr okkupiert, und die 6% öffentlichen Verkehrsmittel müssen mehr als die Hälfte der fast elf Millionen Personen-Tagesreisen bewältigen. Bei Kfz-Zuwachsraten, die das demographische Wachstum der Städte um das Zwei- bis Fünffache übersteigen und die zwischen 1970 und dem Jahr 2000 zu einer Versiebenfachung der Zahl privater Kraftfahrzeuge führen werden[9]), liegt auf der Hand, daß das bestehende Verkehrsnetz die sprunghafte Zunahme des motorisierten Individualverkehrs nicht mehr aufnehmen kann. Die Verkehrsengpässe sind auch das Ergebnis eines radial auf die Kernstadt ausgerichteten Verkehrsnetzes. Dort ballt sich der gesamte Verkehr zusammen. Das sternförmige Wachstum vieler Städte entlang der Ausfallstraßen verschärft dieses Problem.

Ein ökologischer Zerfallsprozeß

Städtewachstum ist gleichbedeutend mit einem ökologischen Zerfallsprozeß. Mexico City wird durch die täglichen Abgase von drei Millionen Fahrzeugmotoren und 130 000 Fabriken und Werkstätten zur „Smogopolis". 7000 t Müll und Fäkalien von zwei Millionen Menschen, die ihre Notdurft im Freien verrichten müssen, kommen hinzu. Alarmierende Ausmaße hat auch die *Wasserverschmutzung* angenommen. In den Pasig River, der Metro Manila durchquert, fließen nicht allein die Abwässer der Industrie, sondern ganzer Stadtteile, die keine Kanalisation besitzen. Durch das Auswuchern der Städte ins Umland geht häufig fruchtbares Ackerland verloren. In Ägypten beispielsweise beträgt dieser Verlust mehr als 26 000 ha jährlich. Andere afrikanische Städte zerstören ihre Lebensbasis im kilometerweiten Umkreis, weil die Armen Feuerholz zum Kochen und Bauholz zur Errichtung ihrer Hütten brauchen.

Die im Gefolge des raschen städtischen Wachstums auftretenden ökonomischen, sozialen und ökologischen Probleme sind in ihrer Größenordnung von den meisten Stadtverwaltungen nicht zu bewältigen. Drei Hauptursachen sind dafür verantwortlich:
– administrativ-technische Probleme,
– Defizite, die sich aus den Rahmenbedingungen des politischen Systems ergeben,
– die Finanzmisere.

Ein Verwaltungs- und Planungswirrwarr

Obwohl viele Großstädte durch ihr rapides Wachstum auf benachbarte Gemeinden übergreifen, bleiben *die alten administrativen Grenzen* innerhalb des Ballungsgebietes zunächst erhalten. Jede Gemeinde besitzt nach wie vor ihre eigene Lokalverwaltung. Die Vielzahl nebeneinander bestehender Kommunalverwaltungen führt nicht selten zu *Planungs- und Koordinationsproblemen,* denen man durch die Einsetzung von supralokalen Metropolitanverwaltungen und Sonderausschüssen zu begegnen versucht. Häufig kommt es dadurch aber zu einer weiteren Aufblähung des bürokratischen Apparates, da die neuen Behörden dem schon bestehenden administrativen System mehr oder weniger unkoordiniert übergestülpt werden. Die Einsetzung einer supralokalen Metropolitanverwaltung geschieht oft auf informellem Wege ohne eine juristisch verbindliche Abgrenzung von Aufgabenbereichen.

Diese Gegebenheiten haben zahlreiche *Konsequenzen:* Überlappung und Verdoppelung von Verwaltungsfunktionen, überflüssiger Personalaufwand, konkurrierende Arbeitsweise und Rivalitäten bei der Mittelvergabe. In Bogota zum Beispiel sind 15 unabhängige kommunale und nationale Behörden direkt oder indirekt für Transportwesen, Ausbildung und Gesundheitswesen verantwortlich. Bei der Vielzahl von Verwaltungsbehörden und ihrer notorischen Ressourcenknappheit besitzen die meisten nur einen rudimentären organisatorischen Unterbau. Dort, wo Gemeindeautonomie formal noch fortbesteht, erwachsen neben Problemen im horizontalen Zusammenwirken (zum Beispiel der einzelnen Lokalverwaltungen in der Metropolitanregion untereinander) Konflikte in den vertikalen Verwaltungsbeziehungen, das heißt zwischen den althergebrachten lokalen und den neuen supralokalen Verwaltungsebenen.

Während die kleineren Gemeinden nur eine ausgesprochen dünne Personaldecke besitzen, ist die Mehrzahl der Metropolitanverwaltungen personell überbesetzt. In den unteren Positionen teilen sich in einem Rotationssystem oft mehrere Angestellte eine Stelle. Auf der anderen Seite jedoch mangelt es an qualifizierten Fachkräften, insbesondere im technischen Bereich, da ihnen die Privatwirtschaft weitaus attraktivere Karrierechancen bietet.

In großen städtischen Agglomerationen erfolgt *Planung* oft ohne eine Planungsbehörde mit umfassenden, metroweiten Kompetenzen. Planung ist damit ein fragmentierter Prozeß. Sektorale Pläne (d. h. Pläne einer Behörde für einen bestimmten Dienstleistungssektor) werden daher ohne ausreichenden Bezug zueinander entworfen und (wenn überhaupt) unkoordiniert durchgeführt. Hinzu kommt, daß viele Stadtentwicklungsprojekte ohne vorausgehende Durchführbarkeitsstudien und ausreichende Datenerhebung übereilt in Angriff genommen werden. Dabei liegt auf der Hand, daß Planung im Zeitrafferstil geradezu zwangsläufig unvollständige und falsche Planungsdaten liefert und mithin auf ungenauen Kostenkalkulationen beruht. Entwicklungsprojekte werden so viel teurer als vorausberechnet. Ihre Kosten können oft nicht im vorgesehenen Haushaltsjahr gedeckt, sondern müssen auf folgende Jahre übergewälzt werden. Dies wiederum führt dazu, daß neue Budgets für überfällige Ausgaben verplant werden müssen. Der finanzielle Spielraum für neue Projekte, der auch noch durch die allgemeinen, im Rahmen einer weltweiten Rezession auftretenden wirtschaftlichen Probleme vieler Entwicklungsländer beengt wird, schrumpft daher zusehends. Hohe Inflationsraten lassen Entwicklungspläne wie ein Kartenhaus zusammenstürzen. Begrenzte Ressourcen an ständig steigende Kosten anzugleichen, bedeutet die Modifikation von Projektplänen, ihre zeitliche Verschiebung oder gar Streichung. Vor allem im Rahmen einer integrierten Planung zeigen sich die negativen Auswirkungen einer ungesicherten Finanzierung auf die Plandurchführung besonders deutlich: ein Eingriff in den Plan löst eine Kettenreaktion auf das ganze Planzusammenspiel aus. Planung erweist sich damit als formaler Akt.

Verwaltungen sind immer Bestandteil des politischen Gesamtsystems. Ihre Leistungsfähigkeit hängt daher in starkem Maße von Rahmenbedingungen ab, die das politische System eines Landes setzt. So übernehmen die Verwaltungen in Entwicklungsländern häufig Funktionen, die wenig mit dem administrativen Zweck gemein haben, für den sie erklärtermaßen eingerichtet wurden. In autoritären Regimen beispielsweise erfüllen Metropolitanverwaltungen in erster Linie *Funktionen der Herrschaftskonsolidierung und -stabilisierung,* d. h. Kontrollfunktionen für die politisch sensitive Hauptstadtregion; wohingegen ihre Dienstleistungsfunktionen in den Rang einer nachgeordneten Priorität verkümmern. Doch auch in liberaleren politischen Systemen versuchen die Machthaber ihre politische Stellung dadurch zu festigen, daß sie das *Patronagepotential* der Kommunalverwaltungen zur „Belohnung" loyaler Gefolgsleute benutzen. Die personelle Besetzung von Verwaltungsstellen erfolgt somit nicht nach dem Gesichtspunkt der Effizienz oder Qualifikation, sondern vorwiegend nach der politischen Loyalität. Die Patronagefunktion vieler Stadtverwaltungen trägt daher ein übriges zu der ohnehin schon unverhältnismäßig starken Aufblähung des Verwaltungsapparates bei.

Die Finanzmisere der Großstädte

Der Handlungsspielraum der meisten Stadtverwaltungen wird in gravierendem Maße beschnitten durch eine völlig unzulängliche Finanzausstattung. So übertrifft das Finanzaufkommen einer deutschen Stadt mittlerer Größe – wie beispielsweise Freiburg (180000 Einwohner) mit etwa 1200 US-Dollar pro Kopf (1981) – das der asiatischen

Metropole Manila (7,9 Millionen Einwohner) mit 28 US-Dollar je Einwohner um das 43fache (Frankfurt etwa 2000 US-Dollar).
Die Finanzmisere der meisten Dritte-Welt-Städte ist ein Spiegelbild der Armut ihrer Bewohner. Schätzungsweise 60 bis 80% der Bevölkerung fallen als Steuerzahler aus. Die einzige Möglichkeit des Fiskus, die unteren Sozialschichten zu belasten, besteht in der Erhebung (unsozialer) *indirekter Steuern* (z. B. Vergnügungssteuer, Verbrauchssteuer). In den oberen Sozialschichten hingegen sind Versuche weit verbreitet, sich der Besteuerung zu entziehen; man tut dies unter Hinweis auf die dürftigen Dienstleistungen der Kommunen.
Trotz Vermögens- und Gewerbesteuer und Einnahmen aus Geschäfts- und Gewerbelizenzen fehlen den Gemeinden in der Dritten Welt einträgliche *Steuerquellen*. So werden beispielsweise die Benzin- und Kfz-Steuern, denen angesichts der rapide zunehmenden Motorisierung eine immer größere fiskalische Bedeutung zukommt, häufig von der Landes- oder Zentralregierung vereinnahmt. Hinzu kommt, daß vorhandene Steuerquellen bislang noch sehr unzureichend ausgeschöpft werden. So ist die Besteuerung von Liegenschaften in den meisten Gemeinden ein Politikum erster Ordnung. Der Druck, der von einflußreichen Interessenblöcken auf die kommunalen Entscheidungsgremien ausgeübt wird, hält nicht nur die Steuersätze auf einem niedrigen Niveau, sondern verhindert häufig auch die in bestimmten Zeitabständen durchzuführende Neubewertung von Liegenschaften.
Die Finanzmisere der Städte in der Dritten Welt ist nicht zuletzt auch das Ergebnis der aus den Industrieländern übernommenen *Subventionspraxis*. Abgesehen davon, daß man die Städte zu Lasten der ländlichen Regionen subventioniert – die Verteilung finanzieller Ressourcen ist zumeist umgekehrt proportional der Bevölkerungsverteilung Stadt/Land –, müssen die meisten städtischen Dienstleistungen subventioniert werden, unter anderem weil sie nicht an die realen Bedürfnisse der Mehrheit der (armen) Stadtbevölkerung angepaßt sind. So muß zum Beispiel das westlich geprägte Gesundheitssystem in den Städten in der Regel massiv subventioniert werden, weil es kostenintensiv, hochtechnisiert, krankenhauszentriert und kurativ ist, weitgehend ausgerichtet auf die Bedürfnisse der Mittel- und Oberschicht. Die Steuerlisten sind selten auf dem aktuellen Stand, und auch das Steuerkartenwerk entspricht nicht den Anforderungen einer effizienten Steuerverwaltung.

Armensiedlungen als Unruheherde?

Die Größenordnung dieser landesübergreifenden wie innerstädtischen Folgeprobleme entfachte in den Sozialwissenschaften eine intensive Debatte über die Auswirkungen rapider Verstädterung auf die *politische Stabilität* der betreffenden Länder. Angesichts der Konzentration von Armut und großen Bevölkerungsmassen in den Städten der Dritten Welt richtete sich das Erkenntnisinteresse zunächst insbesondere auf das *politische Verhalten der Unterschichten.* Die in diesem Zusammenhang häufig vertretene These, daß insbesondere von den städtischen Armen eine Bedrohung für den Bestand des jeweiligen politischen Systems ausgehe, läßt sich in dieser generellen Formulierung jedoch nicht aufrechterhalten. Die politischen und sozialstrukturellen Barrieren, die die Unterschichten und ihre Organisationen daran hindern, als revolutionäre Kraft in Erscheinung zu treten, sind zahlreich und hoch[10]).

- Vor allem in *autoritären Regimen* – und das sind mittlerweile mehr als zwei Drittel der Dritte-Welt-Staaten – werden Ansätze regimefeindlicher Organisationsversuche der Unterschichten in aller Regel bereits im Anfangsstadium durch *polizeiliche Maßnahmen* unterbunden. Infolgedessen zwingt das *Fehlen offener politischer Artikulationschancen* die Unterschichten, auf informelle Kanäle zur Vertretung ihrer Interessen auszuweichen. Ihre politischen Aktivitäten erreichen daher relativ selten die Schwelle manifesten Protests; kollektive, gegen die Regierung gerichtete Aktionen bleiben *ultima ratio,* zu denen man allenfalls in Fällen extremer Existenzbedrohung (zum Beispiel geplanter Abriß einer Siedlung oder Vertreibung der Bewohner) greift. Entsprechend werden Forderungen an das politische Referenzsystem meist nicht direkt, sondern über *regimeloyale Mittelsmänner* vorgetragen und beschränken sich auf vorwiegend *individuelle Wünsche* (zum Beispiel Wasser- oder Elektrizitätsanschluß, Erteilung von Lizenzen usw.).
- Bei *saisonaler Wanderung* oder in Ländern, wo Migranten auch nach dem Zuzug in die Stadt starke Bindungen zur Heimatgemeinde pflegen, findet nur eine *relativ schwache Identifikation mit dem neuen Lebensumfeld* statt. Politische Teilnahme orientiert sich in diesen Fällen häufig stärker auf die Heimatgemeinde als auf die Stadt.
- Die Städte in der Dritten Welt sind in aller Regel ein *Sammelbekken zahlreicher Ethnien.* Die Tendenz vieler Migranten, sich vorzugsweise in Stadtvierteln niederzulassen, in denen bereits Genossen der gleichen Volks-, Sprach- oder Religionsgruppe siedeln, blockiert klassenspezifische Solidarisierungsprozesse. Das unter dem Gesichtspunkt ethnischer Zugehörigkeit entstandene Beziehungsnetz, in das die Zuwanderer in der Stadt eingebettet werden, trägt wesentliche Merkmale traditioneller Formen der sozialen Organisation; die Beziehungsmuster verlaufen nicht horizontal, sondern vertikal in Form von Patron-Klient-Beziehungen. Soziale Konflikte werden daher häufig von ethnischen Identifikationsmustern überlagert.
- Unterschichten sind keine „egalitären Gemeinschaften von Armen"[11]). *Innerhalb von Armensiedlungen* lassen sich oft *erstaunliche Einkommensunterschiede* feststellen; Elendsviertel sind letztendlich ebenfalls ein Abbild der Gesamtgesellschaft mit allen ihren

Ausbeutungs-, Über- und Unterordnungsverhältnissen. So können beispielsweise selbst in Squatterviertein zwischen Mietern und Eigentümern von Hütten gravierende Interessenkonflikte auftreten; ebenso zwischen Industriearbeitern und Arbeitslosen oder Kleinunternehmern und ihren Konkurrenten aus dem informellen Sektor; und nicht zu vergessen die Interessengegensätze, die sich aus der topographischen Lage einer Siedlung ergeben (z. B. Abwasserentsorgung in Wohnvierteln an Steilhängen). Der Kampf um dieselben knappen Ressourcen wird folglich zum *prinzipiellen Hindernis für Klassensolidarität.* Die *individuelle Existenzsicherung besitzt oberste Priorität* im Leben der Unterschichten, darüber hinaus verbleibt allenfalls in Extremsituationen (Vertreibung, Abriß der Siedlung) Zeit für politische Partizipation und Organisation.

Obwohl urbane Konflikte in der Dritten Welt nur in wenigen Fällen die Form von Klassenauseinandersetzungen annehmen, die Unterschichten nur selten als politisch organisierte, die eigenen Interessen artikulierende Macht auftreten, spielen sie bei politischen Turbulenzen dennoch fast immer eine bedeutende Rolle. Sie sind die „disponible Masse" für politische Aktivisten, die durchweg dem *urbanen Mittelstand,* der *Studentenschaft* und *intellektuellen Kreisen* entstammen. Diese Gruppen, die ihre Regierungen mit hohen Erwartungshaltungen in Hinblick auf wirtschaftlichen und sozialen Fortschritt konfrontieren, reagieren meist außerordentlich sensibel auf sozioökonomischen Wandel. Sie sind aufgrund ihres vergleichsweise hohen Bildungsstandards in der Lage, ihre Forderungen mit den von westlichen Demokratien entlehnten Slogans zu legitimieren (zum Beispiel „mehr Demokratie", „mehr Partizipation", „mehr soziale Gerechtigkeit") und damit die Massen zu mobilisieren. Von ihnen geht daher eine weit größere Gefahr für den Bestand des jeweiligen Regimes als von den Unterschichten aus. Doch sind derartige *Unruhen zumeist eruptiver Natur und zeitlich begrenzt,* partiell auch mit ethnischen Untertönen durchsetzt, selten jedoch Teil einer langfristigen Revolutionsstrategie. Sicherlich ziehen sie gelegentlich politische Umstürze und Regierungswechsel nach sich – vor allem, wenn sie in der Hauptstadt stattfinden –, doch nur selten bewirken sie eine tiefergreifende Veränderung des gesellschaftlichen Status quo.

Die hier erörterten politischen Folgeprobleme rapider Verstädterung tragen vor allem bei endemischem Auftreten zu politischer Instabilität bei: Zum einen, indem sie häufige Regierungswechsel oder Umstürze begünstigen, zum anderen, indem sie eine langfristige sozioökonomische Entwicklung unterminieren. Aber erst dann, wenn sich urbane Konfliktfelder mit landesweiten gesellschaftlichen Widersprüchen verbinden, wenn die sozialen und humanen Kosten, die bei der Unterdrückung von regimefeindlichen Eliten und ihren Organisationen durch den Staat anfallen, eine bestimmte Toleranzgrenze überschreiten, entstehen *radikale Bewegungen,* die den Staat und seine gesellschaftlichen Organisationsprinzipien grundsätzlich in Frage stellen. Entsprechend den derzeit vorherrschenden Revolutionstheorien gehen *systemverändernde Bewegungen* in der Mehrzahl der Fälle nicht direkt von den urbanen Zentren, sondern *von ländlichen Regionen* aus.

Die Bewältigung des ungehemmten Städtewachstums muß auf dem Lande einsetzen

Bei der Größenordnung der vorgestellten Probleme und der Begrenztheit der verfügbaren Ressourcen müssen die Aussichten zur Bewältigung des rapiden Verstädterungsprozesses in der Dritten Welt recht skeptisch beurteilt werden. Nur wenn es gelingt, mehrere *sich gegenseitig ergänzende Strategien* sowohl auf nationaler als auf innerstädtischer Ebene gleichzeitig einzusetzen, können die Folgeprobleme dieses Wachstums unter Kontrolle gebracht werden. Insofern ist keine der im folgenden erörterten Strategien für sich allein in der Lage, die eklatante Entwicklungskluft zwischen Stadt und Land und die innerhalb der Städte vorhandenen Probleme zu überwinden. Sie sind als komplementäre Elemente eines ganzen Maßnahmebündels zu verstehen.

Um den Massenexodus aus dem Hinterland einzudämmen und die regionalen Entwicklungsunterschiede nicht noch weiter auseinanderklaffen zu lassen, muß die Bewältigung des Verstädterungsprozesses zunächst auf dem Lande einsetzen. Das ist die Paradoxie des städtischen Dilemmas in der Dritten Welt. Will man den Städten helfen, muß man zuerst dem Hinterland helfen. Dazu müssen *in verstärktem Maße Investitionen in die ländlichen Räume* gelenkt werden. Durch den Ausbau der Infrastruktur und die *Förderung urbaner Kleinzentren* mit Markt- und Lagereinrichtungen sowie einem erhöhten Dienstleistungsangebot lassen sich Möglichkeiten zur Vermarktung landwirtschaftlicher Produkte schaffen. Dadurch würden sich auch die Standortbedingungen für *agroindustrielle Betriebe* verbessern, die in der Peripherie nicht-landwirtschaftliche Arbeitsplätze anbieten könnten. Darüber hinaus ist die Durchführung einer *Landreform* und die *Intensivierung der Agrarproduktion* eine Grundvoraussetzung zur Erhöhung und gleichmäßigeren Verteilung ländlicher Einkommen. Die auf diese Weise erheblich verbesserten Lebensbedingungen würden dann mit einiger Wahrscheinlichkeit auch den Wanderungsdruck auf die Metropole und andere städtische Zentren reduzieren. Allerdings werden diese Entlastungseffekte aller Voraussicht nach *nur langfristig wirksam* sein.

Regionalisierung und die Förderung von Entlastungsorten

Eine verstärkte Förderung des ländlichen Raumes bleibt wirkungslos, wenn nicht gleichzeitig die *Primarstadtstruktur durchbrochen* wird. Neben der Metropole muß es ein räumlich ausgewogenes Netz städtischer Zentren niedrigerer Ordnung geben, dessen Entwicklung sinnvollerweise durch eine *nationale Raumordnungspolitik* gefördert werden kann. Dazu müssen zunächst einmal durch infrastrukturelle *Erschließungsprogramme* der öffentlichen Hand die Standortbedingungen in den Sekundarzentren verbessert werden. Erst dann kann der Versuch glücken, Investoren anzulocken und Betriebe aus der Primarstadt auszulagern. Die Entwicklung *zentraler Orte außerhalb der Metropole* darf jedoch nicht im Sinne des in den sechziger Jahren propagierten „Wachstumspolkonzepts" mißverstanden werden. „Durchsickereffekte" auf das Hinterland bleiben aus, wenn sich die Sekundarstadtentwicklung in der Ansiedlung einiger weniger kapitalintensiver Industrien erschöpft. Wie Experimente mit diesem Konzept (zum Beispiel Ciudad Guayana, Venezuela) zeigten, führt der moderne Wirtschaftssektor in derartigen Wachstumspolen ein noch ausgeprägteres Enklavendasein als in den Metropolen. Ziel einer nationalen Raumordnungspolitik muß daher sein, wirtschaftliche, kommunikative und administrative *Verkettungseffekte* nicht nur zwischen Zentren niedrigerer Ordnung und der Primarstadt zu fördern, sondern vor allem auch zwischen den Sekundarstädten selbst sowie zwischen ihnen, den Kleinstädten und den ländlichen Regionen. Nur dann können von städtischen Zentren Ausstrahlungseffekte auf das Hinterland ausgehen; wenn sich die Produktion diversifiziert und sich vorwiegend traditionelle Wirtschaftskreisläufe in den modernen Wirtschaftssektor integrieren lassen.

Doch auch die Entwicklung von Sekundarzentren wird die Metropole *nur langfristig* entlasten können. Die anfängliche Diskrepanz der Standortbedingungen zwischen der Metropole und urbanen Zentren niedrigerer Ordnung ist zu groß, die Investitionskosten zu ihrer Überbrückung sind zu hoch, um ein schnelles sozioökonomisches Wachstum in den Zentren selbst und wahrnehmbare Durchsickereffekte mit breiter sozialer Streuung im Hinterland in Gang setzen zu können. Zudem erfordern derartige Regionalisierungsstrategien einen funktionsfähigen Verwaltungsapparat und ein gewisses Maß an lokaler Entscheidungsautonomie. Beide Voraussetzungen sind in den Peripherien, vor allem der vielen zentralistisch regierten Entwicklungsländer, nicht gegeben.

Zu den Regionalisierungsstrategien zählt auch der Versuch, die Gründung moderner Industriebetriebe außerhalb eines bestimmten Radius um die Metropole zu bannen. Jedoch müssen derartige Versuche (zum Beispiel in Teheran und Metro Manila) bisher als gescheitert angesehen werden. Insbesondere ausländische Investoren, auf deren Kapital sich das Industrialisierungsmodell dieser Länder stützt, sind infolge ihrer Kapitalkraft leicht in der Lage, diese Bestimmungen zu unterlaufen. So siedeln sich in den Philippinen Großunternehmen nach wie vor bevorzugt innerhalb des 50-km-Bannkreises in der Hauptstadtregion an. Betriebe, die nicht in der Lage sind, ihre Standortwünsche durchzusetzen, lassen sich unmittelbar jenseits der Sperrzone nieder. Sie tragen so die Zersiedlung weiter ins Metropolenumland hinaus; der Metropolitanisierungsprozeß verstärkt sich.

Verschiedene Autoren schlagen die Förderung von *Entlastungsorten im Grenzbereich von Metropole und Peripherie* vor. Entlastungsorte sehen den Ausbau vorhandener, besonders entwicklungsfähiger urbaner Zentren im Umkreis von 50 km bis 100 km zum Ballungsraum vor. Durch die Ansiedlung moderner Betriebe, aber auch die entsprechende Förderung der Landwirtschaft und des arbeitsintensiven informellen Wirtschaftssektors – denen auch bei Industrialisierungserfolgen weiterhin große Bedeutung zukommt –, können Entlastungsorte einen Teil der ländlichen Abwanderer auffangen und ökonomisch absorbieren. Sie tragen damit ebenfalls dazu bei, den Wanderungsdruck auf die Metropole zu reduzieren. Die räumliche und funktionale Distanz zwischen Metropole und Peripherie wird über die im räumlichen Kontinuum gewissermaßen als „Zwischenstation" wirkenden Entlastungsorte verringert. Außerdem wird eine schrittweise Entfaltung positiver Ausstrahlungseffekte auf das Hinterland erwartet. Bislang allerdings wurde das Konzept der Entlastungsorte lediglich als isolierter Entwicklungsansatz in die Praxis umgesetzt, nicht jedoch als „integraler Bestandteil eines nationalen räumlichen Strategienbündels"[12]). Fehlt seine Einbindung in eine nationale Urbanisierungsstrategie, so birgt dies die Gefahr eines weiteren Konzentrationsprozesses im Metropolitangebiet. Damit aber vergrößern sich die regionalen Disparitäten.

Geburtenregelung und Zuwanderungskontrolle

Ein Schlüssel zur Eindämmung des Städtewachstums liegt zweifellos in einer effizienten Familienplanung auf dem Lande wie auch in den Städten selbst, welche heutzutage mehr durch natürliches denn durch migrationsbedingtes Wachstum gekennzeichnet sind. Freilich ist eine Geburtenkontrolle für die nahe Zukunft nicht mehr möglich, weil die bis Mitte der neunziger Jahre neu in den Arbeitsmarkt eintretenden Stadtbewohner bereits geboren sind.

Direkte staatliche Eingriffe in die Zuwanderungsbewegung sind naheliegend. Eine Politik der Zuzugskontrolle ist in mehreren Städten praktiziert worden, allerdings ohne langfristige Erfolge. Das zum Beispiel in Jakarta organisierte Programm der „geschlossenen Stadt" mittels Einwohnermeldepflicht, Kontrollkarten, Geldhinterlegungen usw. ist wegen administrativer Schwierigkeiten und Korruption gescheitert. Ebenso unwirksam erwiesen sich die gewaltsamen behördlichen Abtransporte von Zuwanderern (meist Squatterbevölkerung) oder deren Bestrafung durch mutwillige Zerstörung von Behausungen. Zweifelhafte Ergebnisse in Hinsicht auf das Städtewachstum hat auch die in der Republik Südafrika seit Beginn des Jahrhunderts rigoros und systematisch angewandte Politik der „influx control" gebracht. Die schwarzen Südafrikaner dürfen zwar in den weißen städtischen Gebieten arbeiten, sie haben aber vielfach im „Heimatland", welches als Ausland definiert ist, zu wohnen. Die südafrikanische Zwangspolitik der Zuzugskontrolle, die gleichzeitig auch als Ausbürgerungsinstrument angewandt wird, hat die Entstehung von riesigen, natürlich wachsenden schwarzen Schlafstädten in unmittelbarer Nähe der weißen Industriestädte nicht verhindern können. Die negativen Effekte jener Politik sind offenkundig, wie die gegenwärtige Lage in Südafrika zeigt.

Arbeitsplatzbeschaffung, sozialer Wohnungsbau, Verbesserung der Infrastruktur als stadtinterne Strategien

Stadtinterne Maßnahmen haben sich mit den unmittelbaren kommunalen Problemen auseinanderzusetzen, die durch das rasche Wachstum aufgeworfen werden: dem Beschäftigungsproblem, der Wohnungsnot, den Engpässen in der Verkehrs- und Versorgungsinfrastruktur und den administrativen Problemkomplexen. Doch auch für die stadtinternen Maßnahmen gilt, was eingangs bereits hervorgehoben wurde: Sie haben nur dann Aussicht auf Erfolg, wenn sie als *integraler Bestandteil* des zuvor erörterten Strategienbündels durchgeführt werden und nicht – wie in der Praxis häufig üblich – als isolierte Einzelprogramme. Ansonsten laufen sie Gefahr, den „pull"-Effekt auf das Hinterland zu erhöhen. Das gegenwärtige Dilemma der *Schaffung von Arbeitsplätzen* besteht darin, daß einerseits die Erwerbschancen zur ökonomischen Absorption des Heeres von Arbeitslosen und Unterbeschäftigten verbessert werden müssen, andererseits aber mit jedem neugeschaffenen Arbeitsplatz eine überproportionale Anzahl von Neuzuwanderern von der Stadt angezogen wird. Ein Ausweg könnte ein rigoroser *Stop für die Neugründung von Industriebetrieben innerhalb großer Ballungsgebiete* und die *Auslagerung* von Behörden und Bildungseinrichtungen in kleinere städtische Zentren sein. Damit würde der Sog-Effekt auf ländliche Migranten mit einiger Wahrscheinlichkeit abgeschwächt.

Zugleich müßten die Stadtverwaltungen jedoch aufhören, den informellen Sektor als lästiges Ärgernis zu betrachten und die polizeiliche Verfolgung von Klein- und Straßenhändlern einstellen. Denn gerade durch die schwerpunktmäßige *Förderung des informellen Wirtschaftssektors,* des *Kleingewerbes* und vor allem *des Handwerks* oder durch *arbeitsintensive Infrastrukturverbesserungsmaßnahmen* in den bislang nur unzureichend mit kommunalen Versorgungsleistungen erfaßten Stadtvierteln könnte ein Großteil der am meisten von offener und verdeckter Arbeitslosigkeit betroffenen ungelernten Arbeitskräfte beschäftigt werden.

Da sich die bisherige Praxis, Slums und Squattersiedlungen einfach abzureißen und die Bewohner zu vertreiben, als wenig erfolgreich und obendrein höchst unsozial erwies, müssen mit *Programmen des einfachsten sozialen Wohnungsbaus* neue Wege zur Beseitigung der Wohnungsnot und zur Verbesserung der Lebensbedingungen der städtischen Armen beschritten werden. Ihnen sollte die Absicht zugrunde liegen, sich *an der realen Kaufkraft der Zielgruppe zu orientieren,* die Wohn- und Infrastrukturstandards bestehener Armensiedlungen ohne hohen technologischen Aufwand zu verbessern und die vorhandenen (Selbsthilfe-)Ressourcen der Bevölkerung zu mobilisieren. Mit Hilfe sogenannter *sites-and-services*-(Bereitstellung und Erschließung von Grundstücken) und *slum-upgrading*-(Stadtteilsanierung)Programmen versuchte man seit Anfang der siebziger Jahre, diese Vorstellungen zu verwirklichen.

Wenngleich den genannten Programmtypen das Verdienst zukommt, mehr Menschen mit geringem Einkommen adäquaten Wohnraum zugänglich zu machen als bisher, so sind sie, gemessen am Gesamtbedarf, doch weit davon entfernt, die Wohnungsnot in den Städten der Dritten Welt zu bewältigen. Dabei zeichnet sich ab, daß *upgrading*-Projekte den Bedürfnissen der Armen eher entsprechen als *sites-and-services*-Projekte, weil sie infolge weniger aufwendiger Infrastrukturstandards vergleichsweise kostengünstiger sind. Versucht man die bisherigen Ergebnisse solcher Projekte auf einen Generalnenner zu bringen, so zeigt sich, daß sie trotz aller Vorzüge, die sie gegenüber konventionellen Wohnungsbauprogrammen haben, für die ärmsten Bevölkerungsgruppen immer noch zu teuer sind. Bei Projekten in Lusaka und Manila konnten zwischen 35 und 60% der Betroffenen die Mieten bzw. Kaufmieten nicht aufbringen[13]).

Slums und Squattersiedlungen sind im wesentlichen das Spiegelbild einer ungerechten Sozialordnung. Gesetzgeberische Reformmaßnahmen mit dem Ziel einer Umverteilung der Ressourcen besitzen folglich einen zentralen Stellenwert für die Lösung des Wohnraumproblems. Hierbei ist vor allem an *staatliche Interventionen in den Bodenmarkt* zu denken – etwa den Ankauf von großen Landflächen durch die öffentliche Hand. Darüber hinaus kommt gesetzlichen Vorkehrungen zur Verhinderung der Bodenspekulation (etwa durch eine Wertsteigerungssteuer, die Kontrolle über die Bodenpreise und zoning-Maßnahmen) eine große Bedeutung zu.

Die Stadtverwaltungen in den Entwicklungsländern haben bislang nur wenig unternommen, um ein *leistungsfähiges Personenbeförderungssystem* aufzubauen, das gleichzeitig auch den Bedürfnissen der Armen gerecht wird. Bisherige Bemühungen zur Ausweitung der Personentransportkapazitäten kamen in erster Linie dem motorisierten Individualverkehr entgegen. Beim Ausbau des öffentlichen Nahverkehrssystems verlegte man sich in der Hauptsache auf *kostenaufwendige Prestigeprojekte* wie Untergrund- und Stadtbahnen, die die meisten Kommunen finanziell überfordern. Die Weltbank empfiehlt deshalb den *Ausbau des herkömmlichen Bussystems,* zumal Busse über ein günstiges Verhältnis von Straßenraum pro Fahrgast verfügen und die Investitionskosten vergleichsweise bescheiden sind. Außerdem müssen die Privatwagenfahrer, die ja wesentlich zu den innerstädtischen Verkehrsengpässen beitragen, stärker an den Aufwendungen für den Ausbau der städtischen Transportinfrastruktur beteiligt werden. Eine Maßnahme zur stärkeren finanziellen Belastung von Automobilbesitzern bestünde in der Erhebung von Gebühren für die Benutzung von Privatwagen in Spitzenverkehrszeiten (wie beispielsweise in Singapur). Hohe Steuersätze auf den Besitz von Privatautos und prohibitive Importsteuern für nicht gewerblich genutzte Kraftfahrzeuge wären als flankierende Maßnahmen vorstellbar[14]).

Vor allem auch ist eine Verwaltungsreform dringend erforderlich

Eine integrierte Urbanisierungsstrategie, die die zuvor erörterten Programmkomponenten zu einem in sich geschlossenen Maßnahmebündel zusammenfaßt, erfordert ein hohes Maß an administrativen Kapazitäten. Dies gilt sowohl für die Verwaltungsinstanzen der *Zentralregierung* als auch der *Kommunen* selbst. In den meisten Entwicklungsländern ist daher eine Verwaltungsreform dringend erforderlich, um zumindest der Behördenausuferung (vor allem in Metropolitanregionen) Einhalt zu gebieten und die Zuständigkeiten eindeutig zu regeln. Nicht zufällig wird in der neueren Fachliteratur vor allem dem Koordinationsaspekt besondere Bedeutung beigemessen[15]). Desgleichen gilt auch für die Reduzierung des *aufgeblähten Personalbestands,* der sich zu einer erheblichen Belastung der öffentlichen Haushalte entwickelt hat und knappe Mittel bindet, die anderweitig in Entwicklungsvorhaben fließen könnten.

Die (langfristigen) *Planungskapazitäten* sowohl der nationalen als auch der lokalen Behörden müssen erheblich verbessert werden. Planungskonzepte, die ohne vorherige sorgfältige *Durchführungsstudien* auf falschen oder unvollständigen Daten beruhen, sind von vornherein zum Scheitern verurteilt. Die unzureichende Datenbasis vieler Programme ist neben den Blockaden, die sich aus der Funktionsüberlappung zahlreicher Behörden und inneradministrativen politischen Rivalitäten ergeben, eine der Hauptursachen dafür, daß die Stadtverwaltungen zwar eine Vielzahl von Plandokumenten hervorbringen, jedoch nur ein Bruchteil davon jemals in das Stadium der Verwirklichung gelangt.

Doch wäre es falsch zu glauben, daß eine größere administrative Effizienz allein durch die Einführung neuer Verwaltungstechniken und organisatorischer Reformen herbeigeführt werden könne. Die Bürokratien vor allem in den zentralistischen und autoritären Regimen müssen sich viel stärker als bisher an ihre soziale Umwelt anpassen und nicht umgekehrt: das heißt, die Bevölkerung an die Verwaltung. Dementsprechend sollten Aus- und Fortbildungsprogramme auf eine

Sensibilisierung der Beamten vor allem *für die Probleme der einkommensschwachen Sozialschichten* abzielen und nicht durch den Einbau modernster Verwaltungstechnologien in die Curricula die Haltung vieler Bürokratien in der Dritten Welt bestärken, nach der die städtischen Armen in erster Linie ein Modernisierungshindernis sind. Folglich sollten den Betroffenen Mitspracherechte beim Verwaltungshandeln eingeräumt werden. Dazu gehört auch die Kooperation mit *Selbsthilfekomitees* der Armen oder sozialen Bewegungen, die vom Staat häufig nicht als komplementäres Entwicklungspotential, sondern als rivalisierende und mutmaßlich subversive Kräfte betrachtet und daher unterdrückt werden. Ohne *Rückkoppelung mit der Bevölkerung* laufen die Planer und Bürokraten ansonsten Gefahr, an lokalen Strukturbesonderheiten und den Bedürfnissen der Betroffenen vorbeizuplanen. Ein weiteres Wesensmerkmal einer zielgruppengerechteren Entwicklungsverwaltung ist die allmähliche Übertragung von legalen und administrativen Kompetenzen auf untere zentralstaatliche Verwaltungsinstanzen und letztendlich auf die Kommunen selbst *(Dezentralisierung)*. Der in weiten Teilen der Dritten Welt (wie übrigens auch in den Industriestaaten) zu beobachtenden *Erosion lokaler Autonomie* muß Einhalt geboten werden. Grundvoraussetzung dafür ist jedoch eine erheblich *bessere Finanzausstattung der Kommunen*, ohne die die Stadtverwaltungen kaum in der Lage sein werden, ihre an Komplexität zunehmenden Aufgabenbereiche zu bewältigen und die wachsende Nachfrage nach kommunalen Versorgungsleistungen zu befriedigen.

Ein umfassendes Strategiebündel ist notwendig, um die Katastrophe abzuwenden

Das hypertrophe Städtewachstum in Ländern der Dritten Welt ist, von wenigen Ausnahmen abgesehen, ein parasitärer Prozeß. Es vergrößert die Entwicklungsprobleme sowohl im nationalen als auch im innerstädtischen Bereich. Im nationalen Bereich verstärkt dies die regionalen Entwicklungsdisparitäten und verewigt so die Unterentwicklung des Hinterlandes. Im innerstädtischen Bereich führt es zur Verarmung großer Teile der Bevölkerung, da die wirtschaftliche Absorptionsfähigkeit der meisten Städte an Grenzen stößt. Von einer bestimmten Größenordnung an (etwa acht bis zwölf Millionen Einwohner) zeichnet sich ein Zusammenbruch der kommunalen Versorgungsleistungen ab. Ein Großteil der Bevölkerung sieht sich bei anhaltender Verstädterung einer absoluten Verschlechterung der Lebensbedingungen ausgesetzt.
Die hier erörterten Probleme sind gewaltig und erscheinen kaum lösbar. Doch bei dieser Erkenntnis resignierend stehenzubleiben, bedeutet, das Chaos, die Katastrophe zu programmieren. Dies wissen auch die in den einzelnen Ländern und Kommunen Verantwortlichen.

Doch ihre bisherigen Versuche müssen angesichts der tiefgreifenden strukturellen Deformierung der meisten Entwicklungsgesellschaften überaus skeptisch beurteilt werden. Einzelmaßnahmen, so dringlich sie auch sind, reichen alleine nicht aus. Die Komplexität der Probleme und ihre Ursachen erfordern ein umfassendes, aufeinander abgestimmtes Strategiebündel auf nationaler wie auf lokaler Ebene.

Anmerkungen

[1] Evers, Hans-Dieter, Politische Ökologie der südasiatischen Stadt; Neuere theoretische Ansätze zur Urbanisierungsproblematik, Bielefeld 1977, S. 10.
[2] World Bank, World Development Report, Washington 1979 and 1984.
[3] Loesch, Heinrich von, Stehplatz für Milliarden? Das Problem der Überbevölkerung, Stuttgart 1975, S. 232.
[4] World Bank, Staff Working Paper, No. 215, Internal Migration in Less Developed Countries. A Survey of the Literature, Washington, Sept. 1975, S. 7.
[5] Lipton, Michael, Why the Poor stay Poor. Urban Bias in World Development, Cambridge 1977.
[6] Todaro, Michael, Internal Migration in Developing Countries, Geneva 1976, S. 12.
[7] ILO (International Labour Office), World Labour Report, Vol. 1, Geneva 1984.
[8] Hennings, Gerd, Bernd Jennssen, Klaus R. Kunzmann, Dezentralisierung von Metropolen in Entwicklungsländern. Elemente einer Strategie zur Förderung von Entlastungsorten, in: Dortmunder Beiträge zur Raumplanung 10, (1978), S. 16.
[9] World Bank, Urban Transport, Sector Policy Paper, Washington, Mai 1975, S. 21.
[10] Saunders, Peter, Urban Politics. A Sociological Interpretation, Harmondsworth 1979.
[11] Oberndörfer, Dieter (Hrsg.), Kommunalverwaltung in Mittelamerika. Eine Studie über die Hauptstädte Guatemalas und El Salvadors, Mainz 1977.
[12] Hennings u.a., op. cit., S. 75.
[13] Oberndörfer, Dieter, Jürgen Rüland, Slum- und Squattersanierung in der Dritten Welt, in: Hauff, Michael v., Brigitte Pfister-Gaspary (Hrsg.), Entwicklungspolitik. Probleme, Projektanalysen und Konzeptionen, Saarbrücken/Fort Lauderdale 1984, S. 219–234.
[14] World Bank, op. cit., 1979, S. 79–81.
[15] Cheema, Shabbir G., Dennis A. Rondinelli (eds.), Decentralization and Development Policy Implementation in Developing Countries, Beverly Hills 1983.

Literaturhinweise

Bairoch, Paul, Urban Unemployment in Developing Countries, Geneva 1976.
Breese, Gerald (ed.), The City in Newly Developing Countries, Readings on Urbanism and Urbanization, Englewood Cliffs 1969.
Evers, Hans-Dieter, Group Conflict and Class Formation in Southeast Asia, in: Hans-Dieter Evers (ed.), Modernization in Southeast Asia, London/New York/Melbourne 1973, S. 108–131.

Evers, Hans-Dieter, The Contribution of Urban Subsistence Production to Incomes in Jakarta, mimeographed paper, Bielefeld 1980.

Fox, Robert W., Urban population growth trends in Latin America, Washington 1975.

Friedmann, John, Robert Wulff, The Urban Transition. Comparative Studies of Newly Industrializing Societies, London 1976.

Hardoy, Jorge E., Urbanization in Latin America. Approaches and Issues, New York 1975.

Hauser, Jürgen A., Bevölkerungsprobleme der Dritten Welt, Bern/Stuttgart 1974.

Hofer, Max M., Entwicklung und Verstädterung, Zürich 1978.

Jakobson, Leo, Ved Prakash (eds.), Urbanization and National Development, Beverly Hills 1971.

Light, Ivan, Cities in World Perspective, New York/London 1983.

Mathur, Om Prakash (ed.), Small Cities and National Development, Nagoya 1982.

Mazumdar, Dipak, The Urban Informal Sector, in: World Development, 4 (1976), 8, S. 655–679.

McGee, T. G., The Urbanization Process in the Third World. Explorations in Search of a Theory, London 1971.

Oberndörfer, Dieter (Hrsg.), Kommunalverwaltung in Mittelamerika. Eine Studie über die Hauptstädte Guatemalas und El Salvadors, Mainz 1977.

Renaud, Bertrand, National Urbanization Policy in Developing Countries. Washington, D.C. 1981.

Robson, William A., D. E. Regan (eds.), Great Cities of the World. Their Government, Politics and Planning, London and Beverly Hills 1972.

Rüland, Jürgen, Politik und Verwaltung in Metro Manila. Aspekte der Herrschaftsstabilisierung in einem autoritären politischen System, München 1982.

Sarin, Madhu, Urban Planning in the Third World. The Chandigarh Experience, London 1982.

United Nations, Administrative Aspects of Urbanization, New York 1970.

World Bank, Urbanization – Sector Working Paper, Washington, June 1972.

World Bank, Staff Working Paper, No. 209, The Task Ahead for the Cities of the Developing Countries, Washington, July 1975.

Theodor Hanf

Wenn Schule zum Entwicklungshindernis wird

Bildungspolitik und Entwicklung in der Dritten Welt

Entwicklungsoptimismus und Bildungsoptimismus: das war einmal . . .

Entwicklungsoptimismus und Bildungsoptimismus: Das waren vor einem Vierteljahrhundert Zwillingsbegriffe. Entwicklung galt Politikern und Wissenschaftlern als machbar, planbar und steuerbar; Bildung galt – neben Kapital – als ihre wichtigste Triebkraft, als ein zentrales Planungs- und Steuerungsinstrument. Der Entwicklungsoptimismus ist heute gedämpft, der Bildungsoptimismus aber ist tiefem Pessimismus gewichen. *Quantitativem* Pessimismus zunächst: Die hochgesteckten Planziele zur Ausrottung des *Analphabetismus* wurden nicht erreicht. Vor allem aber *qualitativer* Pessimismus: Gewaltige Anstrengungen zum Ausbau von Erziehungssystemen brachten nicht den erwarteten wirtschaftlichen Nutzen; Entwicklungsplanung durch Bildungsplanung gelang nicht; häufig erwies sich das Bildungssystem selbst als *schlecht steuerbar* – seine *ungeplanten Folgen* gerieten gewichtiger als die geplanten und erwünschten. Vielerorts, und vor allem in den ärmeren und ärmsten Ländern, ist schulische Bildung, so wie sie heute gestaltet ist, eher zum Hindernis für Entwicklung geworden. Warum dem so ist und ob es auch anders sein könnte, bedarf einer nüchternen Prüfung. Wenn Bildung Hilfe und nicht Hindernis werden soll, bedarf es neuer Ideen und grundlegender Reformen.

Die weltweite Alphabetisierung ist kaum erreichbar

1961 legte die UNESCO ein Programm für eine „Weltkampagne zur Bekämpfung des Analphabetismus" vor: Bis 1970 sollten alle Erwachsenen unter fünfzig Jahren Lesen und Schreiben erlernt haben. Heute glaubt niemand mehr daran, daß dieses Ziel auch nur bis zum

Jahrhundertende erreicht werden kann. Der Karachi-Plan (1959/60), der Addis-Abeba- (1961) und der Santiago-Plan (1962) strebten zumindest die *Einschulung aller Kinder* an. Dieses Ziel wurde nur in Lateinamerika annähernd erreicht. In Afrika und Asien wurde die Einschulungsquote zwar bis Mitte der siebziger Jahre deutlich angehoben, nämlich von 45 auf 70% bzw. von 60 auf 75%. Hinter diesen Globalzahlen verbirgt sich jedoch eine in vielen Ländern weit ungünstigere Wirklichkeit. So verlassen viele Kinder bereits nach kurzer Zeit die Schule und fallen in Analphabetismus zurück.

Vor allem aber besteht wenig Hoffnung, das Schulsystem in der bisherigen Geschwindigkeit weiter ausbauen zu können. Die *Bevölkerungszunahme* läuft dem Schulausbau davon. In Asien wird sich die Anzahl der Kinder im Schulalter bis zur Jahrhundertwende verdoppeln, in Afrika gar verdreifachen.

Damit wird die Grenze des finanziell Machbaren schnell erreicht. Zwischen 1960 und 1976 haben die Entwicklungsländer ihre *Ausgaben für Bildung,* gemessen an deren Anteil am Sozialprodukt, mehr als verdoppelt. Gerade in den ärmsten Ländern nehmen sie einen erheblichen Anteil der Staatsausgaben in Anspruch. Die Kosten pro Schüler sind stark gestiegen. Trotz aller Bemühungen droht daher eine Reduzierung der Einschulungsquoten. Viele Politiker der Dritten Welt müssen heute bekennen, daß ihre Staaten nicht noch mehr für Bildung leisten *können.*

Wenn Erziehung Konsum statt Investition ist oder Eine Rehabilitierung des Analphabeten?

Viele politisch Verantwortliche *wollen* aber auch nicht mehr für Bildung ausgeben. Die wachsenden Scharen *arbeitsloser Schulabgänger* haben deutlich gemacht, daß *Bildung nicht unter allen Bedingungen eine wirtschaftliche Investition* darstellt. Sicher sind Ausgaben für Bildung dann lohnend, wenn die erlernten Kenntnisse und Fertigkeiten produktiv eingesetzt werden können, das heißt wenn Arbeitsplätze vorhanden sind. Ist das nicht der Fall, dann ist die Investition – rein ökonomisch gesehen – verloren; Bildung wird dann eher Konsum. Wenn die für eine Ausweitung des Erziehungswesens erforderlichen Mittel für andere, lebenswichtige Investitionen fehlen, vor allem für die Schaffung von Arbeitsplätzen, dann ist der wirtschaftliche Schaden offensichtlich: Bildung verschlingt dann die Mittel, die erforderlich wären, um sie produktiv anwenden zu können.

In vielen heutigen Industriestaaten ging die volle Alphabetisierung nicht der Industrialisierung voraus, sondern folgte ihr – Deutschland war eine der wenigen Ausnahmen. So ist es nicht verwunderlich, wenn heute manche Politiker armer Länder versuchen, den Analphabeten zu „rehabilitieren": Auch er kann wichtige Beiträge zur wirtschaftlichen Entwicklung leisten – dann nämlich, wenn er produktiv arbeitet.

Erziehung ein Instrument zum Aufbau neuer Nationen?

In der Zeit des Bildungsoptimismus galt Erziehung nicht nur als optimale Investition, sondern auch als ein Instrument des Aufbaus neuer Nationen. Die Mehrzahl der Staaten der Dritten Welt sind sprachlich, ethnisch und religiös keine einheitlichen Gesellschaften. Erziehung sollte allen Gruppen ein Gefühl nationaler Gemeinsamkeit vermitteln und aus ihnen eine Nation formen. Lehrpläne und Lehrbücher wurden nach diesem Ziel ausgerichtet.
Da Erziehung aber in den meisten neuen Staaten ein knappes Gut blieb, wurde sie zum *bevorzugten Gegenstand von Gruppenkonkurrenz*. Hier erlangten Christen einen Bildungsvorsprung vor Muslimen, dort ein Stamm vor anderen, anderwärts eine Sprachgruppe vor der zweiten und dritten. Da Bildung weitgehend den Zugang zu begehrten, aber zahlenmäßig begrenzten Positionen bestimmt, bedeutet Bildungsvorsprung mehr Macht und mehr Reichtum für eine Gruppe. Was an der Oberfläche nach *Kulturkampf* aussieht – Konflikte um staatliche oder private, religiöse oder laizistische Erziehung, um Inhalte des Geschichtsunterrichts oder um Unterrichtssprache – erweist sich in vielen Fällen als Kampf um Vorherrschaft verschiedener Gruppen. *Statt zu integrieren,* muß Erziehung unter der Bedingung von Knappheit *entzweien*.

Wer die Jugend hat, der hat die Zukunft?

Politiker vieler Staaten neigen dazu, die *Zusammenhänge zwischen Erziehung und politischen Einstellungen* vereinfacht und mechanistisch zu sehen: Wer die Jugend hat, der habe die Zukunft, und wer die Schule habe, der habe die Jugend. Nüchterne Beobachtung zeigt, daß ein solcher Mechanismus häufig nicht funktioniert. Koloniale Schulen, auf Erziehung nützlicher und braver Untertanen ausgerichtet, wurden zu Pflanzstätten der Unabhängigkeitsbewegungen. Aus den konservativen Schulen Frankreichs und der Bundesrepublik ging eine linke Studentenbewegung hervor, aus dem stalinistischen Drill tschechoslowakischer Lehranstalten aber der Prager Frühling. Diese Beispiele lassen sich beliebig vermehren. Was in Lehrplänen und Büchern steht, was Lehrer und Professoren erklären, muß nicht unbedingt das Denken ihrer Schüler prägen und ihr Handeln bestimmen. *Konkurrierende Bildungseinflüsse* sind oft stärker als die des formalen Erziehungswesens: Familie und Religionsgemeinschaft, Altersgenossen und im Lehrplan nicht vorgesehene

Bücher. Vor allem aber ist es die *Sichtweise eigener Interessen und Berufschancen,* die Einstellungen und politisches Handeln von Schülern und Studenten am stärksten beeinflußt – und diese Sichtweise ist oft sehr verschieden von der, die durch Staat und Lehrpläne verordnet wird. In vielen Entwicklungsländern sehen Schüler und Studenten vor allem einen massiven *Interessengegensatz zwischen den Generationen:* Die Generationen der Unabhängigkeitsperiode hält die meisten Positionen in Staat, Verwaltung und Wirtschaft besetzt, während für die nachrückenden – und oft besser ausgebildeten – Generationen nur noch wenige attraktive Positionen vorhanden sind. So ist es nicht erstaunlich, daß die meisten dieser Länder im letzten Jahrzehnt ihre Schüler- und Studentenunruhen erlebt haben.

Die Politiker mußten also häufig die Erfahrung machen, daß Erziehung nicht nur die erwarteten wirtschaftlichen Erträge vermissen läßt und, statt mehr nationales Zusammengehörigkeitsgefühl zu schaffen, zum bevorzugten Zankapfel in Gruppenkonflikten wird, sondern schließlich auch, statt ihnen Anhang zuzuführen, zum nicht selten wichtigsten *Ort der Opposition* gegen sie wird. Ihre wachsende ökonomische Skepsis gegenüber Erziehung wird zunehmend durch politische Skepsis verstärkt. Dennoch sehen sie sich in der Regel dazu gezwungen, das Erziehungswesen weiter auszubauen.

**Trotz aller Schwierigkeiten und Enttäuschungen:
Der Drang zur Schule ist ungebrochen**

Der Grund hierfür ist, daß bei den Bevölkerungsmassen der Dritten Welt – im Gegensatz zu den politisch Verantwortlichen – der Bildungsoptimismus ungebrochen ist. Sie wollen mehr und bessere Erziehung. Zugang zur Schule bedeutet für die meisten Bewohner der Dritten Welt *die wichtigste Entscheidung über individuelle Lebenschancen.* Es ist die Entscheidung über ein Leben harter Arbeit in der Landwirtschaft, in schlecht bezahlten Tätigkeiten in Handwerk und Industrie – oder über die Chance zu einem leichteren und begehrten Beruf in Bereichen, welche die Annehmlichkeiten der technischen Zivilisation eröffnen.

Daß der individuelle Nutzen des Schulbesuches mit dem zunehmenden Ausbau des Erziehungswesens abnimmt, vermindert keineswegs den Drang zur Schule. Eltern hoffen, daß auch unter immer mehr Wettbewerbern gerade ihre Kinder es schaffen werden. Kinder sind davon überzeugt, daß gerade sie den Durchbruch schaffen werden. Sollte der Versuch mißlingen, dann wären sie schließlich in keiner schlechteren Lage als in der, die ohne Schulbesuch ohnehin ihr Schicksal gewesen wäre. Deshalb wollen sie zumindest eine Chance. Mag formale Erziehung gesamtwirtschaftlich von fragwürdigem Nutzen sein, mag sie statistisch dem einzelnen wenig Chancen bieten: Für den einzelnen steht zuviel auf dem Spiel, als daß seine Forderung nach Zugang zur Schule nicht völlig rational wäre. Politisch bedeutet das, die Forderung nach Schule für möglichst viele und für alle – der durchweg massivsten politischen Forderung, die an die Regierung von Entwicklungsländern gerichtet wird.

Das aber führt in einen Teufelskreis

Diese Forderung setzt einen Kreis von schwerwiegenden Folgen in Gang. Entschließt sich die Regierung eines armen Landes dazu, ihr nachzugeben und die für einen Ausbau des Bildungswesens erforderlichen Mittel bereitzustellen, so entzieht sie diese damit alternativen Investitionsmöglichkeiten, etwa der Schaffung von Arbeitsplätzen in produktiven Sektoren. Mehr Schulen bringen dann bald mehr Absolventen hervor, als der Arbeitsmarkt aufnehmen kann. Ein neuer politischer Druck entsteht: Die ausgebildeten Arbeitslosen fordern, daß von ihnen als angemessen betrachtete Arbeitsplätze geschaffen werden. In der Regel geben die Regierungen auch diesem Druck nach, und zwar in den Bereichen, die sie am leichtesten steuern können: Sie bauen das weiterführende und das Hochschulwesen aus, schließlich expandieren sie die öffentliche Verwaltung, um arbeitslose Diplominhaber unterbringen zu können. Damit wird das Problem zunächst verschoben, dann aber verschärft. Die eingesetzten Mittel werden nämlich erneut alternativen, produktiveren Investitionen entzogen. Es ist unvermeidlich, daß der Ausstoß des gewachsenen Erziehungswesens erneut die Aufnahmekapazität des Arbeitsmarktes übersteigt und zu neuen Forderungen führt.
Je ärmer ein Land ist, um so schneller führt dieser Teufelskreis zu politischen Krisen. Versucht eine Regierung aus ihm auszubrechen, indem sie rein wirtschaftlichen Überlegungen folgt, das Erziehungswesen quantitativ einfriert oder reduziert und versucht, die freiwerdenden Mittel produktiv einzusetzen, so riskiert sie die vehemente Opposition weiter Bevölkerungskreise. Hält sie ihn im Gange, indem sie Erziehung weiter ausbaut und die Verwaltung aufbläht, so gerät sie bald an die Grenze der finanziellen Leistungsfähigkeit des Staates.

Gibt es einen Ausweg?

Studien wie Experimente haben gezeigt, daß eine qualitative Veränderung des Bildungswesens keineswegs unmöglich ist. Bildung könnte durchaus so gestaltet werden, daß sie auch unter den Bedingungen armer Länder gesellschaftlich „rentabel" wird, das heißt effektiv zur Steigerung der gesamtwirtschaftlichen Produktivität beiträgt.

„Unrentabel" am bestehenden Bildungssystem vieler Länder der Dritten Welt ist vor allem, daß die Primarschule ausschließlich als Vorbereitung auf die Sekundarschule und diese wiederum als Vorbereitung auf die Hochschule angelegt ist. Die große Mehrheit der Schüler verläßt aber die Primarschule schon nach wenigen Jahren. In dieser Zeit erlernen sie wenig, was für ihr berufliches Leben von einigem Nutzen sein könnte. Viele Frühabgänger fallen nach wenigen Jahren in sogenannten *sekundären Analphabetismus* zurück. Alle Bildungsausgaben für diese Mehrheit sind damit *wirtschaftlich wie erzieherisch weitgehend nutzlos* – und es handelt sich um den größten Teil der Bildungsausgaben überhaupt. Vielleicht noch größer als der ökonomische ist aber der *psychische Schaden,* der durch sichtbar nutzlosen Schulbesuch und die damit verbundenen Enttäuschungen bei zahllosen Kindern zurückbleibt. Gesamtgesellschaftlich „rentabel" und für den einzelnen fruchtbar kann die Primarschule nur dann sein, wenn ihre Lehrinhalte und Methoden an den Bedürfnissen der künftigen Lebens- und Arbeitswelt orientiert sind, wenn sie den Schüler befähigt, seine Umwelt zu verstehen und seine Lebensqualität zu verbessern.

Wie eine solche Schule aussehen und wie sie als Schule für alle finanziert werden kann, ist vielfach untersucht und erprobt worden. In präziser und umfassender Weise hat vor allem der französische Erziehungswissenschaftler *Pierre Erny* diese Formen und Möglichkeiten einer reformierten Schule dargestellt: Eine Schule, die Demokratie an der Basis aufzubauen hilft, deren Inhalte und Formen überwiegend auf der Ebene der Gemeinden bestimmt werden, die Entwicklung von unten und die Ausbildung von Führungskräften nach den spezifischen Bedürfnissen der jeweiligen Gesellschaft ermöglicht.

Reformdebatte und Reformversuch in der Dritten Welt haben bereits eine bewegte Geschichte. Ihr vorläufiges Fazit: Experimente gelangen durchaus; auf gesamte Bildungssysteme ausgerichtete Reformen aber wurden halbherzig angegangen, nur teilweise verwirklicht – und meist scheiterten sie.

Die Reformunwilligkeit der Staatsoligarchien

Für die armen Länder gilt überwiegend die Formel, daß *government the biggest business* sei: Staat und staatsabhängige Organisationen stellen den größten Teil des modernen Arbeitsmarktes dar. Wer dem Staatsapparat angehört, der ist gegenüber der Mehrheit der Bevölkerung entscheidend privilegiert.

Der Zugang zu einer Position in diesem Apparat führt über das Zeugnis- und Berichtigungswesen des Erziehungssystems. Gleichzeitig stellen Schulen und Hochschulen einen stattlichen, oft den größten Teil des Staatsapparates dar.

Hieraus erklärt sich ein Phänomen, das man als *strukturellen bildungspolitischen Konservatismus* bezeichnen kann: Wer aufgrund von Bildungsqualifikationen in eine privilegierte Position gelangt ist, der neigt dazu, ein System für gut zu halten, welches ihm Erfolg ermöglicht hat. Er hat auch Interesse daran, *die errungenen Privilegien zu erhalten*, das heißt seinen eigenen Kindern privilegierten Zugang zum Bildungswesen und damit zur privilegierten Berufsposition zu verschaffen. Dieses Interesse steht nicht im Gegensatz zu einer Ausweitung des Erziehungswesens für weitere Teile der Bevölkerung. Wenn etwa das Primarschulwesen so ausgebaut wird, daß eine annähernd volle Einschulung erreicht wird, so reicht in der Regel der Bildungsvorsprung des Elternhauses aus, um den Beamtenkindern bevorzugten Zugang zur Sekundarschule zu verschaffen; wenn die Sekundarschule ebenfalls stark expandiert, verschiebt sich die Privilegienerhaltung auf die Hochschulebene. So lange genügend Mittel für eine solche, die Privilegien der Beamtenkinder erhaltende Expansion vorhanden sind, findet sich daher wenig Opposition. Die relativ wohlhabenderen Entwicklungsländer haben daher auch am kräftigsten auf allen Bildungsebenen expandiert. Wenn aber die Expansion an die Grenze des finanziell Machbaren stößt – und das ist in den ärmeren Ländern schneller der Fall – und wenn weitere Expansion nur bei radikaler Bildungsreform möglich ist, dann pflegt die Staatsoligarchie zu opponieren. Radikale Reform würde nämlich Privilegien abbauen: Auch Beamtenkinder müßten etwa in einer auf ländlicher Umwelt orientierten Reformschule zusammen mit Bauernkindern landwirtschaftliche Techniken erlernen und Feldarbeit leisten, statt schnurstracks auf die Sekundarschule vorbereitet zu werden, müßten einige Jahre lang in den Landessprachen studieren, statt von Anfang an den Vorsprung ausnutzen zu können, den der Gebrauch einer Staats- und Fremdsprache im Elternhaus bietet.

Vor die Wahl zwischen Privilegienerhaltung einerseits, Bildungsreform zum Nutzen der ganzen Gesellschaft andererseits gestellt, entscheidet sich die Staatsoligarchie in der Regel für die Privilegienerhaltung. Im Zweifelsfalle nimmt sie dabei politischen Ärger in Kauf – und versucht dann, ihm mit anderen Mitteln zu begegnen.

Zur politischen Beruhigung
Scheinreformen und Ausweichstrategien

So versucht man, unerwünschte politische Folgen eines politischen Bildungsdrangs der Bevölkerungsmassen abzulenken. Hierzu dienen Scheinreformen und spektakuläre Bildungs-Ersatzmaßnahmen. Unter den *Scheinreformen* lassen sich zwei Typen beobachten. Ein erster Typ besteht darin, die herkömmlichen Lehrpläne zu *ergänzen*.

Letztere bleiben aber nach Umfang wie Qualität so begrenzt, daß real wenig erlernt wird. Vor allem aber bleiben Versetzung und Auswahl für weiterführende Schulen ausschließlich an Leistungen in den *theoretischen Fächern* verknüpft – und damit alles beim alten. Ein zweiter Typ besteht in der Einführung umweltorientierter Reformschulen für einen *Teil* der Schulbevölkerung, meist den ländlichen, und damit zur Schaffung eines *Zweiklassensystems* in der Erziehung: Herkömmliche Schulen für die Kinder der Oligarchie – und nur diese führen weiter –, Reformschulen für die Masse – als Bildungssackgasse.

Unter den *Ersatzmaßnahmen* erfreuen sich sogenannte *Alphabetisierungskampagnen* besonderer Beliebtheit. Ursprünglich in erster Linie für Erwachsene gedacht, sprechen sie heute in erster Linie Kinder und junge Erwachsene an, für die sich in der Schule kein Platz findet. Es ist verständlich, daß diese die Kampagnen als eine Art Ersatzschule ansehen, die schließlich doch den Übergang ins formale Schulwesen ermöglichen könnte. Dieses Ziel aber wird nur von einer verschwindenden Minderheit erreicht. *Zeitliche Begrenzung und methodische Schwächen* der Kampagnen führen dazu, daß trotz großen Arbeitseifers die meisten ihrer Teilnehmer schnell in sekundären Analphabetismus zurückfallen. Pädagogisch erfolglos, erzielen die Kampagnen jedoch einen politischen Beruhigungseffekt: Wer scheitert, schreibt den Mißerfolg eigenem Versagen zu, nicht aber dem Fehlen von Schulen für alle.

Andere Ersatzmaßnahmen sind die Vervielfachung von *Schulversuchen* und „Pilot"-Experimenten. Solche Experimente erfreuen sich oft bevorzugter Finanzierung durch ausländische – staatliche wie private – Geldgeber. Ungeachtet ihrer jeweiligen Qualität tragen sie dazu bei, das Reformimage des Nehmerlandes zu verbessern, ohne aber wirksam Einfluß auf das gesamte Erziehungswesen zu erlangen. Die verwirrende Fülle von Teil- und Scheinreformen, Alphabetisierungskampagnen und Kleinexperimenten trägt dazu bei, fundamentale Reformunwilligkeit zu verschleiern; sie zeugen im wesentlichen von einer beträchtlichen Flexibilität der Staatsoligarchien in der Verteidigung ihrer Interessen.

Außerschulische Erziehung: Eine Alternative mit Grenzen

Angesichts des überwiegenden Scheiterns von Reformen des formalen Bildungswesens richteten sich zahlreiche Versuche auf Formen einer *alternativen Bildung* – einer Bildung, die nicht diplomierte Arbeitslose hervorbringt, sondern möglichst direkt für soziale und wirtschaftliche Entwicklung nutzbar ist – auf außerschulische Ansätze, insbesondere auf die Erwachsenenbildung. *Erwachsenenbildung* bietet unmittelbar einsichtige Vorzüge: Statt formale Abschlüsse an-

zubieten, kann sie umweltorientierte Kenntnisse und Fertigkeiten vermitteln; statt europäisch geprägte „Bildungsgüter" zum intellektuellen Konsum oder zur Prestigebestätigung zu liefern, kann sie bei der Bewältigung konkreter Lebensprobleme helfen.
In der Tat hat sich in den letzten Jahrzehnten Erwachsenenbildung in vielen Ländern der Dritten Welt als ein sehr wirksamer Beitrag zur Entwicklung erwiesen. Vor allem, wenn Erwachsenenbildung in auf integrale Entwicklung abzielende *Selbsthilfebewegungen* integriert ist, kann sie zu einem wichtigen Instrument einer „Entwicklung von unten" werden.
In einer Anzahl von Ländern sind regionale, kraftvolle *Bauernbewegungen* entstanden, die *aus lokalen dörflichen Erwachsenenbildungsgruppen* erwachsen sind. Ziel dieser Bewegungen ist die Mobilisierung von Eigeninitiativen der ländlichen Bevölkerung in dörflichen Selbsthilfegruppen, die auch ihre Weiterbildung in die eigenen Hände nehmen. Sie streben eine umfassende Verbesserung der ländlichen Lebensverhältnisse an, von den wirtschaftlichen Grundlagen über kulturelle Bedürfnisse bis hin zu einer angemesseneren Interessenvertretung der bäuerlichen Bevölkerung im politischen Bereich. *Bewußtseinsbildung und Vermittlung von Fertigkeiten und Kenntnissen* werden von diesen Bewegungen als Einheit gesehen: Der Bauer soll neues Wissen erwerben und sich neue Fertigkeiten aneignen, jedoch ebenfalls durch Verständnis des Warum, Wozu und Wie zu deren Anwendung motiviert werden. Konkrete Arbeitsgebiete umfassen beispielsweise: Wege- und Brunnenbau, Errichtung sanitärer Anlagen; Gründung von Absatz- und Transportgenossenschaften, von gemeinsamen Kassen für Medikamente und dörflicher Betreuung; Wochenendkurse für landwirtschaftliche Weiterbildung, für Hauskultur, Ernährung, Hygiene und Kleinkindererziehung; funktionale Alphabetisierung mit besonderem Gewicht auf Lektüre von die Bauern betreffenden administrativen Texten wie etwa Marktverordnungen, Steuerbescheiden oder Gebrauchsanweisungen von Produktions- und Verbrauchsgütern. Die erfolgreichsten unter diesen Bewegungen vertreten darüber hinaus bäuerliche Interessen gegenüber den Behörden. Sie bemühen sich, gestützt auf beträchtliche Eigenleistungen, um staatliche Infrastrukturmaßnahmen. Ohne Politik im engen Wortsinn zu betreiben, haben manche Selbsthilfebewegungen auf diese Weise beträchtliches politisches Gewicht gewonnen.
Auch *im städtischen Bereich* sind während der letzten Jahre erfolgreiche Selbsthilfeorganisationen entstanden. Was all diesen Organisationen gemeinsam ist, ist die Verbindung von Aktionen zur *Verbesserung materieller Bedingungen mit auf Umweltverständnis ausgerichteter Bildung und Interessenvertretung* gegenüber Behörden. Gemeinsam ist ihnen ferner eine *demokratische Struktur* – Sprecher und Vertreter werden gewählt – und, in vielen Fällen, die Anstellung und Vergütung der Erwachsenenbildner durch die Bevölkerung selbst. Beides garantiert, daß Inhalt und Form der Bil-

dung tatsächlich den Bedürfnissen und Wünschen der Bevölkerung entsprechen.
Die Möglichkeiten entwicklungsorientierter Bildung im Rahmen von Selbsthilfebewegungen sind also beträchtlich. Ihrer Wirksamkeit sind dennoch deutliche *Grenzen* gesetzt. Eine Grenze besteht im *Alter:* Solange Kinder noch eine Chance sehen, in formales Schulwesen Eingang zu finden, bleibt ihr Interesse für eine praxisorientierte außerschulische Erziehung gering. Erst Erwachsene, die keinerlei Chance für Aufstieg durch Schulbesuch mehr haben, können ihren Nutzen sehen. Eine weitere Grenze erfolgversprechender Erwachsenenbildung ist ihre De-facto-Beschränkung auf den *nichtstaatlichen Bereich*. Nur in ihm kann die Eigeninitiative und die Dynamik entstehen, deren Selbsthilfebewegungen bedürfen. *Staatliche Erwachsenenbildung* hingegen unterliegt den Beschränkungen, die aus den Interessen der Staatsoligarchie und aus den Gegebenheiten staatlicher Apparate überhaupt resultieren. Der Oligarchie ist zwar durchaus an einer Erwachsenenbildung gelegen, die zu relativen Verbesserungen – oder auch nur Illusionen solcher Verbesserungen – für die Bevölkerungsmehrheit führt und damit einen Zustand relativer Zufriedenheit schafft. An einer durch Erwachsenenbildung bewirkten effektiven Interessenvertretung und politischen Bewußtseinsbildung ist sie aber wenig interessiert. Vom staatlichen Erwachsenenbildner zu erwarten, über den Schatten seiner eigenen Interessen zu springen, wäre abwegig. Im übrigen ist die Organisationslogik staatlicher Erwachsenenbildung – Zentralisierung, von oben festgelegte Programmgestaltung – wenig geeignet, pragmatische Selbsthilfeansätze zu fördern.
Insgesamt läßt sich festhalten, daß Erwachsenenbildung zwar durchaus unter bestimmten Bedingungen – Einbindung in Selbsthilfebewegungen, nichtstaatliche Organisationsformen – eine entwicklungsfördernde Form von Bildung sein kann; eine Alternative zum formalen Erziehungswesen und dessen entwicklungsgerechter Umgestaltung kann sie jedoch kaum sein.

Wandel ohne Reform – und seine ungeplanten Folgen

Der bildungspolitische Konservatismus der Staatsoligarchie entspricht zwar deren Interesse; es wäre jedoch ein Irrtum anzunehmen, er sei *lediglich* von zynischem Interessenkalkül bestimmt. Gegner radikaler Reform sind vielmehr davon überzeugt, die herkömmliche Schule sei im großen und ganzen die richtige Schule – habe man davon nur eine ausreichende Quantität, dann werde sich Entwicklung schon einstellen. Diese Schule, eine Schule nach dem Vorbild westlicher – oder auch östlicher – Industriestaaten gehört zum gesamten *Leitbild* von Entwicklung, wie es bei der Mehrzahl der Regierenden der Dritten Welt weiter vorherrscht, nämlich dem

Entwicklungsmodell der Industriestaaten. Man will moderne Produktion, in Industrie wie in Landwirtschaft, man will Urbanisierung, und man will moderne Erziehung – und das ist die, die man hat. Man nimmt an, nur *mehr* vom Selben zu benötigen. Der wachsende Bildungspessimismus hat im wesentlichen nur dazu geführt, daß die Oligarchien sich zunehmend damit abfinden, moderne Erziehung könne bis auf weiteres nur einem Teil der Bevölkerung zugute kommen. Im Rahmen einer solchen Grundüberzeugung ist es ohne inneren Konflikt möglich, seine eigenen Kinder auf eine als „richtig" betrachtete Schule zu schicken; mit gutem Gewissen ist Privilegienwahrung einfacher wie dauerhafter. Die Reform braucht nicht stattzufinden.

Dessenungeachtet drängen die Bevölkerungsmassen der Dritten Welt weiterhin auf Schule für alle, ob diese nun wirtschaftlich nützlich und entwicklungsfördernd ist oder nicht.

Die Staatsoligarchien sehen sich gezwungen, diesem Druck, wenn auch nur zögerlich, nachzugeben. Sie haben gelernt, daß die Unzufriedenheit frustrierter Schulabbrecher Regime bedrohen kann, und versuchen, dem vorzubeugen. Wenn sich die Errichtung neuer Schulen nicht mehr vermeiden läßt, dann werden sie eben eingerichtet, wenn auch zu möglichst niedrigen Preisen und ohne Rücksicht auf das Niveau. *Buschschulen* für den Busch: Die ländliche Bevölkerung ist zunächst einmal glücklich, wenn sie überhaupt Schulen bekommt. Bevorzugt wurden die *städtischen* Gebiete versorgt, vor allem die Hauptstädte: Hier leben die städtischen Massen, deren Unmut einem Regime unmittelbar gefährlich werden kann. Erst wenn die Unzufriedenheit auch in den ländlichen Gebieten steigt, wenn die Landflucht dramatische Ausmaße annimmt, dann erst werden auch die Bauernkinder berücksichtigt.

Auch hierbei weiß die Oligarchie ihre Privilegien zu wahren. Ihr häufigstes Instrument ist der Aufbau des *Sekundarschulwesens,* in dem Beamtenkinder den Vorzug erhalten, welchen eine breite Bauernschule nicht mehr bieten kann. Reichen die finanziellen Mittel hierzu nicht aus, so bieten sich *Privatschulen,* die Gebühren erheben, als Ausweg an. In vielen Ländern der Dritten Welt sind solche Schulen bereits ein florierender Kommerz geworden. Einige Entwicklungsländer zeigen schließlich, daß bei erheblicher Expansion der Sekundarschulen die Privilegienwahrung auf die nächsthöchste Ebene verlagert werden kann, nämlich die *Hochschulebene*.

Insgesamt zeigt sich somit ein Bild von Wandel ohne Reform. Ob bei starker oder geringer Expansion, ob auf Primar-, Sekundar- oder Hochschulebene: Die Privilegien werden erhalten. Je mehr aber Bildung expandiert wird, ohne daß ihre ökonomische Funktion geändert wird, um so mehr wird sie zum wirtschaftlichen *Entwicklungshindernis*. Was sich wandelt, sind neben steigenden finanziellen auch steigende soziale Kosten: Die Unterschiede in den Bildungschancen wachsen, und mit ihnen wachsen die sozialen Unterschiede und daraus resultierende soziale und politische Spannungen.

**Die Zahl der Unzufriedenen wächst gefährlich,
und zwar bei den relativ Unterprivilegierten**

Revolutionen werden nicht von den Ärmsten der Armen gemacht, und Bildungsrevolutionen nicht von Analphabeten. Zunehmende Expansion von Bildung bei gleichzeitig wachsender Bildungs*un*gleichheit könnte aber mittel- und langfristig nicht nur Bildungsprivilegien, sondern Privilegien überhaupt in Frage stellen. Wer eine schlechte Schule besucht und seine sozialen Aufstiegschancen enttäuscht sieht, ist kritischer gegenüber dem Schulsystem und denen, die es politisch zu verantworten haben, als jemand, der gar keine Schule besucht hat. Expansion einer weitgehend nutzlosen Schule vermehrt daher die Zahl derer, die das System – das Bildungs- wie das politische System – für ihr Schicksal verantwortlich machen und die ihre Unzufriedenheit artikulieren können.

Am raschesten aber steigt die Anzahl der Unzufriedenen nicht bei den *gänzlich,* sondern den *relativ* Unterprivilegierten. Es sind die *Universitäten* der Dritten Welt, die zu Zentren von Kritik und Opposition werden. Viele Regierungen haben zu brutalen *Repressionsmaßnahmen* greifen müssen, um studentische Opposition zu unterdrücken. Repression kann Probleme aber nur verschieben, nicht lösen. Oligarchien können Privilegien erhalten, solange sie geschlossen sind.

Die Bildungsexpansion aber bricht diese Geschlossenheit auf. Die Zahl der Beamtenkinder nimmt schneller zu als die Anzahl von Beamtenstellen. Vielerorts sind es bereits Kinder von Privilegierten, die um Privilegien konkurrieren. Der Zeitpunkt ist abzusehen, in dem Teile der Staatsoligarchie sehen müssen, daß ihren Kindern sozialer Abstieg droht.

Dies mag der Zeitpunkt sein, an dem das Nachdenken darüber einsetzen wird, wie knappe Güter vermehrt – und nicht nur verteilt – werden sollen. Darin eingeschlossen ist die Frage, wie Erziehung so gestaltet werden kann, daß sie nicht nur selektiert und privilegiert, sondern wirtschaftlicher und sozialer Entwicklung hilft.

Bildung hat sich nicht als „Schlüssel zur Entwicklung" erwiesen. Ihr ungeplanter Wandel aber kann dazu führen, daß die für sie Verantwortlichen gezwungen werden, sie zumindest so zu verändern, daß sie kein Entwicklungshindernis mehr darstellt. In den Industriestaaten wurde nicht Gesellschaft durch Bildungsreformen verändert; vielmehr zogen gesellschaftliche Veränderungen die Reform von Bildung nach sich. In der Dritten Welt scheint sich Ähnliches anzubahnen, wenn auch unter ungünstigeren Umständen und zu höheren sozialen Kosten.

Was Bildungshilfe tun und lassen sollte

Entwicklungshilfe im allgemeinen kann nur marginal beeinflussen, was sich in Staaten der Dritten Welt vollzieht. Dies gilt besonders für die Bildungshilfe, weil Bildungsfragen, wie aufgezeigt, den Kern von Konflikten um Macht und Privileg berühren. Sie kann lediglich die Unterstützung manifest unsinniger und schädlicher Maßnahmen vermeiden und sinnvolle Ansätze fördern. Das bedeutet: Keine Hilfe für spektakuläre, aber nutzlose Alphabetisierungskampagnen, sinnlose Ausweitung allgemeinbildender Schulen und Hochschulen, unfruchtbare Ersatzmaßnahmen und Ausweichmanöver im Bildungsbereich. Das bedeutet positiv: Förderung ernsthafter Reformvorhaben im formalen Bildungssektor und der in Selbsthilfebewegungen integrierten Erwachsenenbildung. Vor allem aber könnte Hilfe von außen sinnvoll sein bei der Schaffung von *Bildungsforschungskapazitäten* in Ländern der Dritten Welt und bei der Ermöglichung von Dialog zwischen einheimischen und ausländischen Bildungs- und Sozialforschern. Einsicht in die Zusammenhänge zwischen Bildung und Gesellschaft und Kenntnis der Mechanismen ist sicherlich keine ausreichende, wohl aber eine notwendige Bedingung dafür, daß Erziehung Entwicklung nicht behindert, sondern ihr hilft.

Literaturhinweise

Braun, Gerald: Die Schule als Produktionsstätte von Arbeitslosigkeit. Anmerkungen zu Bildung und Beschäftigung in der Dritten Welt. In: Bildung und Erziehung, 33 (1980) 5, S. 433–440.
Erny, Pierre: Ein Traum von dem, was trotz Armut sein könnte. Bausteine für eine pädagogische Utopie. In: Bildung und Erziehung, 33 (1980) 5, S. 441–456.
Hanf, Theodor: Erziehung und politischer Wandel in Schwarzafrika. In: Kölner Zeitschrift für Soziologie und Sozialpsychologie, Sonderheft 13, 1969, S. 276–327.
Hanf, Theodor, Ammann, Karl, Dias, Patrick V., Fremerey, Michael, Weiland, Heribert: Erziehung – ein Entwicklungshindernis? Überlegungen zur politischen Funktion der formalen Erziehung in Asien und Afrika. In: Zeitschrift für Pädagogik, 23 (1977) 1, S. 9–33.
Hanf, Theodor: Die Schule der Staatsoligarchie. Zur Reformunfähigkeit des Bildungswesens in der Dritten Welt. In: Bildung und Erziehung, 33 (1980) 5, S. 407–432.
Vierdag, Gerda: Bildung zur Selbsthilfe. Freiräume und Grenzen entwicklungsorientierter Erwachsenenbildung. In: Bildung und Erziehung, 33 (1980) 5, S. 457–466.
Weiland, Heribert: Bildung in Entwicklungsprojekten. Ein ungenutzter Freiraum für Reformen. In: Bildung und Erziehung, 33 (1980) 5, S. 467–474.

Dieter Oberndörfer

Politik und Verwaltung in der Dritten Welt

Der Aufbau einer leistungsfähigen Verwaltung als Entwicklungsaufgabe

---

Taugt unser System des Berufsbeamtentums für die Dritte Welt?

Zur „Entwicklung" der Länder der Dritten Welt gehört sicher auch der Aufbau leistungsfähiger öffentlicher Verwaltungen[1]. Bei der Verwirklichung dieses Ziels muß dem normativen politischen Bezugsrahmen der öffentlichen Verwaltung und ihren vielfältigen, nicht nur verwaltungsspezifischen Funktionen Rechnung getragen werden. Von den einheimischen Instanzen werden indes meistens westliche Verwaltungsmuster ohne Reflektion auf die in ihnen enthaltenen politisch-normativen Konsequenzen übernommen. Wenig berücksichtigt werden dabei ferner auch die jeweiligen örtlichen politischen, sozialen und wirtschaftlichen Rahmenbedingungen und die Funktionen, die der staatlichen Verwaltung damit neben ihren spezifischen administrativen Aufgaben erwachsen.

Aufs engste mit normativen Vorgaben verknüpft

Die öffentliche Verwaltung ist kein vom Politischen abgehobener eigenständiger Bereich, sondern vielmehr ein integraler materieller Bestandteil des politischen Systems und insbesondere der politischen Exekutive. Dieser Sachverhalt ist im Amerikanischen und Spanischen in der Gleichsetzung von „Administration" bzw. „Administración" mit der Regierungsexekutive auch alltagssprachlich bewußt.

Aus der Zugehörigkeit der öffentlichen Verwaltung zum politischen System folgt, daß die Fragen der wünschenswerten Organisation der öffentlichen Verwaltung und die Definition ihrer Aufgaben aufs engste mit normativen Vorentscheidungen über politische Werte und die wünschenswerte notwendige politische Ordnung verbunden sind. So werden zum Beispiel die Postulate einer *Kontrolle* der öffentlichen Verwaltung durch *Gewaltenteilung* und eine *kritische Öffentlichkeit*, nach *Dezentralisierung* der Verwaltung durch eine *föderalistische* politische Ordnung und Stärkung der *Selbstverwaltungskompetenzen der Gemeinden* oder nach *bürgernaher Verwaltung* aus dem Menschenbild des *Liberalismus* und seinem Ziel der Sicherung von Freiheitsräumen für die Eigeninitiative politisch aktiver Bürger abgeleitet. Umgekehrt wird von *sozialistisch wohlfahrtsstaatlichen und etatistischen* normativen Prämissen her die öffentliche Verwaltung sehr viel weiter gespannte Ziele zugewiesen bekommen und sehr viel tiefer in das Leben der einzelnen und der Gruppen eingreifen. In den Erziehungsdiktaturen aller ideologischen Spielarten schließlich wird die öffentliche Verwaltung zur politischen Überwachung und Mobilisierung in dem jeweils gewünschten Sinne eingesetzt.

Daß die *Strukturen der Verwaltung* (zum Beispiel zentral oder dezentral) und die Definition ihrer *Kompetenzen* und Aufgaben in politischen Wertentscheidungen begründet sind und sich nicht einfach aus immanenten Sachzwängen ableiten lassen, zeigt gerade die *Gebiets- und Gemeindereform in der Bundesrepublik*. Die Zerschlagung kleiner, in langen Zeiträumen gewachsener Kommunen zugunsten großflächiger „Betriebseinheiten" – meist gegen den Willen der Betroffenen – hat das Potential von politischen Partizipationsmöglichkeiten an der Basis drastisch verringert. Von den meist der Verwaltung selbst entstammenden technokratischen Planern wurde politische Partizipation nicht als notwendiger und wünschenswerter Bestandteil der politischen Ordnung akzeptiert, sondern als ökonomisch kostspieliger Störfaktor für das reibungslose „hoheitliche" Handeln der Bürokratie wahrgenommen. Nichts könnte die fatale Erbschaft der obrigkeitsstaatlichen Trennung von Politik und Verwaltung in Deutschland besser illustrieren als die Kommunalreform in den verschiedenen Bundesländern. In der politischen Kultur der Schweiz wären solche selbstherrlichen und für die demokratische Qualität unserer Gesellschaft verheerenden reformerischen Kahlschläge im Interesse angeblicher bürokratischer Effizienz nie möglich gewesen. Dabei wurden auch hier kommunale Reformen durchgeführt. Sie wurden jedoch nicht als Aufgabe der Bürokraten, sondern als Teil der Verantwortung aktiver Bürger angesehen. Reformen mögen dadurch manchmal verzögert werden. Sie müssen erst „reifen". Bei ihrer schließlichen Durchführung werden sie aber dann vom Konsens der Bürger getragen.

Wenn mit „Entwicklung" auch politische Freiheit angezielt wird, ist die Frage, welches Entwicklungsmodell für die Verwaltungen der Dritten Welt längerfristig angestrebt werden soll, zumindest in Umrissen beantwortbar.

Der Wahlbeamte auf Zeit könnte zu mehr Bürgernähe führen

Zentralistische, zu den Bürgern hin abgeschottete Bürokratien sind mit der Entstehung einer freiheitlichen demokratischen, politischen Kultur unvereinbar. Eine schrittweise Modernisierung, bei der die Interessen und soziokulturellen Überlieferungen der Bevölkerung integriert werden, kann von einer bürgerfernen Bürokratie am allerwenigsten geleistet werden. Dagegen wird ein gegenüber der Basis offenes Verwaltungssystem das vorhandene Potential politischer Kräfte produktiver verarbeiten. Die für die meisten Entwicklungsländer typischen autoritären politischen Kulturen und Strukturen können langfristig nur aufgelockert und für eine freiheitlich politische Entwicklung umgewandelt werden, wenn das politische System gerade im Bereich der Exekutive, der Verwaltung, demokratisch organisiert wird. Wie die Entwicklung der amerikanischen und schweizerischen Demokratien beweist, führt die Einführung des Prinzips der Wahlen beziehungsweise die Einführung des Wahlbeamten zu einer größeren Basisnähe der Verwaltung. Politische Ämterpatronage auf Zeit im Rahmen politischer Konkurrenz bewirkt eine politische Sensibilisierung der Verwaltung gegenüber den Bürgern. Schwer vereinbar mit dem Ziel einer bürgernahen Verwaltung ist die Orientierung am westlichen *Civil-Service-Modell* der Bürokratie (= Berufsbeamtentum). Dieses in Europa im preußischen Obrigkeitsstaat entwickelte und in seiner Tradition beheimatete Verwaltungsmodell liefert der für die meisten Entwicklungsländer an sich schon charakteristischen Abschottung ihrer Bürokratien von der Bevölkerung auch noch eine ideologische Legitimation (angeblich größere Effizienz).

„Modernisierung" wird von *Civil-Service*-Bürokratien als ausschließliche Aufgabe der Verwaltung begriffen, die von aufgeklärten Technokraten gegen alle Widerstände der „rückständigen" Bevölkerung durchgeführt werden muß. Im Unterschied zu den pluralistischen westlichen Industriegesellschaften, in denen die organisierten gesellschaftlichen Gruppen eine Gegenmacht zur Bürokratie bilden und eine unabhängige Justiz (wenn auch nur mühsam) die schlimmsten Übergriffe der Bürokratisierung, des Vordringens der Verwaltung in alle Lebensbereiche, in Grenzen hält, fehlt es gerade in den armen Entwicklungsländern an solchen *Kontrollinstanzen* gegenüber der Macht der Verwaltung. Der Verwaltungsbeamte fühlt sich hier als *der* Vertreter *des* Staates und *der* Modernität. Die Formierung politischer Gegenmacht oder schon bloß die Kritik an seinem Amt wird von ihm als subversiver Akt wahrgenommen. Die einzige Antwort des Bürokraten auf Widerstände gegen die von ihm gewünschte „Modernisierung" ist in aller Regel der Ruf nach weiterer Stärkung des bürokratischen Apparates, das heißt eben der Macht der Bürokratie. Das damit verbundene *Wuchern der Bürokratie* hatte vor allem in jenen Entwicklungsländern besonders katastrophale Folgen, in denen –

wie im frankophonen und anglophonen Afrika – die *Gehaltsskala der Beamten* sich an den Gehältern der früheren Kolonialbeamten beziehungsweise den heutigen Gehaltsstufen der Beamten in den Bürokratien der ehemaligen Kolonialherren orientieren[2]). Angesichts der *Attraktivität* einer Laufbahn in der öffentlichen Verwaltung und der dort in den führenden Positionen möglichen zusätzlichen immensen *illegalen Verdienstmöglichkeiten* kommt es dadurch zudem nicht zur Herausbildung einer einheimischen Unternehmerschaft. Die Entwicklung der *Wirtschaft* wird dann vielmehr meist Ausländern oder gescheiterten einheimischen Politikern überlassen. In ihrer schwachen politisch-rechtlichen Stellung müssen sich diese „Unternehmer" mit der omnipotenten Verwaltung via „Abführung" arrangieren. Das Risiko tragen ausschließlich die Unternehmer. Die Gewinne müssen mit der parasitären Bürokratie bis hin zu einer Marge geteilt werden, die den ökonomischen Sinn unternehmerischen Handelns in Frage stellt.

Extreme Basisferne und Radikalität

Fast überall, wo *Civil-Service*-Verwaltungen eingeführt wurden, haben sie die in sie gesetzten Erwartungen enttäuscht. Insbesondere waren sie sicher nicht weniger anfällig gegen Korruption und Ineffizienz als andere bürokratische Systeme. Charakteristisch für sie ist ihre extreme Basisferne und die Radikalität, mit der sie einseitige ökonomische Modernisierungsziele auf Kosten der traditionellen Strukturen und Werte durchzusetzen versuchen. Der Begriff der „Entwicklung" wird synonym mit sozialem Kahlschlag, mit der Schaffung sozialer amorpher Strukturen und normativer Desorientierung. Die ideologische Legitimation dieser „Entwicklung" wird noch verstärkt durch die *Übernahme des westlichen Nationalstaatsgedankens*. Im Namen der von den bürokratischen Eliten nach geographischen und ökonomischen Modernisierungskriterien definierten Inhalte der Nation wird die Vielfalt der eigenen Überlieferungen und sozialen Strukturen eingestampft. Zum Knochengerüst der neuen „Nationen" wird die Bürokratie[3]). Diese für viele Entwicklungsländer nur allzu tyische Entwicklung könnte nur eingedämmt oder abgemildert werden durch ein gegenüber der Bevölkerung und ihren Traditionen offenes dezentralisiertes Verwaltungssystem.
Unter Bezugnahme auf die Verwaltungstradition der USA und der Schweiz wurden mit den Stichworten Ämterwahl, Ämterpatronage auf Zeit im Rahmen politischer Konkurrenz, Föderalismus, Dezentralisierung und Autonomie der Kommunen Orientierungspunkte für eine entwicklungsadäquate, zur Basis hin offene Verwaltung gegeben. Zu erwähnen sind in diesem Zusammenhang die auf Ämterpatronage und die Möglichkeit politischer Abwahl gegründeten Verwaltungssysteme Mexikos, Venezuelas und Kolumbiens, der bislang

noch immer stabilsten politischen Systeme Lateinamerikas. Ihre Verwaltungen sind gewiß nicht weniger effizient als die öffentlichen Verwaltungen anderer, mehr am *Civil-Service*-Modell orientierten Bürokratien Lateinamerikas. In Mexiko wird bei jeder jeweils im Abstand von sechs Jahren durchgeführten Präsidentschaftswahl fast das gesamte Personal der öffentlichen Verwaltung ausgewechselt. Dennoch ist die mexikanische Verwaltung in vielen Bereichen flexibler und effizienter als die Verwaltung anderer lateinamerikanischer Staaten.

Nicht-adiministrative Funktionen können vorrangig werden – der Primat der Politik

---

Bei dem Aufbau leistungsfähiger Verwaltungen müssen neben den in der Verwaltungsstruktur selbst enthaltenen langfristigen politischen Weichenstellungen für die demokratische Qualität des politischen Systems der hohe Grad der *Multifunktionalität* der öffentlichen Verwaltungen in der Dritten Welt beachtet werden. Gleiches gilt für den *Primat der Politik*.

Verwaltungen sind immer „multifunktional". Neben den ihnen vom Gesetzgeber zugewiesenen Verwaltungsaufgaben werden von ihnen stets auch noch *weitere politische, wirtschaftliche und soziale Funktionen* wahrgenommen (zum Beispiel Ämterpatronage, Arbeitsplätze, soziale Gruppenbildung).

In den arbeitsteilig ausdifferenzierten modernen Industriestaaten erhalten trotz dieser in ihnen auch zu beobachtenden Multifunktionalität die gesetzlich-politisch aufgegebenen spezifischen Verwaltungsleistungen die Priorität vor möglichen anderen Funktionen. Die öffentliche Verwaltung soll primär die ihr vom politischen Gesetzgeber aufgetragenen administrativen Aufgaben erbringen. Die vom Gesetzgeber definierten „manifesten" Verwaltungszwecke bilden die politische Legitimationsgrundlage der öffentlichen Verwaltung, während ihre weiteren politischen, sozialen und wirtschaftlichen Funktionen lediglich Sekundärphänomene bilden.

Im Unterschied hierzu können jedoch in Entwicklungsländern nichtadministrative Funktionen der öffentlichen Verwaltung wichtiger werden als eine optimale Erbringung des spezifischen Verwaltungszwecks der betreffenden Verwaltungseinrichtung. Im Rahmen einer von Land zu Land oft sehr unterschiedlichen Mixtur politischer, soziokultureller und wirtschaftlicher Faktoren stößt nämlich die Ausdifferenzierung der öffentlichen Verwaltung für spezifische Verwaltungsleistungen in den politischen Systemen der Dritten Welt auf sehr viel größere Hindernisse und ist daher weit weniger ausgebildet als in den industriellen Leistungsgesellschaften. In der öffentlichen Verwaltung vieler Entwicklungsländer werden dabei häufig nicht-administrative Funktionen sogar vorrangig.

Vor allem beim „Nationbuilding", dem Aufbau von Nationalstaaten, erwuchsen der Verwaltung zusätzliche nicht-administrative politische Funktionen wie etwa politische Durchdringung der Bevölkerung und symbolische Repräsentanz des Staates „vor Ort". So erhielt zum Beispiel beim Aufbau des indonesischen Staates durch Präsident *Sukarno* die Verwaltung eine primär politische Funktion für das Nationbuilding. Wegen der zentrifugalen politischen Kräfte der ethnisch und kulturell inhomogenen Inselwelt Indonesiens wurde der Aufbau einer mit eigenen Anhängern besetzten und loyalen Zentralverwaltung von entscheidender Bedeutung für die Sicherung der Einheit des neuen indonesischen Staates. Unter diesem politischen Gesichtspunkt war die von *Sukarno* aufgebaute Zentralverwaltung politisch überaus erfolgreich. Leistungsschwächen im eigentlichen Verwaltungsbereich wie Korruption und Inkompetenz mußten als unvermeidliche Kosten der Besetzung der Verwaltung mit politisch loyalen Funktionären in Kauf genommen werden[4]).

Parteipolitische Ämterpatronage

Politisch bedingt und nicht Ausdruck mangelnder Einsicht in die mögliche Leistungseffizienz einer politisch neutralen Bürokratie ist die exzessive parteipolitische Ämterpatronage in der öffentlichen Verwaltung parlamentarischer Demokratien der Dritten Welt. Sie ist eine politische Konsequenz der Probleme der Parteienfinanzierung und Parteiorganisation. Ohne Ämterpatronage wären die Parteien in den politischen Systemen Indiens, Kolumbiens oder Venezuelas nicht lebensfähig. Gegenüber der technokratischen Kritik an Ämterpatronage sollte ins Gedächtnis gerufen werden, daß auch die historische Genese des Parteiensystems der Vereinigten Staaten mit der Behandlung der öffentlichen Verwaltung als eines Beutesystems *(spoils system)* für parteipolitische Ämterpatronage verbunden war und sie dort auch heute noch eine wichtige Rolle für den Zusammenhalt der Parteiorganisationen spielt.

Die *Stadtverwaltungen* der Hauptstädte der Republiken Guatemala und El Salvador wurden in den siebziger Jahren von der nationalen politischen Opposition kontrolliert. Damit erhielt zumindest vorübergehend die demokratische politische Opposition über die Ämterpatronage eine Chance des politischen Überlebens. Eine technokratische, allein auf Effizienz bezogene Analyse der hauptsächlichen Verwaltungen hätte diese positiven politischen Funktionen für die demokratische Qualität der politischen Systeme der beiden Länder nicht in den Blick bekommen[5]).

Der geringe Grad der Ausdifferenzierung speziell administrativer Leistungen in den öffentlichen Verwaltungen der Dritten Welt, ihre extreme Multifunktionalität im Sinne der Überfrachtung mit zusätzlichen politischen, sozialen und wirtschaftlichen Funktionen hat seine Ursachen primär im politisch-sozialen Umfeld. Reformen der Verwaltungen zur Steigerung ihrer administrativen Leistungen können daher ohne Veränderung ihrer Umwelt nur sehr beschränkt erfolgreich sein.

Aufblähung und Leistungsschwäche sind durch bloße Verwaltungsreformen nicht zu beseitigen

---

So sind die personelle Überbesetzung der meisten öffentlichen Verwaltungen der Dritten Welt und die damit verbundenen Leistungsschwächen durch bloße Verwaltungsreformen nicht lösbar. Die personelle Überbesetzung, die Entstehung schwerfälliger, ständig noch expandierender parasitärer Bürokratien, die eher entwicklungshemmend als -fördernd sind und einen immer größeren Anteil des Sozialprodukts konsumieren, hat ihre Ursachen unter anderem in außeradministrativen *beschäftigungspolitischen Zwängen und bildungspolitischen Fehlentscheidungen* der Vergangenheit. Gerade in den ärmsten Entwicklungsländern bietet die öffentliche Verwaltung für die im Übermaß „produzierte" akademische Intelligenz meist die einzige Chance, eine Anstellung zu finden. Wegen des Drucks der nachwachsenden akademischen Intelligenz wird die öffentliche Verwaltung zum Auffangbecken und Integrationsorgan für potentielle politische Opposition und dementsprechend personell immer weiter aufgebläht. Beispielhaft hierfür ist die personell und institutionell geradezu grotesk überdimensionierte Mammutbürokratie Ägyptens (zuweilen drei und mehr Behörden oder Ministerien für die gleiche Verwaltungsaufgabe). Hier hatte lange Zeit jeder Sekundarschulabsolvent, der im Privatsektor keinen Arbeitsplatz finden konnte, einen durch Verfassungsrecht geschützten Anspruch auf lebenslängliche Anstellung in der staatlichen Verwaltung[6]. Im Sinne von *Gunnar Myrdals Soft-State-Syndrom* ist die Kehrseite einer solchen Hypertrophie der Verwaltung ihre zunehmende technische Ineffizienz. Der Rückgang der administrativen Effizienz wird durch den sich verschärfenden innerbürokratischen Kampf um knapper werdende Ressourcen noch zusätzlich beschleunigt. Die Aktivitäten der Bürokraten erschöpfen sich in *innerbürokratischen Verteilungskämpfen.*

Ein Ausbruch aus diesem *Circulus vitiosus* von personeller Expansion und abnehmender Effizienz setzte eine Verminderung der Überproduktion akademischer Intelligenz und die Schaffung zusätzlicher Arbeitsplätze außerhalb der öffentlichen Verwaltung voraus, das heißt Verwaltungsreformen erhalten erst durch außeradministrative Maßnahmen, durch eine Bildungsreform und wirtschaftliche Aufbauleistungen, eine Erfolgschance.

Ein anderes Beispiel für die Bedeutung des politischen Umfelds für die Erfolgschancen von Verwaltungsreformen bietet die Geschichte des obersten Rechnungshofes Guatemalas. Er hatte zeitweilig vorrangig die Aufgabe, die politische Opposition vor den Wahlen in Korruptionsfälle zu verwickeln und zu diskreditieren. Der Rechnungshof diente somit primär als Instrument politischer Unterdrückung[7]). Auch hier hätte eine Reform nur durch Veränderungen im politischen Umfeld eine Chance gehabt.

Diese Ausführungen dürfen nicht als Plädoyer gegen eine auf administrative Effizienzsteigerung der öffentlichen Verwaltung gerichtete Verwaltungsreform, Verwaltungshilfe und Forschung mißverstanden werden. Sie sollen vielmehr zu einer realistischen Einschätzung der Erfolgsbedingungen und Erfolgschancen von Verwaltungsreformen in Entwicklungsländern beitragen. Die Verbesserung der administrativen Effizienz ist in vielen Bereichen (zum Beispiel Zollwesen, Steuersystem) ein unentbehrlicher Beitrag zum Aufbau moderner Volkswirtschaften und damit zur Überwindung von Armut und Not. Die Möglichkeit einer Leistungssteigerung der administrativen Funktionen der öffentlichen Verwaltung durch Verwaltungsreformen wird jedoch in vielen Fällen durch die politisch-sozialen und wirtschaftlichen Rahmenbedingungen verhindert oder zumindest stark eingeschränkt. Leistungsverbesserungen der öffentlichen Verwaltung werden daher in der Regel nur in eng begrenzten Teilbereichen und auf dem Hintergrund günstiger politischer Sonderkonstellationen möglich werden. Eben weil die Verwaltungen in die politische, soziokulturelle und ökonomische Gesamtkonstellation ihrer politischen Systeme eingebettet sind, erhalten wirklich durchgreifende Reformen der administrativen Effizienz erst bei umfassenden Veränderungen der politischen, sozialen und wirtschaftlichen Verhältnisse eine Erfolgschance. Die Nichtbeachtung der Rahmenbedingungen des politisch-sozialen Umfelds muß in der Praxis der Verwaltungshilfe zu nachhaltigen Mißerfolgen führen[8]).

Bei allem, bei kleineren Verbesserungen wie bei größeren Reformen, gilt der Primat der Politik. Sie müssen politisch gewollt und durchgesetzt werden, und mit ihnen sind stets, gewollt oder ungewollt, politisch-normative Implikationen gekoppelt. *Fred W. Riggs* hat zu Recht auf die Bedeutung der Gewaltenteilung, der Rechtsstaatlichkeit und einer freien öffentlichen Meinung für die Kontrolle der öffentlichen Verwaltung zwecks Verhinderung ihrer Umfunktionierung und Selbstentfremdung für nicht-administrative Zwecke hingewiesen. Gerade diese Parameter, insbesondere die Existenz einer freien und politisch effektiven öffentlichen Meinung, in der Mißstände der Verwaltung thematisiert werden können, ist in den meisten politischen Systemen der Dritten Welt entweder nicht existent oder „unterentwickelt". Eben weil öffentliche Verwaltung ein Teil des politischen Systems ist, muß daher die „politische Entwicklung" Vorrang haben, wird die Reform der politischen Institutionen zur Grundvoraussetzung für den Erfolg von Reformen zur Steigerung technisch-administrativer Effizienz.

Dabei darf gerade die *fachliche Kompetenz der Spitzenkräfte* in den staatlichen Verwaltungen der Entwicklungsländer nicht unterschätzt werden. Die leitenden Beamten sind heute meist schon an ausländischen oder einheimischen Eliteuniversitäten ausgebildet worden und kennen die Schwachstellen ihrer Bürokratien in der Regel recht genau. *Defizitär* hingegen ist in der Regel die fachliche Qualität der *mittleren und unteren Ebenen* (zum Beispiel fehlende Kenntnisse der Bedeutung und Techniken einer effizienten Aktenarchivierung). Hier auf der mittleren und unteren Verwaltungsebene kann der *Verwaltungshilfe* eine wichtige Bedeutung zukommen. Aber schon auch solche bloßen Verbesserungen der technischen Kompetenz in den mittleren und unteren Etagen können quer zu bestimmenden politisch-ökonomischen Interessen liegen (zum Beispiel Verringerung illegaler Einkünfte bei einer Professionalisierung der Zollverwaltung). Daher sind auch sie nur mit und nicht gegen die politische Führung durchsetzbar. All dies verweist erneut auf die zentrale Bedeutung des politisch-sozialen Kontextes für den Erfolg von Verwaltungsreformen.

Anmerkungen

[1] Zum folgenden vgl. D. Oberndörfer, Thesen zur Verwaltungsforschung und Verwaltungshilfe für die Dritte Welt, in D. Oberndörfer (Hrsg.), Verwaltung und Politik in der Dritten Welt, Berlin 1981, S. 13–27; D. Oberndörfer, Politik und Verwaltung in der Dritten Welt – Überlegungen zu einer neuen Orientierung, in: Politische Vierteljahresschrift, Sonderheft 13/1982, S 447–456; D. Oberndörfer, Entwicklungspolitik und internationale Verwaltungsbeziehungen aus der Sicht der wissenschaftlichen Forschung und Beratung, in: K. König (Hrsg.), Entwicklungspolitik und Internationale Verwaltungsbeziehungen, Bonn 1983, S 119–131.
[2] Vgl. hierzu Hans F. Illy, 1976: Sankt Bürokratius in der Dritten Welt, in: G. K. Kaltenbrunner (Hrsg.), Der Apparatschik, Freiburg 1976, S. 107.
[3] Selbst in der letzten Phase der Kolonialherrschaft war die kommunale Verwaltung durch eine größere Mitbestimmung der Bevölkerung gekennzeichnet als in den meisten Entwicklungsländern heute. Die rapide Erosion der lokalen Autonomie ist eine Grunddimension eines falsch verstandenen Begriffs von „politischer Entwicklung".
[4] Jürgen Rüland, Politik und Verwaltung in Metro Manila – Aspekte der Herrschaftsstabilisierung in einem autoritären politischen System, zeigt plastisch nichtdurchführende beziehungsweise der offiziellen Entwicklungsideologie entgegengerichtete Aufgaben der Herrschaftsstabilisierung der Verwaltung der Hauptstadt der Philippinen.
[5] Vgl. D. Oberndörfer (Hrsg.), Kommunalverwaltung in Mittelamerika, Mainz 1977.
[6] Die katastrophalen Folgen dieser Politik, die Entstehung einer primär entwicklungshemmenden, schwerfälligen Superbürokratie, konnten bisher auch unter Präsident Mubarak nicht überwunden werden. Das Haupthindernis für die wirtschaftliche Entwicklung Ägyptens ist immer noch der staatliche Bürokratie.
[7] Vgl. D. Oberndörfer, Die Rechnungshöfe Guatemalas und Costa Ricas, in: Verfassung und Recht in Übersee, 2. Heft 1975, S. 174f.
[8] Einen derartigen Vorwurf gegen die deutsche ausbildende Verwaltungshilfe der siebziger Jahre erhob Jürgen H. Wolff, Die Konzeption der deutschen Verwaltungshilfe, Darstellung und Kritik, in: Die Verwaltung, Bd. 9 (1976), S. 339–352, sowie ders., Deutsche Verwaltungshilfe. Überlegungen zur Praxis, ebenda Bd. 11 (1978), S. 349–368.

Jürgen H. Wolff

Entwicklung durch Verwaltung?

Unterschiedliche Ansätze und ihre Bedeutung für die Entwicklungshilfe

---
(Verwaltungs-)Geschichten, die das Leben schreibt

Im Gesamtbereich der deutschen, aber auch der internationalen Entwicklungshilfe dürfte es wenige Gebiete geben, die trotz ihrer Wichtigkeit derart vernachlässigt werden wie die sogenannte Verwaltungshilfe, also der Versuch, die öffentliche Verwaltung zu einem Instrument der Förderung wirtschaftlicher und sozialer Entwicklung zu machen. Auch wenn die Zahlen im einzelnen umstritten sind[1], steht doch fest, daß nur wenige Prozent etwa des deutschen Entwicklungshilfe-Etats der Verwaltungsförderung im engeren oder weiteren Sinne gewidmet worden sind und gewidmet werden[2]. International sieht es nicht viel besser aus[3]; Institutionen wie die Weltbank mit ihrem allerdings von der Aufgabenstellung her berechtigten erdrückenden Übergewicht von Finanzfachleuten und Wirtschaftswissenschaftlern reagieren mit fassungslosem Erstaunen, weist man in einem Projekt etwa darauf hin, daß die finanzwissenschaftlich-ökonomische Analyse des Budgets einer Millionenstadt wie Bogotá zwar notwendig, indes durch ein detailliertes Studium politisch-administrativer Prozesse zu ergänzen sei. Mit einem Wort: Die öffentliche Verwaltung führt im Bereich der deutschen und internationalen Entwicklungshilfe ein *Schattendasein*[4].

Dies steht in einem fast amüsanten Gegensatz zu den *Erfahrungsberichten* zurückkehrender Entwicklungsexperten, die trotz ihrer privilegierten Stellung Anekdoten – und nicht immer nur erfreuliche – über ihre Erfahrungen mit der Verwaltung ihres Gastlandes erzählen können. Endlose Umwege, Wartezeiten, ein nicht enden wollender Papierkrieg, nur um das Gepäck aus dem Zoll auszulösen; die Nichteinhaltung von wichtigen Leistungszusagen, die für den Projekterfolg wesentlich sind, durch die Verwaltung des Gastlandes; Diskussionen mit korrupten Polizisten, die einen angeblich stinkenden Autoauspuff beanstanden, um abkassieren zu können; Vergrößerung des Verkehrschaos, weil neu gelieferte Busse für den öffentlichen Nahverkehr im Hafen verrotten, die staatlichen Gesellschaften die Gleise der Eisenbahn für ewig haltbar anzusehen scheinen; Nichtbearbeitung von Anträgen, bevor nicht *Speed money* in der richtigen Dosis in die richtige ausgestreckte Hand gelegt wurde; Einsturz des Rohbaus eines Hotels mit zahlreichen Toten, weil die Bauaufsicht die zusätzlichen Stockwerke „übersah", die über die statischen Berechnungen hinausgingen; Flucht eines Rechnungshofspräsidenten ins Ausland, weil bekannt wurde, daß eine Beamtin seiner Behörde über Monate hinweg auf Staatskosten in den USA weilte, wo sie ihr krankes Kind pflegte, dienstliche Belange im übrigen aber nicht wahrnahm; jährliche Neuvorlage *sämtlicher* Bescheinigungen (einschließlich der Geburtsurkunde der Großmutter) zur Beantragung der Verlängerung einer Arbeitserlaubnis, weil die zuständige Verwaltung ein Aktenklassifikationsschema nicht zustande bringt, das es ihr erlaubte, einen Vorgang wiederzufinden; Ernennung eines in Ungnade gefallenen Ministers zum Direktor eines wichtigen Staatsunternehmens; vom Gesetz vorgesehene Anstellung *aller* Hochschulabsolventen durch den Staat: Geschichten, die das Leben schrieb, täglich neu schreibt und die den Gedanken vielleicht nicht ganz abwegig erscheinen lassen, daß der öffentlichen Verwaltung in positiver wie negativer Hinsicht eine Schlüsselrolle bei der Entwicklung zahlreicher (wenn nicht aller) Entwicklungsländer zukommt.

Im Hinblick auf Folgerungen für entwicklungspolitische Maßnahmen sollen im folgenden drei große Schulen der Beschäftigung mit Verwaltungssystemen der Dritten Welt unterschieden und in einigem Detail besprochen werden:
– die „Technokraten" oder „Empiriker",
– die „Funktionalisten" oder „Politiker",
– die Dependenz- oder Imperialismustheoretiker[5]).

Westliche Bürokratien als Vorbild – Die „Technokraten" oder „Empiriker"

Grundthesen:
– Öffentliche Verwaltungen sind *zweckgerichtete Sozialgebilde.* Sie verwirklichen durch politische Entscheidungsträger gesetzte Ziele.
– Als Zweckgebilde unterliegen sie *Rationalitätskriterien.* Diese sind theoretisch zu bestimmen. Soweit empirisch beobachtete Systeme von diesem Idealbild abweichen, sind sie als mangelhaft zu betrachten.
– Entwicklungshilfe in diesem Bereich hat die Aufgabe, zur Herstellung des Ideals rationaler Verwaltung beizutragen.

Die Bestimmung von Verwaltungen als „zweckgerichtete Sozialgebilde" hebt zunächst auf eine in den Sozialwissenschaften allgemein und in der Soziologie im besonderen betonte fundamentale Unterscheidung untersuchter Sozialgebilde ab: Eine Familie erfüllt zwar für die Gesellschaft im einzelnen präzise angebbare Funktionen (zum Beispiel durch die Zeugung und Erziehung von Kindern die Fortexistenz der Gesellschaft unter Weitergabe ihrer zentralen Kulturelemente zu ermöglichen), niemand, der heiratet, hat indessen im Sinn, derartige Funktionen für die Gesellschaft zu erfüllen. Man heiratet, je nach kulturellem Hintergrund, aus Tradition, zur eigenen Versorgung, aus Zuneigung zum Partner usw. – nicht aber, um der Gesellschaft ihr Fortleben zu sichern. Solche Sozialgebilde werden als soziale Primärgruppen bezeichnet. – Dem stehen soziale Strukturen gegenüber, die ausdrücklich mit dem Ziel der Erreichung präzise definierter Ziele gegründet werden; einer weitverbreiteten[6]) Begriffsbestimmung zufolge ist dies das eigentliche Kriterium für „Organisationen".

Die „Staatsverwaltung" als Teilbereich des politischen Systems wäre hiernach als Organisation zu kennzeichnen, die ihren Daseinszweck in der Erreichung politisch bestimmter Ziele findet. Aus der Fülle von Begriffsbestimmungen des „Politischen", die hier nicht diskutiert werden können, sei jene herausgegriffen, die auf die legitime Herstellung und Durchsetzung für alle Mitglieder eines Sozialgebildes (Staates) verbindlicher Beschlüsse, im Extremfall mit physischer Gewalt, abhebt. Die beiden Elemente – *Entscheiden* und *Durchsetzen* der Entscheidung – sind analytisch unterschiedliche Funktionen. Die Staatsverwaltung ist hiernach jene Organisation, der die Gewährleistung jenes zweiten Teils der Bestimmung des Politischen, die Durchführung durch das politische System verbindlich gesetzter Entscheidungen, zukommt. Einem empirisch beobachtbaren Sozialgebilde (eben der Verwal*tung*) wird eine präzise abgrenzbare Funktion (das Verwal*ten*) – und sonst nichts – zugeordnet[7])

Von dieser Auffassung her erschließt sich nun leicht die Betrachtung der Verwaltung unter *Effizienzgesichtspunkten*. Die Form und die Verfahrensweisen sind offensichtlich am Erfolg zu messen; dieser kann mehr oder weniger vollständig, mit mehr oder weniger großem Einsatz erreicht werden. Die Zuordnung der Verwaltung zur politischen Herrschaft läßt darüber hinaus vermuten, daß verschiedenen Herrschaftstypen verschiedene Verwaltungsformen zuzuordnen sind; dies ist in klassischer Weise durch *Max Weber* geschehen[8]), der in die entscheidenden Züge übersteigernder Darstellung („idealtypisch") herausgearbeitet hat, daß „rationaler" Herrschaft (die auf gesatzten Regeln beruht) eine rationale Verwaltung entspricht[9]).

Diese zeichnet sich – und zwar, wie nicht genug betont werden kann, unabhängig von jedem empirischen Befund – durch eine Reihe wohldefinierter Züge aus, die zusammengenommen die höchste Verwaltungseffizienz garantieren[10]). In Stichworten wäre an Dinge wie *Trennung von Privat- und Dienstvermögen,* einer festen *Amtshierarchie mit wohlgeordneten Kompetenzen, Schriftlichkeit* mindestens vom Beginn und Abschluß eines Vorgangs, auskömmlicher *Alimentierung* des Beamten durch den Dienstherrn, das Prinzip ausschließlich der *Fachkompetenz bei der Ernennung* von Beamten, die Bereitstellung der notwendigen sächlichen und personellen *Verwaltungsmittel* durch den Dienstherrn, die Eigenschaft des Amtes als *einziger Beschäftigung* (und in der Regel sogar *Lebenszeit-Aufgabe*) zu erinnern.

Vom Lehrbuchideal nur negativ zu beurteilen

Wenn die Voraussetzung richtig ist, daß kulturunabhängig eine derart beschaffene Verwaltung die größte Effizienz aufweist und zur Lösung komplexer Aufgaben, wie sie gerade in einem Entwicklungsland überreich anfallen, am besten geeignet ist, wird die gegenwärtige Gestalt vieler Entwicklungsländerverwaltungen nur mit negativen Urteilen bedacht werden können. Dies ist das übliche Vorgehen zahlreicher Experten für Organisation und Management im Dienste der Entwicklungshilfe: Sie vergleichen den Befund mit ihren Lehrbuchprinzipien und empfehlen die Herstellung dieses Lehrbuchideals. Einige der häufig konstatierten *Mängel* sind folgende:
- Im *Personalbereich:* Unzureichende Ausbildung der Bediensteten, gemessen an ihren Aufgaben; Rekrutierung nach anderen Kriterien als dem Weberschen der Fachkompetenz (Patronage, Klientelismus); Überbesetzung des Personalplans, gelegentlich aber auch eine zu geringe Zahl von Bediensteten; Wirrwarr von Tätigkeitsbezeichnungen für im wesentlichen gleiche Aufgaben, umgekehrt gleiche Bezeichnungen für verschiedene Tätigkeiten; ähnliches gilt für Bezahlung und soziale Vorteile verschiedener Kategorien von Beamten; übergroße Gehaltsunterschiede zwischen den verschiedenen Stufen der Hierarchie; Beeinflussung dienstlicher Entscheidungen durch nichtdienstliche Mechanismen (Korruption); ständiger Wechsel des Personals mit der politischen Führung (die Positionen der Verwaltung als „bürokratische Beute" der politischen Macht, das *spoils system*) oder im Gegenteil – die Zementierung von Laufbahnen auch bei erwiesener Unfähigkeit oder Korruption der Betroffenen: eine Liste, die sich unschwer verlängern ließe.
- Im *Organisationsbereich:* Wildwuchs von staatlichen, parastaatlichen, regionalen, lokalen, Bundes- und Länderbehörden; von Behörden und Wirtschaftsunternehmen des Staates; unklare Kompetenzabgrenzung zwischen ihnen, gelegentlich Kompetenz-Konkurrenz, zuweilen aber auch „kompetenzfreie Räume"; Verselbständigung von Teilen des Apparates, die nur noch wenig (bis gar nicht) kontrolliert und im Sinne der politischen Spitze eingesetzt werden können; regionale Überkonzentration in der Hauptstadt, Übergewicht bei Entscheidungen auf den oberen Stufen der Hierarchie, die aber deswegen keineswegs mächtiger zu sein brauchen, sondern um so mehr von den Vorentscheidungen bezie-

hungsweise Entscheidungsvorschlägen unterer Stufen der Hierarchie abhängig sind usw.
- Im *Finanzbereich:* Trotz der (nahezu definitorisch vorhandenen) Knappheit der Mittel fehlt es an deren rationalem (also wirksamem und kostengünstigem) Einsatz: Einzelne Behörden erhalten mehr, andere weniger, als sie zur Erfüllung ihrer Aufgaben benötigen; Verschwendung auf der einen, ungenügende Wahrnehmung der Aufgaben auf der anderen Seite ist die Folge; Finanzquellen werden nicht – oder nur in unlogisch-sprunghafter Weise – ausgenutzt; Steuern werden weniger nach dem Prinzip der Steuergerechtigkeit erhoben und beispielsweise nach der wirtschaftlichen Leistungsfähigkeit des Steuerzahlers bemessen, sondern stärker nach der Leichtigkeit der Erhebung, so daß politisch schwache Gruppen (von afrikanischen Bauern bis zu chinesischen Unternehmerminoritäten in Südostasien) überproportional zur Kasse gebeten werden; auf der Verwendungsseite wechseln Verschwendung für Prestigeobjekte mit extremer Knappheit selbst für gesetzlich vorgeschriebene Ausgaben; Haushaltspläne stehen auf dem Papier, sind Ausgangspunkt für Verhandlungen mit dem Finanzministerium, jedoch nicht verbindliche Handlungsanweisungen für durchführende Behörden (von Wirtschafts- und Sozialentwicklungsplänen zu schweigen); einzelne Behörden „eignen" sich Teile der staatlichen Einnahmen an, womit diese dann nicht mehr politisch gesetzten übergeordneten Zwecken zur Verfügung stehen; Teile der Einnahmen werden in „schwarzen Kassen" als Reserve für Notfälle gehortet . . . und anderes mehr.
- Zu den *Verwaltungsverfahren:* So wie das „moderne" oder „nationale" Verwaltungssystem wie manch andere Sozialeinrichtung (zum Beispiel das Erziehungswesen, vgl. Beitrag *Hanf*) einen direkten Import aus Europa darstellt, so sind auch in zahlreichen Fällen die Verfahren von der früheren Kolonialmacht beeinflußt worden, gelegentlich (in der „Verwaltungskultur") bis hin zur Karikatur. Die Verfahren sind (an der Oberfläche) durch ähnliche Kriterien zu bezeichnen: Schriftlichkeit, Rechtsförmlichkeit, äußerste Komplexität, die zu Langatmigkeit und enormen Zeit-, Reibungs- und Koordinationsverlusten führt; Beteiligung zahlreicher Behörden an einzelnen Vorgängen, was unter Umständen ungenauer Kompetenzabgrenzungen zu ähnlichen Resultaten führt; Verlagerung von Kosten auf das Publikum, wobei an Kosten nicht nur in materieller Hinsicht, sondern auch beim Zeitaufwand sowie beim Bewältigen des Faktors „Unsicherheit wegen ungenügender Information" zu denken ist; allgemein schlechte Behandlung der Verwaltungsklientel – gelegentlich jedoch auch Ohnmacht bestimmter Behörden dieser gegenüber; andererseits trotz überkomplizierter Kontrollverfahren keine wirkliche Kontrolle, auch nicht im Finanzbereich – usw.

Für jeden dieser Mängel halten die Technokraten ein Hilfsmittel bereit, gelegentlich an eine *Juke Box* erinnernd. So führt der konstatierte „Mangel an Koordination" zur Empfehlung, Mechanismen zur stärkeren Abstimmung von Behörden einzuführen; unklare Kompetenzabgrenzung zu der, durch Erlasse dies zu verändern; mangelnde Kontrolle zum Hinweis, effizientere Kontrollverfahren einzuführen (wobei die Frage, *wie* das durchgesetzt werden soll, zumeist offenbleibt); schlechte Vorbildung der Beamten zum Aufbau von Verwaltungsschulen usw.

Fassen wir zusammen: Das aseptisch-kulturneutrale „Maschinen"-bild der rein instrumental gedeuteten Verwaltung läßt Abweichungen vom Lehrbuchideal als Defizienzen erscheinen, die schleunigst durch Einführung des Normalzustandes im Sinne universell gültiger Managementprinzipien beseitigt werden müssen.

Die feststellbaren Mängel können durchaus funktional sein – Die „Funktionalisten" oder „Politiker"

Grundthesen:
- Öffentliche Verwaltungen sind Sozialgebilde, deren Aktivitäten und Aufgaben im speziellen Falle nur durch *empirische Untersuchungen* bestimmt werden können; als Ausgangshypothese mag dienen, daß sie über die Verwirklichung von politisch gefaßten Beschlüssen hinausgehen und daß sie wie die meisten Sozialstrukturen *mehreren Funktionen zugleich* dienen.
- Rationalitätskriterien gelten nur für Teilbereiche des Verwaltungshandelns; was rational ist, kann zudem nur im Kontext des spezifischen gesellschaftlichen Umfeldes bestimmt werden, in dem die Verwaltung tätig ist.
- Werturteile wie „Dysfunktionalität" können nicht für vom Betrachter gesetzte Maßstäbe, sondern allenfalls im Hinblick auf jene Ziele bestimmt werden, die die Verwaltung tatsächlich im sozialen Gesamtfeld erfüllt. Wegen ihrer engen Verbindung wird die Gestalt und die Arbeitsweise einer konkreten Verwaltung vom sozialen Umfeld entscheidend mitgeprägt.
- Entwicklungshilfe im Verwaltungsbereich hat die Aufgabe, kulturspezifische Lösungen unter Respektierung der *wirklichen* (nicht dem Lehrbuch entnommenen) Aufgaben der Verwaltung zu finden. Dabei ist dem möglichen Konflikt zwischen technischer Lösungskompetenz und politischer Aufgabenstellung besondere Aufmerksamkeit zu widmen.

Betrachten wir diese Grundthesen im Detail!
Die Gründung von Organisationen als Sozialgebilde mit der ausdrücklichen Aufgabe, bestimmte Ziele zu erreichen, bedeutet für den Sozialwissenschaftler keineswegs, daß das tatsächliche Verhalten sich in deren Versuch der Zielverwirklichung erschöpfte oder daß die Strukturen aus diesen Aufgaben restlos abzuleiten wären. Er wird zu-

nächst unvoreingenommen an die Untersuchung herangehen und beobachtend nach den sozialen Strukturmerkmalen und deutend nach der Einordnung der Tätigkeiten im gesellschaftlichen Rahmen zu fragen haben. Keinesfalls wird er die offizielle Gründungsakte einer Organisation, in der ihre Ziele festgelegt sind, für eine Beschreibung der Wirklichkeit halten; sie kann hierfür allenfalls einen ersten Anhaltspunkt liefern[11]). Ebenso ist die Auskunft der Mitglieder der Organisation über deren Ziele eine unzuverlässige Quelle; der Sozialwissenschaftler wird hier an die klassische Unterscheidung von *Robert Merton*[12]) zwischen manifesten und latenten Funktionen zu denken haben, nach der Motive der Akteure und soziale Funktion auseinanderfallen können.

Auf dieser ersten Ebene wären also zunächst die wirklichen Funktionen von Verwaltungssystemen im sozialen Ganzen, insbesondere natürlich im politischen Bereich, zu bestimmen, da sie als politisches Subsystem angesehen werden. Werturteile über Effizienz, Effektivität, Rationalität haben hier zunächst keinen Platz; auch die von den „Technokraten" festgestellten „Mängel", die vorstehend skizzenhaft beschrieben wurden, werden als „Merkmale" beschrieben; eine Bewertung unterbleibt zunächst. Sie kann erst erfolgen, wenn die wirklichen Systemfunktionen ermittelt worden sind; Kriterium für eine solche Bewertung hat das Maß der Erfüllung dieser Funktionen zu sein; Effizienz im rational-westlichen Verständnis ist zunächst also nur insoweit ein Bewertungskriterium, als sie vom politischen System überhaupt angestrebt wird.

Das Personalwesen in Kolumbien als Beispiel

Diese etwas abstrakten Überlegungen sollen an einem Beispiel, dem Personalwesen, näher erläutert werden. Wir haben dabei insbesondere den Fall Kolumbien im Auge, doch können ähnliche Überlegungen für zahlreiche Entwicklungsländer angestellt werden.

Für viele Zweige der kolumbianischen Verwaltung können ähnliche Züge ausgemacht werden, wie sie oben zum „Personalbereich" aufgezählt worden sind: Rekrutierung aufgrund von Leistung (durch Auswahlwettbewerbe bzw. Prüfungen) erfolgt nur für einen unbedeutenden Anteil der staatlichen Bediensteten; schon die Verfassung sieht die „angemessene und faire" Repräsentanz der Parteien (auch und gerade der Oppositionspartei) im öffentlichen Dienst vor. Einzelne Behörden, etwa der zentrale Rechnungshof, sind zu riesigen Einrichtungen herangewachsen, die für den Organisationsfachmann in keinem vernünftigen Verhältnis zu den offiziell zu erledigenden Aufgaben stehen. Die Personalfluktuation ist hoch, auch und gerade (aber nicht ausschließlich) beim Präsidentenwechsel alle vier Jahre. Korruption ist weit verbreitet.

Die Bewertung durch den europäischen Personalfachmann und die vorzuschlagende Therapie sind klar: von modernem Personalmanagement keine Spur; die hierfür gültigen Grundsätze (von der Einrichtung fester Laufbahnen mit bestimmten fachlichen Voraussetzungen, Aufstieg nach Leistung, die möglichst objektiv gemessen werden muß, bis zu geregeltem Besoldungswesen usw.) sind schleunigst einzuführen, um die Effizienz des Apparates zu erhöhen. Solche Vorschläge sind denn auch seit der Zeit vor dem Zweiten Weltkrieg in periodischen Abständen von ausländischen (häufig US-amerikanischen) Beratergruppen immer wieder gemacht (und übrigens auf dem Papier teilweise verwirklicht) worden. Geändert hat sich merkwürdigerweise so gut wie nichts.

Die Antwort auf die Frage nach den Gründen kann geben, wer die wirklichen Aufgaben der Verwaltung betrachtet. Zwei wichtige seien hervorgehoben:

– Zum einen stellt die Besetzung von *Verwaltungsposten* mit eigenen Anhängern für die „klassischen" kolumbianischen Parteien (Liberale und Konservative) eine der Früchte der Teilhabe an der politischen Macht in Regierung und Opposition dar. Dabei geht es um die Versorgung von Parteisympathisanten und -funktionären, die bei der großen Schwäche des Parteiapparates in finanzieller und personeller Hinsicht anders nicht zu politischer Aktivität motiviert werden können. Es leuchtet ein, daß politische Patronage und ein Personalsystem, das rein auf Leistungskriterien beruht, einander ausschließen; auch die hohe Personalfluktuation vervielfacht die Patronagemöglichkeiten. Da die Parteien ohne die angedeuteten Möglichkeiten kaum existieren könnten, würde eine technokratische Reform zur Bedrohung eines Eckpfeilers des politischen Systems; sie unterbleibt trotz aller Lippenbekenntnisse, weil die politischen Funktionen für wichtiger als technische Effizienz gehalten werden.

– Die Verwaltung dient als *Aufstiegskanal* für befähigte Angehörige der Mittelklasse; sie treten in jüngeren Jahren nach Abschluß des Studiums in die Verwaltung ein, gewinnen Erfahrung und verschaffen sich Kontakte, die ihnen das Überwechseln in die (ungleich besser bezahlende) freie Wirtschaft oder die Gründung einer Existenz als Freiberufler erlauben. Auch hierbei wäre eine Lebenszeittätigkeit nur hinderlich, ihre Einführung stieße auf den Widerstand auch dieser Gruppe.

Fazit: Bestimmte Züge vieler Behörden der kolumbianischen Verwaltung widersprechen zwar den Rationalitätskriterien der Technokraten; sie entsprechen jedoch auf das vollkommenste den angedeuteten *politischen Funktionen*. Sie zu verändern ist nur in den Bereichen möglich, wo politische Aufgaben nicht bedroht werden oder wo die Erhöhung technischer Effizienz vom politischen System unter Hinnahme von Einbußen im politischen Bereich für wichtig gehalten werden. Solche Bereiche zu ermitteln (nicht aber Vorschläge zu machen, die politischen Widerstand wecken müssen), ist eine erste Voraussetzung für erfolgreiche Entwicklungshilfe im Verwaltungsbereich. Im

Vorgriff auf die kurzen Anmerkungen zur Verwaltungshilfe kann schon hier gesagt werden, daß diese Forderung bisher nicht in ausreichendem Maße erfüllt wird.

Die Verwaltung kann gar nicht schlecht genug sein – Die Dependenz- oder Imperialismustheoretiker

Grundthesen:

- Die gegenwärtige Lage der Entwicklungsländer ist nicht ohne *Einbeziehung des internationalen Systems* zu begreifen; dieses stellt sogar den überragend wichtigen Bedingungsfaktor dar. Entwicklungsländer sind nicht einfach durch Fehlen von Merkmalen charakterisiert, die Industrieländer besitzen; ihre Unterentwicklung besteht vielmehr wegen der Entwicklung der Industrieländer. Das internationale System ist so strukturiert, daß Abhängigkeit und Schwäche vom und gegenüber dem Imperialismus eine eigenständige Entwicklung verhindern[13]).
- Die abhängige Situation bedeutet nicht einfach solidarische Ohnmacht der Entwicklungsländer[14]). Sie findet vielmehr ihre Nutznießer in Gestalt bestimmter mit dem internationalen Kapital (Imperialismus) verbündeter Klassen, die als „Zentrum der Peripherie" an der Ausbeutung der „Peripherie der Peripherie" teilhaben[15]). Die Staatsstruktur ist so einerseits durch weitreichende Ohnmacht im internationalen Bereich charakterisiert, nach innen indessen ein zuverlässiger Garant jener Ausbeutungsverhältnisse.
- Eine Durchbrechung dieser Situation ist nur – je nach Autor – durch eine sozialistische Revolution, mindestens aber durch eine „Abkoppelung" von den entwicklungshemmenden beziehungsweise -verhindernden Einflüssen des internationalen imperialistischen Systems möglich.
- Aus einer derartigen Analyse folgt, daß zahlreiche Variablen der klassischen politischen Analyse (Parteien, Wahlen, politische Institutionen usw. – und eben auch die Verwaltung) jener Grundsituation gegenüber kein eigenständiges Interesse beanspruchen können. Noch weniger sind „Reform"- oder „Entwicklungshilfe"-Maßnahmen[16]) geeignet, zur Überwindung der Grundsituation ausgebeutet-abhängiger Unterentwicklung beizutragen.

Es dürfte deutlich geworden sein, daß die skizzierte Lehrmeinung[17]) die Annahmen, auf denen Forschung und Entwicklungshilfe auch im Verwaltungsbereich traditionellerweise beruhen, radikal in Frage stellt. Die Übel, von denen die Entwicklungsländer geplagt werden, sind nicht hausgemacht oder etwa das Ergebnis der verspäteten imitativen Übernahme moderner Naturwissenschaft und Technik: vielmehr sind die Entwicklungsländer Opfer imperialistisch-ausbeuterischer Strukturen, die tief in ihre innere Verfassung hineinreichen.

Keineswegs zeigen die Industrieländer den nichtindustrialisierten Ländern das Bild ihrer eigenen Zukunft (wie es im „Kapital" von *Karl Marx* heißt), sondern das Bild von Ländern, die durch Ausbeutung zu dem geworden sind, was sie heute darstellen; ein „Einholen" ist bei Fortbestand dieser Ausbeutungssituation nicht möglich. Freilich besteht Uneinigkeit darüber, ob erst eine „kapitalistische" Entwicklung nötig ist, um den Übergang zum Sozialismus zu ermöglichen oder ob die sozialistische Revolution geradezu als Voraussetzung von Entwicklung zu gelten hat. Die gegenwärtige Situation jedenfalls macht den Staat und seinen Apparat objektiv zum Verbündeten des Imperialismus, der „die Verallgemeinerung kapitalistischer Produktionsverhältnisse voranzutreiben" habe[18]); wegen der Widersprüchlichkeit der „strukturell heterogenen" Gesellschaft gerate er in widersprüchliche Handlungsanforderungen[19]). Hierbei etwa durch „Verwaltungshilfe" eingreifen zu wollen, bedeutete, sich zum Komplizen der Ausbeuter zu machen beziehungsweise die eigene Ausbeutung zu verstärken. Der Kern des Unterentwicklungsproblems wird jedenfalls hierdurch nicht berührt; Entwicklungshilfe kann vielmehr als Teil des Ausbeutungssyndroms verstanden werden. Die technischen Mängel von Staatsverwaltungen wären logischerweise eher zu begrüßen, vermindern sie doch die Effektivität der Ausbeutungsstrukturen. Andererseits wird damit wiederum die Verschärfung der Klassengegensätze als Voraussetzung der sozialistischen Revolution verzögert.

Fassen wir zusammen: Wie schon durch die relativ geringe Zahl von Publikationen zum Thema erwiesen, kann die Beschäftigung mit Verwaltungssystemen der Dritten Welt für die Dependenz- und Imperialismustheoretiker keinen eigenständigen Stellenwert beanspruchen. Selbst die Theorie des Staates in der Peripherie ist eingebunden in eine Gesamtanalyse des internationalen Systems. Zur Entwicklungshilfe im Verwaltungsbereich ist von ihren Voraussetzungen her vollends kein eigenständiger Beitrag dieser Schule zu erwarten; Ablehnung, um nicht der Komplizenschaft mit den Ausbeutern verdächtigt zu werden, ist alles, was hier vorgetragen werden kann.

Ein vorsichtiges Suchen nach neuen Wegen

Drei verschiedene Sichtweisen von Staat und Verwaltung in der Dritten Welt – drei verschiedene Positionen zur Frage der Verwaltungshilfe an die Länder Asiens, Afrikas und Lateinamerikas. Es dürfte deutlich geworden sein, daß die geringsten Probleme hiermit die Anhänger der ersten Schule haben; ein fröhlicher Optimismus, eine glatte Unbekümmertheit folgt nahezu zwangsläufig aus ihrer Sichtweise. Wesentlich problematischer, viel gebrochener muß die Stellung derjenigen ausfallen, die Verwaltungssysteme in der Komplexität ihrer (auch im engeren Sinne politischen) Funktionen begreifen.

Dies ist um so mehr der Fall, als unvermeidlich wertbeladene Fragen, die in unserem Zusammenhang nur angedeutet werden können, ins Spiel kommen. Gerade weil Verwaltungen politische Werkzeuge und Akteure sind, kann es uns nicht gleichgültig sein, in wessen Sinne sie agieren. Autoritäre oder gar semi-totalitäre Regierungen pflegen die Verwaltung als erstklassige Instrumente zur Sicherung ihrer Herrschaft einzusetzen. Trägt man mit Hilfe der Verwaltungsförderung zur technischen Leistungsfähigkeit bei, dann stabilisiert man damit auch Regime, die wir nach unseren eigenen Wertvorstellungen ablehnen müssen. Mindestens wären jedoch Überlegungen zu der Frage erforderlich, ob in einem solchen Land ein Verwaltungsprojekt tendenziell den Freiraum der Bürger vergrößert oder weiter einschränkt. Die Position der Imperialismus- und Dependenztheoretiker kann nur eine strikte Verweigerung jeglicher (natürlich immer in Anführungszeichen zu setzender) „Entwicklungshilfe" sein[20], auch und gerade im Bereich der Verwaltungshilfe.

Es kann sicher ohne Übertreibung gesagt werden, daß die deutsche Verwaltungshilfe in ihren Anfängen (und schwerpunktmäßig bis heute) von jener „fröhlichen Unbekümmertheit" geprägt gewesen ist, die wir unserer ersten Schule zugeschrieben haben[21]). Mit den – meist recht zutreffend, aber vordergründig – beschriebenen Mängeln der Entwicklungsländerverwaltungen wurden die besonderen Stärken der deutschen Verwaltung verglichen und daraus Folgerungen für die eigenen Maßnahmen gezogen[22]). Probleme der interkulturellen Übertragbarkeit deutscher Verfahren und Modelle wurden gar nicht aufgeworfen; unausgesprochen wurden Mängel in der Ausbildung der Beamten für die Wurzel allen Übels angesehen (denn wären die Beamten besser informiert, dann handelten sie doch wohl besser, das heißt effizienter und rationaler!) und dementsprechend in der offiziellen Entwicklungshilfe ein Schwerpunkt auf deren Fortbildung (meist in Deutschland und häufig in deutscher Sprache) gelegt. Wissenschaftliche Studien zu Verwaltungssystemen zur Vorbereitung von praktischen Projekten gab es nur vereinzelt (auch heute ist ihre Zahl keineswegs beeindruckend). Neben den Fortbildungsmaßnahmen (weit überwiegend von der Zentralstelle für öffentliche Verwaltung der *Deutschen Stiftung für Internationale Entwicklung* organisiert) standen vereinzelte Projekte der technischen Zusammenarbeit im Verwaltungsbereich, die von der Gesellschaft für Technische Zusammenarbeit beziehungsweise ihrer Vorgängerorganisation getragen wurden. Konzeptionelle Überlegungen lagen auf der gleichen Ebene.

Erst in der zweiten Hälfte der siebziger Jahre ist – mit wechselnder Intensität – eine öffentliche Diskussion zwischen Wissenschaft und Praxis über die Gestaltung der Verwaltungshilfe in Gang gekommen. Das zuständige *Bundesministerium für wirtschaftliche Zusammenarbeit* verabschiedete ein „Sektorpapier" (das heißt eine Zusammenstellung politischer Leitlinien), und auch bei den Trägern (zu denen auch privatrechtlich organisierte Organisationen zählen, etwa die

Parteistiftungen) ist die konzeptionelle Arbeit sehr verstärkt worden. Die gegenwärtige Situation kann als ein vorsichtiges Suchen nach neuen Wegen gekennzeichnet werden, wobei die theoretische Arbeit der praktischen Umsetzung ganz offensichtlich vorausgeeilt ist. Einmal mehr erweist es sich, wie schwierig die grundsätzlich kaum mehr bestrittene Forderung nach der Berücksichtigung der Einbettung von Verwaltungen in das gesellschaftliche und politische System der Empfängerländer deutscher Hilfe bei Entwicklungshilfemaßnahmen erfüllt werden kann. Daß darüber hinaus ein beträchtliches Maß an Statusinteressen weitreichende Reformen be- oder verhindert, kann niemanden überraschen, der in anderen Bereichen Verwaltungsreformversuche beobachtet hat. Auch die Träger deutscher Verwaltungshilfe sind schließlich selbst bürokratisch (im Weberschen Sinn) organisiert!

Als Ergebnis können wir abschließend festhalten, daß die Verwaltungshilfe und die wissenschaftliche Beschäftigung mit Verwaltungssystemen der Dritten Welt das allgemeine Schicksal der Entwicklungshilfe in den letzten Jahren teilt: auch bei ihren Befürwortern wachsen die Zweifel an ihrer Wirksamkeit; die Ungeduld der Dritten Welt nimmt zu, und vielleicht falsche, aber zweifellos seriös argumentierende Theorien stellen den Ansatz der Entwicklungshilfe überhaupt in Frage. Die Praxis hinkt dieser Diskussion mit weitem Abstand hinterher.

Anmerkungen

[1] Das hängt u. a. mit dem Problem der exakten Abgrenzung zu anderen Projekttypen zusammen.

[2] Joachim Grawe, Ministerialdirektor im Bundesministerium für wirtschaftliche Zusammenarbeit – also sicher ein kompetenter Fachmann –, nennt für 1950 bis 1981 etwa 2% der Mittel für Technische Zusammenarbeit für die „offene", 6 bis 7% unter Einschluß der „versteckten" Verwaltungshilfe, die alle Projekte einschließt, die auch einen Einfluß auf die Verwaltung haben (zum Beispiel Regierungsberater in einem Fachministerium; Grawe, Joachim, Entwicklungspolitik und internationale Verwaltungsbeziehungen aus der Sicht der Entwicklungspolitik, in: König, Klaus (Hrsg.), Entwicklungspolitik und internationale Verwaltungsbeziehungen, Bonn 1983, S. 17–27, hier S. 18). Dies ist die höchste dem Verfasser bekanntgewordene Angabe; selbst sie relativiert sich, bezieht man sie auf die gesamten Entwicklungshilfeleistungen statt nur auf die Technische Zusammenarbeit.

[3] Auch hierzu s. den von Klaus König herausgegebenen Sammelband.

[4] Eine gewisse Ausnahme stellen die USA dar, die nach einer Konzeptionskrise in den siebziger Jahren neuerdings offenbar wieder verstärkt im Bereich der Verwaltungshilfe tätig werden.

[5] Die Einteilung in die verschiedenen Gruppen ist gelegentlich etwas willkürlich, wie auch die im folgenden zu Beginn eines jeden Hauptteils aufgeführten Grundthesen plakativ anmuten. Es wird nicht behauptet, daß die „Grundthesen" bei einem einzelnen Autor wörtlich so ausgemacht werden können; sie stellen eine Art Synthese aus Wissenschaft und Praxis dar.

⁶) Von Zielverschiebungen und ähnlichen empirisch beobachtbaren Verfeinerungen wird hier abgesehen.
⁷) Allerdings neuerdings nicht mehr unumstritten! Hierzu zusammenfassend etwa Dietmar K. Pfeiffer, Organisationssoziologie. Eine Einführung. Berlin, Köln, Mainz 1976, S. 38 ff.
⁸) Weber, Max, Wirtschaft und Gesellschaft, Tübingen, zahlr. Auflagen; Erster Teil, Kap. III, Ziffer 2.
⁹) Ein zweiter Strang der Organisationslehre, der einen ähnlichen Grundgedanken (für den Industriebetrieb) verfolgt, stammt von Frederick Winslow Taylor (dt. Ausgabe: Die Grundsätze wissenschaftlicher Betriebsführung, Berlin 1919); er ist indessen – im Gegensatz zu Weber – für den Bereich der öffentlichen Verwaltung praktisch nicht rezipiert worden.
¹⁰) Eben dies wird neuerdings von manchen Autoren bestritten, vor allem deshalb, weil Webers Menschenbild (des Beamten) unrealistisch gewesen sei, insbesondere die soziale Dynamik innerhalb von Verwaltungen übersehen habe. Diese Diskussion kann hier nicht weiter referiert werden. S. hierzu Pfeiffer, a.a.O., S. 103 ff.
¹¹) Das gleiche gilt selbstverständlich für alle Rechtsnormen, die für die Organisation (bzw. Verwaltung) gelten!
¹²) Merton, Robert K., Social Theory and Social Structure, New York und London, 9. Auflage 1965, S. 51 ff. (1. Auflage 1949).
¹³) Einige Autoren, etwa Cardoso, halten allerdings auch unter diesen Umständen eine kapitalistische Entwicklung der „Peripherie" für möglich. Sie befinden sich aber in der Minderheit (F. H. Cardoso und E. Faletto, Dependency and Development in Latin America, Berkeley 1979).
¹⁴) So allerdings die „klassischen" Imperialismustheorien. Genau dazu etwa Peter Hampe, Die „ökonomische" Entwicklungstheorie. Kritische Untersuchungen, München 1976.
¹⁵) Varianten lassen dies über eine Aneignung der Staatsmacht geschehen (etwa Elsenhans, Hartmut, Abhänger Kapitalismus oder bürokratische Entwicklungsgesellschaft. Versuch über den Staat in der Dritten Welt, Frankfurt 1981, passim, der von „Staatsklassen der Peripherie" spricht).
¹⁶) Letztere wird in den radikaleren Varianten sogar zum Werkzeug der Ausbeutung durch die Industrieländer!
¹⁷) Sie wäre mit einiger Gewalt als „Schule" zu bezeichnen; in Wahrheit differieren die Autoren voneinander sehr stark, ist die Literatur inzwischen unüberschaubar geworden.
¹⁸) Evers, Tilman, Bürgerliche Herrschaft in der Dritten Welt. Zur Theorie des Staates in ökonomisch unterentwickelten Gesellschaftsformationen, Köln und Frankfurt 1977, S. 177.
¹⁹) Idem.
²⁰) Auch hier sind natürlich Variationen denkbar; Elsenhans zum Beispiel schreibt den „Staatsklassen" potentiell eine entwicklungspolitisch positive Funktion zu.
²¹) Zum folgenden vgl. meine Aufsätze: Die Konzeption der deutschen Verwaltungshilfe. Darstellung und Kritik, in: Die Verwaltung, Bd. 9 (1976), S. 339–352; Deutsche Verwaltungshilfe: Überlegungen zur Praxis, ebenda, Bd. 11 (1978), S. 349–368, sowie: Entwurf einer Konzeption der deutschen Verwaltungshilfe, ebenda, Bd. 12 (1979), S. 51–70.
²²) Manche Beiträge in dem in Anmerkung 2 angeführten Band von Klaus König, Hrsg., atmen noch heute diesen Geist.

Nikolaus Werz

Erst Modernisierung – dann Demokratie?

Herrschaftsformen und Entwicklung in der Dritten Welt

"Entwicklungsdiktaturen" eine notwendige Durchgangsphase?

Die Zuordnung eines Landes zur Dritten Welt erfolgt überwiegend auf der Grundlage ökonomischer Kriterien. Demnach sind die Länder der Dritten Welt durch verbreitete Armut, strukturelle Heterogenität und eine ungenügende Entfaltung der Produktivkräfte gekennzeichnet. Gleichzeitig wird der Versuch dieser Staaten, sich gemeinsam zu organisieren (etwa in der Blockfreienbewegung oder in der Gruppe der 77) als ein weiteres Bestimmungsmerkmal angeführt. Politische Aspekte und die Frage der Regierungsformen scheinen hingegen bei der Bezeichnung als Dritte-Welt-Land eine untergeordnete Rolle zu spielen. Dies mag damit zusammenhängen, daß in der Publizistik und der öffentlichen Meinung der Industriegesellschaften die Ansicht weit verbreitet ist, diktatorische und autoritäre Regime würden zum Alltag der Entwicklungsländer gehören.

Die Vernachlässigung der Regierungsformen in der Dritten Welt ist auch auf die Vorherrschaft von *ökonomischen Theorien und Modellen* zurückzuführen, die den politischen Faktoren einen geringen Stellenwert im Entwicklungsprozeß beigemessen haben. Bis in die sechziger Jahre gingen die „Demokratieoptimisten" davon aus, daß die wirtschaftliche Modernisierung und der Verstädterungsprozeß in den Entwicklungsländern früher oder später auch zu demokratischen Regierungen nach dem Vorbild der westlichen Industrieländer führen müsse[1]. Andere Autoren sowie eine Reihe von Politikern in der Dritten Welt vertraten den Standpunkt, daß eine Phase der „Entwicklungsdiktatur" oder eine Art Mobilisierungssystem notwendig sei, um in den unterentwickelten Gesellschaften erst einmal die notwendigen Voraussetzungen für demokratisch-partizipative Systeme zu schaffen[2].

Diese Neigung, die Bewertung politischer Machtausübung dem Primat möglichst rascher ökonomischer Modernisierung unterzuordnen und die Regime in der Dritten Welt mithin als bloße *Übergangssysteme* zu betrachten, ist in den letzten Jahren zunehmend in Zweifel gezogen worden: Zum einen wurde deutlich, daß die Existenz von demokratischen oder aber autoritären Regimen nicht unmittelbar aus dem Grad der gesellschaftlichen Modernisierung der einzelnen Staaten abgeleitet werden kann. Das Aufkommen länger andauernder Militärdiktaturen in relativ weit entwickelten südamerikanischen Staaten wie Argentinien (1976–1983), Brasilien (1964–1984) und Chile (seit 1973) oder auch die islamische Revolution (1979) als eine Reaktion auf das einseitige Modernisierungsprogramm des Schah von Persien zeigten, daß *zwischen ökonomischer Modernisierung und politischer Demokratie kein automatischer Zusammenhang* bestehen muß[3]. Zum anderen wird angesichts der *massiven Menschenrechtsverletzungen* und der anhaltenden *Einschränkung von Freiheitsrechten* in der Dritten Welt die Rechtfertigung von Ausnahmeregimen durch die herrschenden Eliten mit dem Verweis auf die angestrebten Entwicklungsziele in Frage gestellt[4]. Tatsächlich haben in den allermeisten Ländern sogenannte „Entwicklungsdiktaturen" keine sozialen Verbesserungen für die breite Masse der Bevölkerung gebracht, die Menschenrechte aber systematisch verletzt und die Lösung drängender gesellschaftlicher Probleme lediglich weiter verschoben.

Aber noch aus einem weiteren Grunde sind rein entwicklungstheoretische Ansätze nicht in der Lage, schlüssige Interpretationen zur Beschreibung von politischen Prozessen und Systemen in der Dritten Welt zu liefern. Besonders die Modernisierungstheoretiker gingen indirekt von der Annahme aus, die eigentliche Aufgabe der Führungselite und Regierungen in Afrika, Asien und Lateinamerika müsse es sein, möglichst effizient und rasch zum Fortschritt der eigenen Gesellschaft beizutragen. Solche Zielsetzungen sind zwar in den Absichtserklärungen aller Regierungen enthalten; in Wirklichkeit prägt jedoch auch in den Entwicklungsländern der Macht- und Interessenkampf das politische Geschehen. Staat und Politik in der Dritten Welt lassen sich daher nicht allein aus einer wirtschaftlichen Entwicklungsperspektive interpretieren, vielmehr müssen die jeweiligen Machtinteressen und Herrschaftskonstellationen in den einzelnen Ländern mit berücksichtigt werden.

Von der Kolonialherrschaft zur Unabhängigkeit

In den heute unterentwickelten Regionen existierten *in der Vergangenheit* zum Teil *Gesellschaftssysteme auf einem hohen kulturellen und zivilisatorischen Niveau*. Die indianischen Hochkulturen Mittel- und Südamerikas hatten bei der Ankunft der Spanier einen beträchtlichen Grad an staatlicher und wirtschaftlicher Organisation erreicht. Zwischen den Ländern des Nahen und Fernen Ostens und Europa gab es jahrhundertelang einen ausgeprägten Handel, der Ausdruck des weit fortgeschrittenen Standes technischer und handwerklicher

Fertigkeiten in den asiatischen Ländern war. Die Regierungswirklichkeit in den Großreichen vor dem Beginn der Kolonialherrschaft war autokratisch, während auf lokaler Ebene traditionelle Dorfgemeinschaften bestanden. Vielen Menschen war die Existenz einer staatlichen Zentralgewalt unbekannt.

Die Entwicklung zu Demokratie und Rechtsstaat in Mittel- und Westeuropa fällt teilweise mit der weltgeschichtlichen Phase der europäischen Expansion in die Gebiete der heutigen Dritten Welt zusammen. Für die betroffenen Territorien in Afrika, Asien und Lateinamerika bedeutete die Konfrontation mit der europäischen Kolonialherrschaft zunächst eine *Unterbrechung des eigenen Entwicklungsrhythmus* mit Folgen, die sich im Nachhinein nur schwer rekonstruieren lassen. Der brasilianische Soziologe *Darcy Ribeiro* hat diesen Vorgang mit den Begriffen „Historische Eingliederung", „Evolutive Beschleunigung" und „Reflex-Modernisierung" zu beschreiben versucht[5]). Gemeint ist damit ein Prozeß, bei dem der eigene Entwicklungsgang einer Gesellschaft durch externe Einwirkung in starkem Maße beeinflußt wird, und zwar in wirtschaftlicher, kultureller und politischer Hinsicht. Vor allem die *Begegnung mit der modernen Technik und Wirtschaftsweise* hat zu einer partiellen „evolutiven Beschleunigung" in der Dritten Welt geführt und eine Ungleichzeitigkeit zwischen den überlieferten Mustern in Politik und Kultur und den von außen herangetragenen modernen Formen von Wirtschaft und Verwaltung hervorgerufen.

Nach der Unabhängigkeit orientierten sich die Staaten der Dritten Welt zumeist an *westlichen Verfassungsvorbildern* und übernahmen die von den Kolonialmächten festgelegten geographischen *Grenzen*. So gaben sich die schon zu Beginn des vergangenen Jahrhunderts unabhängig gewordenen Länder *Lateinamerikas* liberal-republikanische Konstitutionen. Es entstand ein Widerspruch zwischen den modernen Verfassungstexten und einer rückständigen Sozialordnung, der bereits den Führer der Befreiungsbewegung *Simón Bolívar* zu der resignativen Bemerkung veranlaßte, in Südamerika seien „Republiken im luftleeren Raum" geschaffen worden[6]). Nach der Loslösung von Spanien begann deshalb eine längere Periode politischer Instabilität, die erst zu Beginn des 20. Jahrhunderts ein vorübergehendes Ende fand, als die Kluft zwischen den Verfassungen und der gesellschaftlichen Wirklichkeit in einigen südamerikanischen Ländern als Folge von Industrialisierung und dem Aufkommen relativ breiter Mittelschichten ausgeglichen werden konnte. Über einen längeren Zeitraum regierten im südlichen Lateinamerika *demokratisch-populistische Präsidenten*, auf die Mitte der sechziger Jahre im Zuge einer tiefgehenden Wirtschaftskrise und wachsender innenpolitischer Konflikte *Militärdiktaturen* folgten[7]). Zu Beginn der achtziger Jahre setzte in fast allen südamerikanischen Staaten eine *Re-Demokratisierung* ein, die belegt, daß der Demokratiegedanke trotz enormer wirtschaftlicher Probleme in der lateinamerikanischen Bevölkerung einen großen Rückhalt hat. *Octavio Paz* schreibt dazu: „Es ist bezeichnend, daß die häufigen Militärputsche die demokratische Legitimität im Bewußtsein unserer Völker nie in Frage gestellt haben[8])."

In *Afrika* setzte der Entkolonialisierungsprozeß erst nach dem Zweiten Weltkrieg ein. Die nach dem Vorbild der Kolonialmächte übernommenen demokratischen Verfassungen konnten die realen gesellschaftlichen Kräfte allerdings nicht in einen konstitutionellen Rahmen einbinden[9]). Bald bildeten sich in den meisten Staaten *Einparteiensysteme*, in denen die Wahlen keine wirklichen Selektionsfunktionen besitzen und die Parlamente bloß zur Legitimation amtierender Regierungen dienen. In zahlreichen Fällen handelte es sich um *die Befreiungsbewegung*, die den Unabhängigkeitskampf gegen die Kolonialmächte angeführt hatte und die sich nun gleichsam *als Staatspartei* an der Macht festsetzte. Im *frankophonen* Afrika wurden die Einheitsparteien nach einer kurzen Übergangsperiode bald zum Regelfall, während sich im *anglophonen* Afrika die Mehrparteiensysteme länger halten konnten. Ihren Anspruch, als Mobilisierungsparteien zu wirken und eigenständige Organisationsformen einer „afrikanischen Demokratie" zu ermöglichen, konnten sie nicht einlösen. Eine Mitte der sechziger Jahre beginnende und bis heute anhaltende Kette von Militärputschen zeigt, daß die Einparteiensysteme keine Lösung der wirtschaftlichen Probleme und keine dauerhafte politische Stabilität gewährleisten konnten[10]).

Auch in den Staaten des *Nahen und Mittleren Ostens* erfolgte eine Konsolidierung des nationalstaatlichen Gefüges erst nach dem Zweiten Weltkrieg. Die unabhängigen Regierungen versuchten, Verfassungen nach westeuropäischen Mustern mit einer Spielart des „arabischen Sozialismus" zu verbinden. Diese Konstellation erhielt auch noch dadurch einen spezifischen Charakter, daß die meisten arabischen Verfassungen den *Islam zur Staatsreligion* erklärten und das islamische Recht zur Grundlage der Gesetzgebung machten. Tatsächlich etablierten sich in der Mehrheit der Länder *Einparteiensysteme*, bei denen man die Machtfülle des Herrschers bzw. Staatspräsidenten auch als ein „Relikt der islamischen Vergangenheit"[11]) betrachten kann. Seit Beginn der siebziger Jahre hat eine gewisse *Auflockerung* bestehender Einparteiensysteme begonnen, deren weiterer Verlauf allerdings ungewiß ist[12]).

Als die Staaten *Asiens* nach dem Zweiten Weltkrieg unabhängig wurden, entstanden in vielen Ländern *Demokratien nach dem britischen Modell*. Außer in Indien, Malaysia, Singapur und Sri Lanka – und auch in diesen Ländern zwischenzeitlich mit erheblichen Einschränkungen – bestehen diese Verfassungen jedoch nicht mehr[13]). In einer Reihe von Staaten übernahmen nach längeren Konflikten Befreiungsbewegungen die Macht und errichteten *Volksdemokratien* nach dem Muster bestehender sozialistischer Regime. Die übrigen Länder werden überwiegend von *Militärpräsidenten* regiert, wobei Indien als größte Demokratie der Welt mit 730 Millionen Einwohnern eine bemerkenswerte Ausnahme darstellt.

Die aktuelle Regierungswirklichkeit in den Staaten der Dritten Welt ist überaus komplex

Die aktuelle Regierungswirklichkeit der Entwicklungsländer ist überaus komplex. So gibt es einmal *zwischen den verschiedenen Regionen* (Afrika, Asien, Lateinamerika) erhebliche Unterschiede, was die historischen Traditionen und den ökonomischen Entwicklungsstand anbelangt. Aber auch die *neuere Geschichte* in den *einzelnen* Staaten ist individuell verschieden; die Art und Dauer der Kolonialherrschaft, die Form der Unabhängigkeitswerdung sowie die soziokulturellen Charakteristiken der jeweiligen Gesellschaft spielen dabei eine Rolle.

Bei einem Blick auf die politische Weltkarte fällt auf, daß in zahlreichen Ländern der Dritten Welt Militärregierungen an der Macht sind und Menschenrechtsverletzungen stattfinden. Dennoch sollte man auch hier die regionalen und länderspezifischen Unterschiede beachten sowie die Tatsache, daß es sich dabei stets um einen aktuellen und zeitlich begrenzten Ausschnitt handelt. Einzelne Nationen – etwa das gegenwärtig diktatorisch regierte Chile oder das Ende 1984 zur Demokratie zurückgekehrte Uruguay – können im 20. Jahrhundert auf eine lange Wahltradition und Demokratiegeschichte zurückblicken.

Ein auffallendes Merkmal der Dritten Welt ist die Vielfalt von Regierungsformen, die ganz unterschiedlichen historischen Perioden zuzuordnen sind. Aus diesem Grunde ist es problematisch, generelle Aussagen über zukünftige politische Entwicklungen zu machen. In vielen Ländern besteht eine Kluft zwischen den geschriebenen Verfassungen und der Regierungspraxis, während gleichzeitig ein freizügiger Umgang mit politischen Begriffen und Ideologien vorherrscht. So bezeichnen sich viele Regime selbst als Demokratien, auch wenn ihre Regierungspraxis davon abweicht. Politische Gruppierungen in der Dritten Welt, die die Bezeichnung sozialistisch, demokratisch oder liberal in ihrem Parteinamen führen, besitzen oft eine ganz andere Ausrichtung als Parteien mit dem gleichen Namen in Westeuropa.

Ein Blick auf die politische Landkarte

Bei einer ersten Betrachtung der politischen Landkarte der Dritten Welt lassen sich folgende Systemtypen unterscheiden *(vgl. Tabellen 1a–d):* Präsidentielle und parlamentarische Demokratien, Einparteisysteme, Militärregime, personalistische bzw. Familien-Diktaturen, Monarchien und Scheichtümer sowie kommunistische Systeme.

• Als *Demokratien* werden hier Systeme bezeichnet, in denen regelmäßig Wahlen mit echter Konkurrenz stattfinden und es Formen institutioneller Gewaltenteilung und rechtsstaatlicher Legitimität gibt. Als besonders langandauernde Demokratien können Costa Rica, Indien und Senegal gelten. Die meisten Demokratien in der Dritten Welt sind *Präsidialregime,* was eine dominierende Stellung des Staatsoberhauptes mit *zuweilen autoritär-paternalistischen Zügen* begünstigt. Bei einigen Ländern wird in *Tabelle 1a−d* von einer semi-kompetitiven Demokratie gesprochen, etwa dort, wo es sich aufgrund von Wahlmanipulationen und Ausnahmegesetzgebung tatsächlich um eine Art zivil-autoritäres System handelt.

• *Einparteisysteme* sind vor allem in Afrika weitverbreitet. Sie umfassen ein breites Spektrum, das von einem relativ offenen politischen System mit einer dominierenden Partei bis hin zur repressiven Diktatur einer Staatspartei reichen kann. Eine häufige Begründung von Einparteiensystemen stellt die Berufung auf einen eigenständigen Entwicklungsweg dar, bei dem sich eine nach außen gerichtete gemäßigt nationalistisch-antiimperialistische Haltung mit einzelnen Reformen im Inneren zu einer Art „drittem Weg" (zwischen Kapitalismus und Sozialismus) verbinden sollen[14]). Im Mittleren Osten und in Afrika kann der Verweis auf einen „arabischen" beziehungsweise „afrikanischen Sozialismus" auch als ein Rechtfertigungsversuch der nach der Unabhängigkeit entstandenen staatstragenden Gruppen für eine alles andere als sozialistische Praxis angesehen werden. Oft lassen Einparteisysteme einen *begrenzten Pluralismus* zu, in einigen Fällen sogar die Rückkehr zu einer Mehrparteienstruktur.

• *Militärregime* hat es in fast allen Entwicklungsländern angesichts geringer politischer Institutionalisierung und fehlender sozialer Gegenkräfte über längere Zeiträume gegeben. Darunter waren zwar auch Obristenregime mit gesellschaftsverändernden Zielsetzungen. Als Beispiel sei hier eine Gruppe jüngerer Offiziere erwähnt, die 1968 in Peru die Macht übernahm, um die „peruanische Revolution" mit weitreichenden sozialen Reformen zu proklamieren. Bald entwickelten sich die Streitkräfte jedoch in Peru und in anderen Ländern zu einer den gesellschaftlichen Status quo bewahrenden sozialen Kraft, zumal die militärischen Korporativinteressen die Oberhand gegenüber den wohlmeinenden Reformversprechen erlangten[15]). Die Vorstellung, die Streitkräfte seien als bestorganisierte und disziplinierte Organisation der Entwicklungsländer am ehesten in der Lage, die gesamtgesellschaftliche Modernisierung voranzutreiben und eine Art „Reform in Uniform" durchzuführen, hat in der Praxis keine Bestätigung gefunden: Eine durch den Ausschluß der freien Presse und der kritischen Öffentlichkeit zusätzlich erleichterte Korruption, Auseinandersetzungen zwischen verschiedenen Waffengattungen, geringe wirtschaftspolitische Kompetenz und eine weitere Polarisierung innerhalb der Gesellschaft sind fast überall die Folgen längerer Militärherrschaft gewesen. Wahrscheinlich gibt es deshalb in der Dritten Welt zwar immer wieder Militärdiktaturen, aber nur selten einen von

der Bevölkerung getragenen zivilen Militarismus, so daß die Armee insgesamt keine sonderliche Popularität genießt.
- *Personalistische Diktaturen (Familien-Diktaturen)* sind vor allem in kleineren Staaten mit einem geringen wirtschaftlichen Entwicklungsgrad aufgetreten. Hier besitzt die Armee die Funktion einer Prätorianergarde, die ganz auf den amtierenden Diktator eingeschworen ist. In vielen Fällen sind die Personaldiktaturen entweder durch Militärregime abgelöst worden, bei denen die Streitkräfte als Institution die Macht übernehmen und über eine Militärjunta regieren, oder aber von revolutionären Aufstandsbewegungen gestürzt worden. Den jüngsten und spektakulärsten Fall bildet der Sturz der *Somoza*-Diktatur in Nicaragua (1979) durch die Sandinistische Befreiungsfront.
- *Monarchien, Scheichtümer und Sultanate* sind entweder Ausdruck traditionell-patrimonialer Herrschaft oder aber ein Überbleibsel der englischen Kolonialzeit. Entsprechend groß ist die Bandbreite der zu diesem Herrschaftstyp gehörenden politischen Systeme, die von konstitutionellen Monarchien nach englischem Muster bis hin zu Emiraten und Sultanaten reichen kann.
- Innerhalb der Dritten Welt entstanden *kommunistische Systeme* vor allem in Asien. Zeitweilig wurde die maoistische Revolution in China zu einem Modell für die Nachbarstaaten; in der Gegenwart ist die Anlehnung an die eine oder andere sozialistische Großmacht zumeist Resultat der jeweiligen nationalen Interessen, die die internationalistische Komponente weitgehend überlagern. Die Volksdemokratien in der Dritten Welt haben in unterschiedlichem Ausmaß marxistisch-leninistische Organisationsmuster und den innenpolitischen Aufbau bestehender kommunistischer Regime übernommen. Autonome gesellschaftliche und politische Subsysteme sind nicht zugelassen; die Wahlen besitzen eine Integrations-, Mobilisierungs- und Propagandafunktion[16]).

Die häufigsten Regimetypen in der Dritten Welt

Die Auswertung von *Tabelle 1* ergibt, daß Einparteiensysteme (33) und präsidentielle oder parlamentarische „Demokratien" (32) vor den Militärregimen (24) die häufigsten Regimetypen in der Dritten Welt bilden. Dahinter folgen Monarchien und Sultanate (13), kommunistische Systeme (7) und traditionelle Personal- oder Familiendiktaturen (5). Diese Zahlen können dabei aus mehreren Gründen *nur als Orientierungspunkte und Momentaufnahmen* gelten:
- Erstens unterliegt die Regierungswirklichkeit in der Dritten Welt schnelleren Veränderungen als in den heutigen Industriestaaten, so daß die Übergänge von einem Systemtyp zum anderen vielfach fließend sind.
- Zweitens mußte sich die Auswertung vor allem auf *formale Kriterien* der Regierungslehre zur Bestimmung von Regimetypen be-

schränken; die Frage, ob etwa unter einer demokratisch gewählten Regierung die Freiheitsrechte vorübergehend oder in einigen Landesteilen im Zuge von Notstandsmaßnahmen außer Kraft gesetzt werden oder ob die Partizipationsmöglichkeiten größerer Bevölkerungsgruppen aufgrund realer gesellschaftlicher Ungleichheit ohnehin eingeschränkt sind, blieb unberücksichtigt.
- Drittens ist das vielleicht überraschende Ergebnis, wonach in etwa einem Drittel der Entwicklungsländer parlamentarische oder präsidentielle Demokratien bestehen[17]), *nach Kontinenten* zu betrachten: So befanden sich Anfang 1985 die weitaus meisten Demokratien in Lateinamerika. Vor allem die südamerikanischen Länder kann man unter sozioökonomischen Gesichtspunkten als eine Art „Mittelschicht" im Vergleich zu anderen Ländergruppen der Dritten Welt bezeichnen[18]). Dies muß nicht bedeuten, daß die ökonomische Entwicklung eine Vorbedingung für demokratische Regierungen ist, zumal in den südamerikanischen Ländern bis Anfang der achtziger Jahre Militärregime vorherrschten. Die Chancen für demokratische Regierungen sind jedoch offenbar größer, wenn ein Land einen gewissen Grad wirtschaftlicher Modernisierung erreicht hat.

Autoritäre Systeme und ihre Merkmale

Aufgrund des häufigen Wechsels zwischen Demokratie und Diktatur sind die Regierungen in der Dritten Welt auch global unter dem Begriff „autoritärer Staat" subsumiert worden[19]). Demzufolge befinden sich die allermeisten Systeme der Dritten Welt in einer *Mittellage zwischen totalitär-faschistischen oder kommunistischen Regimen und den parlamentarischen Demokratien westlicher Industriestaaten.*
Juan Linz nennt vor allem vier *Charakteristiken autoritärer Systeme*[20]):
- *Begrenzter politischer Pluralismus* (partielle Einschränkung der Meinungsfreiheit).
- *Fehlen einer ausgearbeiteten und umfassenden Ideologie* (im Unterschied zu faschistischen Diktaturen und den sozialistischen Regimen im sowjetischen Einflußbereich wird auf totale Gesinnungskonformität verzichtet).
- *Ausbleiben einer umfassenden politischen Mobilisierung* (keine Massenbewegung oder Massenpartei).
- Ein *Führer oder eine kleine Gruppe* üben die Macht aus.

Die oben genannten Kriterien treffen auf die politische Lage in vielen Entwicklungsländern zu. Allerdings läßt die Bezeichnung „autoritärer Staat" die Frage offen, ob es sich dabei um eine neue Ordnungsform in der Dritten Welt handelt und welche zukünftige Entwicklungsrichtung diese Staaten nehmen können. Auch ist der Begriff so weit gefaßt, daß sowohl sozialistische und kapitalistische Länder als auch

Einparteiensysteme und Militärregime darunterfallen. Trotz gewisser begrifflicher Unschärfen hat jedoch die in den letzten Jahren begonnene Diskussion über Autoritarismus und Korporatismus in der Dritten Welt den Vorteil[21]), daß die strukturellen Merkmale und Besonderheiten der dortigen Gesellschaften in stärkerem Maße berücksichtigt werden, als dies bei den Modernisierungstheorien oder den traditionell-marxistischen Ansätzen der Fall war, die beide im Grunde von einem linearen und eurozentrischen Fortschrittsmodell ausgingen.

Gemeinsame Merkmale vieler Entwicklungsländer: Schwacher Mittelstand

Ein gemeinsames strukturelles Merkmal vieler Entwicklungsländer ist die *schwache Ausprägung der bürgerlichen Gesellschaft*. Als eine Folgeerscheinung der ungleichzeitigen und nur Teilbereiche der Gesellschaft umfassenden wirtschaftlichen Modernisierung ist der Mittelstand in der Mehrheit der Entwicklungsländer nicht die breiteste soziale Schicht, während gleichzeitig ein insgesamt *geringer Organisationsgrad gesellschaftlicher Interessengruppen* festzustellen ist. Politische Parteien, Gewerkschaften und unabhängige soziale Organisationen spielen in den meisten Ländern keine dominierende Rolle und können deshalb keine starken Gegengewichte zu den Herrschern und der Staatsmacht bilden. Auch hier bestehen allerdings erhebliche Länderunterschiede, wobei die Merkmale der bürgerlichen Gesellschaft in den südamerikanischen Staaten stärker ausgeprägt sind als in den übrigen Entwicklungsregionen.

Aus dem Fehlen eines starken Bürgertums resultiert auch die mangelnde „Vergesellschaftung des Herrschaftsmonopols" als zweites Merkmal[22]), das heißt die vorhandenen demokratischen Kräfte haben *traditionelle Machtträger oder Besitzgruppen* nicht in ihrem Einfluß begrenzen und autokratische Herrschaftsmuster nicht überwinden können. Die zahlreichen Militärcoups und Revolutionsversuche in der Dritten Welt führen meistens nicht zu substantiellen gesellschaftlichen Umbrüchen. Putsche und Staatsstreiche erschöpfen sich oft im Austausch der Regierungsmannschaft und beinhalten daher keine wirkliche Kurskorrektur. „Das Orchester wechselt, die Musik aber bleibt die gleiche", lautet ein treffender Satz zu den häufigen Palastrevolten in Lateinamerika, der aber auch für andere Regionen der Dritten Welt gelten kann.

Revolutionen gar nicht so häufig

Im Gegensatz zu dem inflationären Gebrauch des Begriffes *Revolution* in der Dritten Welt sind tiefgreifende Umwälzungen in den Entwicklungsländern – mit der wichtigen Ausnahme Asiens – gar nicht so häufig gewesen (drittes Merkmal)[23]. Revolutionen fanden in Lateinamerika bislang in Kuba (1959), Nicaragua (1979), Mexiko (1910–1917) und Bolivien (1952) statt; selbst in den beiden letztgenannten Ländern ist umstritten, ob es sich, gemessen am Ergebnis, um wirkliche Revolutionsprozesse gehandelt hat[24]. In Asien siegten bewaffnete Bewegungen nach zum Teil längeren und verlustreichen Kriegen mit ausländischen Mächten und begannen in den betroffenen Staaten mit dem Aufbau von sozialistischen Gesellschaftssystemen (China 1949, Nord-Korea 1948, Kambodscha 1975, Laos 1975 und Vietnam 1975). Während die Machtwechsel in Asien grundlegende gesellschaftliche Veränderungen und – besonders im Falle Kambodschas – dramatische Auswirkungen für die Bevölkerung zur Folge hatten, blieben die Umbrüche in Afrika weniger folgenreich. In Angola (1976) und Mozambique (1975) setzten die Wandlungsprozesse nach der Unabhängigkeit von Portugal ein[25]; ähnlich wie in Äthiopien, wo 1975 eine Gruppe von linksorientierten Offizieren den alternden Kaiser *Haile Selassie* stürzte, haben sich diese neuen Regime angesichts interner und von außen herangetragener Konflikte noch keineswegs festigen können.

Insgesamt haben soziale Revolutionen in der Dritten Welt oft andere Ergebnisse hervorgebracht als ursprünglich vorgesehen. Durch Umverteilung und einschneidende gesellschaftliche Reformen konnten zwar im sozialen Bereich Verbesserungen erzielt werden; die gesamtwirtschaftlichen Leistungen sozialistischer Regime blieben jedoch eher niedrig. Fast alle Staaten gehören einer Spielart von Einparteiensystemen an, in denen eine neue, aus der Revolution hervorgegangene Bürokratie den Ton angibt.

Die Schwäche der Institutionen

Die Instabilität in vielen Entwicklungsländern ist auch – viertens – Ausdruck einer *geringen politischen Institutionalisierung*. Diese Schwäche politischer Institutionen resultiert unter anderem aus der krisenhaften ökonomischen Entwicklung, dem verbreiteten *Fehlen eines Grundkonsenses* zwischen divergierenden Gruppen sowie einer geringen gesellschaftlichen Verflechtung der vorhandenen Interessengruppen. Da die nach modernen Vorbildern entworfenen Verfassungstexte zumeist nicht in der Lage sind, das politische Kräftespiel zu regulieren, sind *informelle Absprachen* oder *regelrechte Paktsysteme* zwischen Regierungsmacht, einzelnen Interessenorganisationen oder sozialen Schichten oft die eigentliche Voraussetzung für politische Stabilität.

Auf dem Papier haben die meisten Staaten der Dritten Welt sozialstaatliche Elemente in ihre Verfassungen aufgenommen. Tatsächlich ist der *soziale Rechtsstaat* – fünftens – bloß in ganz wenigen Staaten auch nur ansatzweise verwirklicht worden. Die soziale Unsicherheit, eine vielfach ungeregelte Ämterlaufbahn sowie die gravierende Arbeitslosigkeit haben zur Folge, daß *Patronage, Vettern- und Günstlingswirtschaft* eine Bedeutung besitzen, die über das in den Industriestaaten übliche Maß hinausgehen. Die Verhaltensweisen und die *Einstellung der Bürger gegenüber dem Staat* sind deshalb auch anders, was angesichts der gesellschaftlichen Wirklichkeit durchaus verständlich erscheint. So besitzen die (Groß-)Familie, die Nachbarn und Bekannten große Bedeutung, zumal gerade die ärmeren Bevölkerungsschichten in Notlagen nicht durch ein Netz staatlicher Sozialleistungen aufgefangen werden, wie es in den meisten Industriestaaten heute der Fall ist.

Die widersprüchliche Rolle des Staates

Der *Staat* – sechstens – spielt in den Entwicklungsländern eine zentrale und gleichzeitig widersprüchliche Rolle: Einerseits tritt er als *Motor von Modernisierung* und Industrialisierung auf und als vermeintlicher Garant einer fortschrittlichen Sozialgesetzgebung; andererseits ist die staatliche Verwaltung in vielen Ländern *aufgebläht und uneffektiv*. Daher besteht ein ausgeprägtes Mißverhältnis zwischen den hochgesteckten staatlichen Zielen (Nationalisierungen, Fünf-Jahrespläne, Industrialisierungsprojekte) und den tatsächlichen Fähigkeiten der Staatsapparate in der Dritten Welt.

Als Resultat etatistischer Entwicklungskonzepte und eines bereits in der Kolonialzeit angelegten Zentralismus in Verwaltung und Außenhandel entstanden – siebtens – sogenannte *Staatsklassen*. Sie benutzen ihre Position an der Regierung zur Aneignung staatlicher Gelder aus dem Auslandsgeschäft und den Staatsbetrieben. Weil die gesellschaftlichen Interessengruppen schwach sind und wirksame Kontrollinstanzen fehlen, besitzen sie ein Übergewicht. Dabei schwanken die Staatsklassen „zwischen Selbstprivilegierung und Legitimationszwang"[26], das heißt sie sind bis zu einem gewissen Grade darauf angewiesen, soziale Unterschichten korporatistisch einzubinden und sie in irgendeiner Weise an den staatlichen Einkünften zu beteiligen. Auch wenn das Konzept der Staatsklassen umstritten ist und nicht für alle Entwicklungsregionen gelten kann[27], faßt es doch einige Charakteristiken vor allem von afrikanischen Entwicklungsgesellschaften zusammen: Zum einen die Dominanz des Staates und der Staatsbürokraten in der Wirtschaft, zum anderen die Unfähigkeit der Gesellschaft, die staatlichen Entscheidungsträger wirksam zu kontrollieren.

Die *Schwäche oppositioneller und demokratischer Gruppierungen* – achtens – resultiert nicht nur aus dem Übergewicht der „Staatsklassen" oder einer möglicherweise gerade amtierenden Militärdiktatur, sondern auch aus den Divergenzen zwischen den demokratischen

Tabelle 1a: Die Regime in der Dritten Welt

	Jahr der Unabhängigkeit	Ehemalige Kolonialmacht	Einkommensgruppe	Politisches System
Afrika				
Angola	1975	Portugal	obere Mitte	Einparteiensystem
Äquat.-Guinea	1968	Spanien	niedrig	Militärregime
Äthiopien	–	–*)	niedrig	Militärregime
Benin	1960	Frankreich	niedrig	Militärregime
Botswana	1966	GB	niedrig	Demokratie (Mehrparteiensystem)
Burkina-Faso	1960	Frankreich	niedrig	Militärregime
Burundi	1962	Belgien	niedrig	Militärregime
Dschibuti	1977	Frankreich	obere Mitte	Einparteiensystem (mit zugelassenen Minderheitsparteien)
Elfenbeinküste	1960	Frankreich	untere Mitte	Einparteiensystem
Gabun	1960	Frankreich	obere Mitte	Einparteiensystem
Gambia	1965	GB	niedrig	Demokratie (Mehrparteiensystem)
Ghana	1957	GB	untere Mitte	Militärregime
Guinea	1958	Frankreich	niedrig	Militärregime
Guinea-Bissau	1974	Portugal	untere Mitte	Einparteiensystem (von Militär beherrscht)
Kamerun	1960	Frankreich	untere Mitte	Einparteiensystem
Kapverd. Ins.	1975	Portugal	untere Mitte	Einparteiensystem
Kenia	1963	GB	niedrig	Einparteiensystem
Komoren	1975	Frankreich	niedrig	Einparteiensystem
Kongo (Brazz.)	1960	Frankreich	untere Mitte	Einparteiensystem
Lesotho	1966	GB	niedrig	Königreich
Liberia	–	–	untere Mitte	Militärregime
Madagaskar	1958	Frankreich	niedrig	Einparteiensystem (von Militär beherrscht)

*) von 1935 bis 1941 unter italienischer Besetzung.

	Jahr der Unabhängigkeit	Ehemalige Kolonialmacht	Einkommensgruppe	Politisches System
Malawi	1964	GB	niedrig	Einparteiensystem
Mali	1960	Frankreich	niedrig	Einparteiensystem (von Militär beherrscht)
Mauretanien	1960	Frankreich	niedrig	Militärregime
Mauritius	1968	Frankreich/GB	untere Mitte	Demokratie (Mehrparteiensystem)
Mozambique	1975	Portugal	untere Mitte	Einparteiensystem
Niger	1960	Frankreich	niedrig	Militärregime
Nigeria	1960	GB	niedrig	Militärregime
Ruanda	1962	Belgien	niedrig	Einparteiensystem
Sao Tome	1975	Portugal	untere Mitte	Einparteiensystem
Senegal	1960	Frankreich	untere Mitte	Demokratie (Mehrparteiensystem)
Seychellen	1976	Frankreich/GB	untere Mitte	Einparteiensystem
Sierra Leone	1961	GB	niedrig	Einparteiensystem
Somalia	1960	GB/Italien	niedrig	Militärregime
Sudan	1956	GB	niedrig	Militärregime
Swaziland	1968	GB	untere Mitte	Monarchie
Tansania	1964	GB	niedrig	Einparteiensystem
Togo	1960	Frankreich	niedrig	Einparteiensystem (von Militär beherrscht)
Tschad	1960	Frankreich	niedrig	Militärregime
Uganda	1962	GB	niedrig	Militärregime
Zaire (Kongo)	1960	Belgien	niedrig	Einparteiensystem
Zambia	1964	GB	untere Mitte	Einparteiensystem
Zentr.-Afr. Rep.	1960	Frankreich	niedrig	Militärregime
Zimbabwe	1980	GB	untere Mitte	Demokratie (Mehrparteiensystem)

Tabelle 1b: Die Regime in der Dritten Welt

	Jahr der Unabhängigkeit	Ehemalige Kolonialmacht	Einkommensgruppe	Politisches System
Asien				
Afghanistan	1975	–	niedrig	Einparteiensystem (von der Sowjetunion besetzt)
Bangladesh	1971	GB	niedrig	Militärregime
Bhutan	–	–	niedrig	Monarchie
Birma	1948	GB	niedrig	Einheitspartei
China	–	–	–	Kommunistisch
Indien	1947	GB	niedrig	parlamentarische Demokratie
Indonesien	1945	Holland	niedrig	Demokratie (von Militär beherrscht)
Kambodscha	1953	Frankreich	niedrig	Kommunistisch
Nord-Korea	1948	Japan	untere Mitte	Kommunistisch (personalistisch)
Süd-Korea	1948	Japan	untere Mitte	Militärregime (personalistisch)
Laos	1953	Frankreich	niedrig	Kommunistisch
Malaysia	1957	GB	untere Mitte	Monarchie auf parlamentarischer Basis
Malediven	1965	GB	niedrig	Präsidiale Republik (ohne Parteien)

Kräften sowie der Neigung von Parteien und Gewerkschaften[28]), in Krisensituationen separate Allianzen mit nichtdemokratischen Kräften (etwa in Form eines Bündnisses mit dem Militär) zum Zwecke der Machtergreifung einzugehen. Hinzu tritt, daß die Parteien auch aufgrund längerer Phasen von Ausnahmeherrschaft und der Heterogenität der Gesellschaften in den Entwicklungsländern keine stabilen Organisationsstrukturen aufbauen konnten[29]).

Der Bereich der *extra-konstitutionellen Politik* – neuntens – ist in der Dritten Welt sehr ausgeprägt. Dies gilt einmal für die *Streitkräfte,* die in etwa zwei Drittel der Entwicklungsländer im Zeitraum von 1945 bis 1977 für kürzere oder längere Zeit die Regierungsgewalt ohne verfassungsrechtliche Legitimation ausübten[30]). Aufgrund der Schwäche und der Zersplitterung der politischen Gegenkräfte kann das Militär weitgehend ungehindert an die Macht gelangen. Bei den zu diesem

	Jahr der Unabhängigkeit	Ehemalige Kolonialmacht	Einkommensgruppe	Politisches System
Mongolei	–	–	–	Kommunistisch
Nepal	–	–	niedrig	Monarchie
Pakistan	1947	GB	niedrig	Militärregime (personalistisch)
Papua-Neuginea	1975	Australien	untere Mitte	parlamentarisch-demokratische Monarchie
Philippinen	1946	Spanien/USA	untere Mitte	Präsidialrepublik (de facto autoritäres Regime)
Singapur	1965	GB	hoch	Demokratie (de facto Einparteiensystem)
Sri Lanka	1948	GB	niedrig	Demokratie
Taiwan	–	–	–	Demokratie (de facto Einparteiensystem)
Thailand	–	–	untere Mitte	Monarchie auf parlamentarisch-demokratischer Basis
Vietnam	1945	Frankreich	niedrig	Kommunistisch

Zweck durchgeführten *Staatsstreichen* handelt es sich um „eine hochorganisierte Form politischer Gewalt, die zumeist nur begrenzte politische Ziele verfolgt und keine Massenbeteiligung einschließt"[31]). Zum anderen gibt es vielfältige Arten von Gewalt, die sich gegen die etablierten Machthaber richtet und angesichts fehlender Partizipationsmöglichkeiten die Form von Guerillabewegungen, Bauernaufständen und Landbesetzungen annehmen kann.

„Legitim ist, was den Lebensstandard zu erhöhen verspricht"

Die Gründe für die Instabilität von Regierungen und die politische Gewalttätigkeit resultieren – zehntens – in hohem Maße aus der

Tabelle 1c: Die Regime in der Dritten Welt

	Jahr der Unabhängigkeit	Ehemalige Kolonialmacht	Einkommensgruppe	Politisches System
Mittlerer Osten				
Ägypten	1922	GB	niedrig	Präsidiale Republik (Mehrparteiensystem)
Algerien	1962	Frankreich	obere Mitte	Republik mit Einheitspartei
Bahrain	1971	GB	hoch	Scheichtum mit konstitutionellen Zügen
Iran	–	–	obere Mitte	Islamische Republik (theokrat. Einparteiensystem)
Irak	1932	GB	obere Mitte	Republik (vom Militär beherrschtes Einparteiensystem)
Jemen (Südjemen)	1967	GB	niedrig	Volksdemokratie mit Einheitspartei
Jemen (Nordjemen)	–	–	niedrig	Republik, Militärregime
Jordanien	1946	GB	untere Mitte	Konstitutionelle Monarchie
Kuwait	1961	GB	hoch	Scheichtum mit konst. Zügen
Libanon	1946	Frankreich	obere Mitte	Republik (Konkordanzdemokratie)

schlechten *wirtschaftlichen und sozialen Lage der Entwicklungsländer*. Deshalb ist von einer Art „Ausnahme- oder Notstandsstaat in Permanenz"[32]) in der Dritten Welt gesprochen worden, der Ausdruck immanenter Krisenerscheinungen des abhängigen Kapitalismus in den Entwicklungsländern sei. Allerdings kann dies *keine generelle Erklärung* sein. In einigen Staaten geht die Gewalt auf *ethnische Konflikte* zurück; schließlich gibt es zahlreiche Beispiele dafür, daß trotz einer anhaltenden wirtschaftlichen Krise eine *Re-Demokratisierung* beginnt, nachdem die an der Regierung gescheiterten Generäle den Rückzug in die Kasernen angetreten haben.

Viele politische Programme aus der Dritten Welt beinhalten zum Teil erhebliche Kritik an der parlamentarisch-demokratischen Regierungsform. Die Ideologien in der Dritten Welt sind von einer Art „Modernisierungs-Nationalismus"[33]) – elftens – geprägt, wobei die *nationalistische und antiimperialistische Komponente* aufgrund der wirt-

	Jahr der Unabhängigkeit	Ehemalige Kolonialmacht	Einkommensgruppe	Politisches System
Libyen	1951	Italien	hoch	Republik (Revolutionsrat, vom Militär beherrschtes Einparteiensystem)
Marokko	1956	Frankreich	untere Mitte	Konstitutionelle Monarchie
Oman	–	–	obere Mitte	Absolute Monarchie
Katar	1971	GB	hoch	Scheichtum mit konst. Zügen
Saudi Arabien	–	–	hoch	Monarchie auf traditionalistischer Grundlage
Syrien	1946	Frankreich	untere Mitte	Republik (unter Führung der Baath-Partei bzw. des Militärs)
Tunesien	1956	Frankreich	untere Mitte	Republik mit Einheitspartei
Türkei	–	–	obere Mitte	Präsidialdemokratie mit Ausnahmegesetzgebung
Vereinigte Arabische Emirate	–	–	hoch	Bundesstaat aus sieben Scheichtümern

schaftlichen Abhängigkeit der Entwicklungsländer aus der Sicht der dortigen Politiker und Intellektuellen zuweilen einen höheren Stellenwert gewinnt als die Betonung der individuellen Bürgerrechte. Ein *etatistischer Grundzug,* das Herausstreichen des Rechtes auf nationale Selbstbestimmung und eine hohe Bewertung des globalen Nord-Süd-Konfliktes bei gleichzeitiger Vernachlässigung der Herrschaftsverhältnisse im eigenen Lande ist in vielen Programmen aus Afrika, Asien und Lateinamerika feststellbar. Demokratische Ordnungsvorstellungen haben aber auch deshalb an Anziehungskraft eingebüßt, weil demokratisch gewählte Regierungen in der Vergangenheit in zahlreichen Ländern die drängenden Strukturprobleme nicht überwinden konnten. Daher befinden sie sich in einer Art Konkurrenzsituation mit Organisations- und Partizipationsmodellen, die einem im nationalen Interesse handelnden Staat oder einer begrenzten Demokratie im Dienste der ärmsten Bevölkerungsschichten unter

Tabelle 1d: Die Regime der Dritten Welt

	Jahr der Unabhängigkeit	Ehemalige Kolonialmacht	Einkommensgruppe	Politisches System
Lateinamerika				
Argentinien	1816	Spanien	obere Mitte	Präsidentielle Demokratie
Bahamas	1973	GB	hoch	Parlamentarische Demokratie
Barbados	1966	GB	obere Mitte	Parlament. Demokratie im Rahmen des Commonwealth
Bolivien	1825	Spanien	niedrig	Präsidentielle Demokratie
Brasilien	1822	Portugal	obere Mitte	Präsidentielle Demokratie
Chile	1818	Spanien	obere Mitte	Militärdiktatur
Costa Rica	1821	Spanien	obere Mitte	Präsidentielle Demokratie
Dominikan. Republik	1844	Spanien	untere Mitte	Präsidentielle Demokratie
Ecuador	1822	Spanien	untere Mitte	Präsidentielle Demokratie
El Salvador	1841	Spanien	untere Mitte	Präsidentielle Demokratie (z. Zt. Ausnahmezustand)
Grenada	1974	GB	untere Mitte	Parlamentarische Demokratie
Guatemala	1821	Spanien	untere Mitte	Präsidentielle Demokratie (de facto Militärdiktatur)
Guyana	1966	GB	untere Mitte	Parlamentarische Demokratie („Kooperat. Republik")
Haiti	1804	Frankreich	niedrig	Familiendiktatur
Honduras	1821	Spanien	untere Mitte	Präsidentielle Demokratie
Jamaika	1962	GB	obere Mitte	Parlament. Demokratie im Rahmen des Commonwealth

Zusammenstellung des Autors. Quellen: Kurian, George Thomas, Encyclopedia of the Third World, London 1982, Bd. 3, S. 2027. Phillips, Claude (Hrsg.), The African Political Dictionary, Oxford 1984. Ziring, Lawrence, The Middle East, Political Dictionary, London

	Jahr der Unabhängigkeit	Ehemalige Kolonialmacht	Einkommensgruppe	Politisches System
Kolumbien	1819	Spanien	untere Mitte	Präsidentielle Demokratie
Kuba	1902	Spanien	untere Mitte	Kommunistische Einparteienregierung
Mexiko	1810	Spanien	obere Mitte	Präsidentielle Demokratie (de facto erweitertes Einparteienregime)
Nicaragua	1821	Spanien	untere Mitte	Präsidentielle Demokratie (de facto Einparteienregime; z. Zt. Ausnahmezustand)
Panama	1819	Spanien	obere Mitte	Präsidentielle Demokratie
Paraguay	1811	Spanien	untere Mitte	Präsidentielle Demokratie (de facto personalisierte Militärdiktatur)
Peru	1821	Spanien	obere Mitte	Präsidentielle Demokratie
St. Vincent	1979	GB	untere Mitte	Parlamentarische Demokratie im Rahmen des Commmonwealth
Surinam	1975	Holland	obere Mitte	Parlamentarische Demokratie (de facto Militärregime)
Trinidad/Tobago	1962	GB	obere Mitte	Präsidentielle Demokratie
Uruguay	1825	Spanien	obere Mitte	Präsidentielle Demokratie
Venezuela	1811	Spanien	obere Mitte	Präsidentielle Demokratie

1984. Berg-Schlosser, Dirk, Afrika zwischen Despotie und Demokratie, in: APUZ, 314/84, S. 3–14, Munzinger-Archiv, Internationales Handbuch, Ravensburg.
(Stand Mitte 1985)

Führung einer Partei oder eines charismatischen Führers der Vorzug gegenüber einem pluralistischen Demokratiekonzept geben.
Angesichts der brennenden sozialen Probleme in den Entwicklungsländern und eines unzureichenden wirtschaftlichen Wachstums besteht bei vielen Regierungen die Neigung, das Ziel einer möglichst raschen ökonomischen Modernisierung in den Vordergrund zu rükken. „Legitim ist was den Lebensstandard erhöht"[34]) schien lange Zeit die oberste Handlungsmaxime vieler Regime in den Entwicklungsländern zu sein. Sowohl der *Sozialismus als auch der Kapitalismus* wurden – zwölftens – *auf bloße Entwicklungsstrategien reduziert.*
Dank seiner zentralistischen Planungsmethoden, gezielten sozialen Reformen und der Führungsrolle einer kleinen Gruppe von Intellektuellen erschien der *Sozialismus* vielen Politikern aus der Dritten Welt besser dazu geeignet, den Sprung hin zu einer modernen Industriegesellschaft in die Wege zu leiten als demokratisch-pluralistische Entwicklungskonzepte, die ihnen für eine solche Aufgabe als zu schwerfällig erschienen. „Wo Sozialismus gesamtgesellschaftlich bestimmend wurde . . .", konstatiert *Dieter Senghaas* auch mit Blick auf einzelne Länder der Dritten Welt, „war er Grundlage und Motor beschleunigter nachholender Entwicklung unter widrigen internen und internationalen Bedingungen, die in der Regel eine nachholende Entwicklung unter kapitalistischen Vorzeichen unwahrscheinlich machen[35])."
Konservative Militärdiktaturen haben dagegen in anderen Dritte-Welt-Ländern das Prinzip „erst Wachstum – dann Umverteilung" verfochten und in einer übermäßigen Politisierung sowie im Vorhandensein von linken Parteien und Gewerkschaften die eigentlichen Entwicklungshindernisse ihrer Gesellschaften ausgemacht. Wichtigste Aufgabe von Militärregimen sei es daher, störende politische Faktoren auszuschalten, um ein möglichst reibungsloses Funktionieren der Wirtschaft zu garantieren. Sowohl bei der sozialistischen als auch der kapitalistischen Variante nachholender Modernisierung besteht also die Gefahr, daß eine *Verselbständigung der politischen Führung und ihrer bürokratischen Apparate* eintritt. Den vermeintlichen Vorteilen einer rasanten ökonomischen Entwicklung stehen also die Nachteile eines verhärteten politischen Systems, die Unterdrückung oppositioneller Kräfte und die Zunahme von Menschenrechtsverletzungen gegenüber.

Welche Chancen hat langfristig demokratische Herrschaft?

Genaue Aussagen über die zukünftige Entwicklung der Regierungsformen in der Dritten Welt sind angesichts der großen Zahl und der Vielfalt politischer Systeme nicht möglich. Ein *lineares Konzept,* das von einem *kontinuierlichen Demokratisierungsprozeß* über Ausdehnung des Wahlrechtes, fortschreitende Parlamentarisierung sowie der Einbürgerung individueller und sozialer Rechte ausgeht, besitzt angesichts der politischen Instabilität in der Dritten Welt und den Fällen von Zusammenbrüchen demokratischer Systeme auch in der neueren Geschichte Europas keinen großen prognostischen Wert. Eine solche Sichtweise folgt in weiten Zügen dem europäischen Geschichtsverlauf bis zu Beginn des 20. Jahrhunderts sowie der Entwicklung in einigen südamerikanischen Staaten.

Schon eher läßt sich die Regierungswirklichkeit der Entwicklungsländer mit einer Art *Kreislaufmodell* beschreiben, das von einem *zyklischen Wechsel zwischen Demokratie und Diktatur* ausgeht. In einer Reihe von Ländern fanden Regimewechsel in den letzten Jahren etwa gleich häufig als Folge von Wahlen wie von Militärputschen statt (Peru, Ekuador, Bolivien, Argentinien, Ghana, Nigeria). Unabhängig von den Veränderungen auf Regierungsebene sollte man darüber hinaus berücksichtigen, daß an der Basis durchaus gewisse Partizipationsmöglichkeiten bestehen, an die sinnvollerweise auch Entwicklungsprojekte anknüpfen können[36]).

Wenn wir abschließend die Ausgangsfragestellung nochmals aufgreifen, so können wir festhalten: *Die in der Dritten Welt vorhandenen demokratischen Regierungen und Mehrparteiensysteme sind nicht das direkte Ergebnis eines erreichten Stadiums gesellschaftlicher Modernisierung, sondern weit eher das Produkt länderspezifischer Faktoren.* Dort, wo sich demokratische Regierungen längere Zeit halten konnten, waren Kompromisse und Koalitionen zwischen verschiedenen Eliten und Machtgruppen eine wichtige Voraussetzung. Die Stabilisierung der politischen Demokratie ging dabei oft auf Kosten sozialer Reformvorhaben, was zu der These führte, parlamentarische Systeme seien aufgrund ihres Kompromißcharakters nicht in der Lage, die vorhandenen Entwicklungsprobleme zu lösen.

Allerdings haben Militärregime oder Einparteiensysteme diese Probleme keineswegs besser in den Griff bekommen. Eine empirische Untersuchung von *Dirk Berg-Schlosser,* die sowohl die ökonomischen Leistungen als auch die Einhaltung der Freiheits- und Menschenrechte und das Ausmaß der wirtschaftlichen Außenabhängigkeit berücksichtigt, ergibt ein sehr differenziertes Bild politischer Systeme der Dritten Welt[37]): Eindeutig negative Befunde ergeben sich dabei für die *traditionellen Diktaturen.* Die Entwicklungsleistungen von *kommunistischen Staaten* und von *Militärregimen* liegen höher; sie sind aber normativ, das heißt was die Frage der Respektierung der Menschenrechte anbelangt, deutlich negativ zu bewerten. Ein gemischtes Bild weisen *Monarchien, zivil-autoritäre (Einparteien-) Systeme und Staaten mit sozialistischen Zielsetzungen* auf. Die monarchischen Systeme, von denen eine beträchtliche Zahl in den ölreichen Gebieten des mittleren Ostens liegt, besitzen relativ hohe Wachstumsraten und befinden sich hinsichtlich der Einhaltung bürgerlicher Freiheiten im Mittelfeld. Sozialistische Staaten, die einen eigenen Weg zum Sozialismus suchen, schneiden bei der Verbesserung der Lebensqualität für ihre Einwohner relativ gut ab, während gleichzeitig die direkte politische Repression nicht so stark ausgeprägt ist wie in den kommunistischen Systemen. In mehrfacher Hinsicht positive Befunde lassen sich jedoch allein für die „Demokratien" in der Dritten Welt feststellen[38]).

Dennoch sind die Aussichten für eine Zunahme der demokratischen Regierungen und die Chancen für eine stärkere Einhaltung von Menschenrechten in den Staaten der Dritten Welt skeptisch zu beurteilen. Die ökonomischen und sozialen Krisenerscheinungen haben in den letzten Jahren weiter zugenommen; die Chancen, daß die Industrieländer ihre Märkte stärker für die Produkte aus den Entwicklungsländern öffnen könnten, um damit einen Beitrag zur Stabilisierung der wirtschaftlichen Lage in diesen Gesellschaften zu leisten, sind gering. Solange ein selbsttragendes wirtschaftliches Wachstum und die Verarmung der zahlenmäßig rasch zunehmenden Bevölkerung anhält, werden auch die sozialen und politischen Konflikte weitergehen. Es ist anzunehmen, daß die staatstragenden Schichten in der Dritten Welt auf Verteilungskonflikte auch in Zukunft mit Ausnahmemaßnahmen reagieren werden.

Die Existenz autokratischer Regime beruht indessen keineswegs darauf, daß der Drang nach Freiheit und Selbstbestimmung in der Dritten Welt weniger ausgeprägt wäre. „Letzten Endes", schrieb *Karl Loewenstein* bereits in den fünfziger Jahren, „hat sich die Ideologie der demokratischen Legitimität so tief verwurzelt, daß auf die Dauer kein Diktator auf seinen Bajonetten schlafen kann"[39]). Aber auch nach dem Sturz von Alleinherrschern und Militärmachthabern werden sich die neuen demokratischen Regierungen auf Dauer nur halten können, wenn es gelingt, gewisse wirtschaftliche und soziale Verbesserungen zu erzielen und die Demokratie durch einen breiten Konsens in der Bevölkerung zu festigen. Dazu gehören gesellschaftliche Reformen, der Abbau sozialer Gegensätze und eine Erweiterung der Partizipationschancen der Bürger auf den verschiedensten Ebenen. In Gesellschaften mit ethnischen Konflikten ist die Erzielung eines solchen Konsenses noch schwieriger.

Anmerkungen

[1]) Vgl. etwa Lipset, Seymour M., Soziologie der Demokratie, Darmstadt 1962, S. 47. Kritisch zur Gleichsetzung von Modernisierung und Demokratisierung bereits Oberndörfer, Dieter, Wirtschaftliches Wachstum und Demokratisierung in Entwicklungsländern, in: Politische Vierteljahresschrift, Sonderheft 2, 1970, S. 460–464. Zum Wandel des Konzeptes „politischer Entwicklung" siehe: Huntington, Samuel P., Dominguez, Jorge I., Political Development, in: Greenstein, Fred. I., Polsby, Nelson W. (Hrsg.), Handbook of Political Science, Bd. 3, Massachusetts 1975, S. 1–114.

²) Vgl. etwa Herrfhardt, Heinrich, Entwicklung der Staatsordnung, in: Hans Besters und Ernst E. Bösch (Hrsg.), Entwicklungspolitik. Handbuch und Lexikon, Stuttgart, Berlin, Mainz 1966, S. 539–581, und Loewenthal, Richard, Staatsfunktion und Staatsform in den Entwicklungsländern, in: Ders. (Hrsg.), Die Demokratie im Wandel der Gesellschaft, Berlin 1963, S. 164–192.
³) O'Donnell, Guillermo, Modernization and Bureaucratic Authoritarianism. Studies in South American Politics. Berkely 1973.
⁴) Ein Überblick der Diskussion bei: Rüland, Jürgen, Werz, Nikolaus, Von der „Entwicklungsdiktatur" zu den Diktaturen ohne Entwicklung – Staat und Herrschaft in der politikwissenschaftlichen Dritte Welt-Forschung, in: Nuscheler, Franz (Hrsg.), Dritte Welt-Forschung. Entwicklungstheorie und Entwicklungspolitik, PVS Sonderheft 16, 1985, S. 211–232.
⁵) Ribeiro, Darcy, Der zivilisatorische Prozeß, Frankfurt/M. 1971 (1983).
⁶) Denkschrift Simón Bolívars vom 15. Dezember 1812, in Auszügen abgedruckt in Konetzke, Richard (Hrsg.), Lateinamerika seit 1492, Stuttgart 1971, S. 58.
⁷) Illy, Hans F., Sielaff, Rüdiger, Werz, Nikolaus, Diktatur – Staatsmodell für die Dritte Welt? Freiburg/Würzburg 1980, S. 139–167.
⁸) Paz, Octavio, Lateinamerika und die Demokratie, in: Merkur, Heft 3, 1983, S. 252.
⁹) Zur Problematik von Staatsbildung und Modernisierung in Afrika, Illy, Hans F., Nation und Nationalismus in Afrika – Die Verlockungen eines Vorbildes und die Folgen seiner eindimensionalen Imitation, in: Geschichte und Gesellschaft, Sonderheft 8, 1982, S. 177–207.
¹⁰) Nuscheler, Franz, Struktur- und Entwicklungsprobleme Schwarz-Afrikas, in: Nohlen, Dieter, u. Nuscheler, Franz (Hrsg.), Handbuch der Dritten Welt. 4. Westafrika und Zentralafrika, Hamburg 1982, S. 48.
¹¹) Steinbach, Udo, Staaten im inneren Spannungsfeld. Islamische Tradition und europäische Moderne in Staatsstruktur, Verwaltung, Recht, in: Die arabische Welt, Ploetz, Freiburg 1978, S. 157.
¹²) Gstrein, Heinz, Parteien und Verbände, in: Ebenda oben, S. 161.
¹³) Illy, Sielaff, Werz S. 70.
¹⁴) Wöhlcke, Manfred, Ein dritter Weg für die Dritte Welt? Nachholende Nationenbildung im Schnittpunkt entwicklungspolitischer und hegemonialer Interessen, Ebenhausen 1985.
¹⁵) Eine ausführliche Darstellung bei: Büttner, F., Lindenberg, K., Reuke, L., Sielaff, R., Reform in Uniform? Militärherrschaft und Entwicklung in der Dritten Welt, Bonn-Bad Godesberg 1976.
¹⁶) Vgl. die Artikel zu den kommunistischen Entwicklungsländern, in: Furtak, Robert, Die politischen Systeme der sozialistischen Staaten, München 1979.
¹⁷) Zu einem ähnlichen Ergebnis gelangt Huntington, Samuel P., Will More Countries Become Democratic?, in: Gastil, Raymond D. (Hrsg.), Freedom in the World. Political Rights and Civil Liberties 1984–1985, Westport 1985, S. 197.
¹⁸) Nohlen, Dieter, Lateinamerika zwischen Erster und Dritter Welt, in: Zeitschrift für Kulturaustausch 3, 1983, S. 300–311. Huneeus, Carlos, Nohlen, Dieter, Eine Vielfalt instabiler Regime, in: Der Bürger im Staat. Lateinamerika, Heft 1, 1982, S. 66–70.
¹⁹) Linz, Juan J., Totalitarian and Authoritarian Regimes, in: Greenstein/Polsby, Bd. 3, op. Cit., S. 175–412.
²⁰) Ebenda, S. 264.
²¹) Malloy, James M. (Hrsg.), Authoritarianism and Corporatism in Latin America, Pittsburgh 1977. Collier, David (Hrsg.), The New Authoritarianism in Latin America, Princeton 1979. Lauth, Hans-Joachim, Der Staat in Lateinamerika. Die Staatskonzeption von Guillermo O'Donnell, Saarbrücken 1985. Thomas, Clive Y., The Rise of the Authoritarian State in Peripheral Societies, New York/London 1984.
²²) Elias, Norbert, zitiert nach Tibi, Bassam, Nord-Süd-Konflikt, in: Mickel, Wolfgang W. (Hrsg.), Handlexikon zur Politikwissenschaft, München 1983. S. 316.
²³) Vgl. allgemein Chaliand, Gérard, Revolution in the Third World. Myths and Prospects, Sussex 1977. Artikel zu einzelnen Länderbeispielen bei White, Gorden u. a. (Hrsg.), Revolutionary Socialist Development in the Third World, Sussex 1983. Einen ersten Überblick zur Thematik gibt Nuscheler, Franz, Die Dritte Welt als neues Subjekt der Revolutionsgeschichte und neuer Faktor der Revolutionstheorie, in: Politische Bildung 10 (1977), Heft 2, S. 41–53.
²⁴) Puhle, Hans-Jürgen, „Revolution" von oben und Revolution von unten in Lateinamerika, in: Geschichte und Gesellschaft 6, 1976, S. 143–159.

[25] Heimer, Franz-Wilhelm, Der Entkolonisierungskonflikt in Angola, München 1979.
[26] Elsenhans, Hartmut, Abhängiger Kapitalismus oder bürokratische Entwicklungsgesellschaft. Versuch über den Staat in der Dritten Welt, Frankfurt/M. 1981, S. 144.
[27] Kritisch zum Elsenhans-Ansatz: Hein, Wolfgang, Staatsklasse, Umverteilung und die Überwindung der Unterentwicklung, in: Peripherie, Nr. 18/19 (1984/85), S. 172–186. Zur Staatsklasse auch Evers, Tilman, Bürgerliche Herrschaft in der Dritten Welt. Zur Theorie des Staates in ökonomisch unterentwickelten Gesellschaftsformationen, Frankfurt/M. 1977, S. 189.
[28] Überblicks- und Länderartikel bei Mielke, Siegfried (Hrsg.), Internationales Gewerkschaftshandbuch, Leverkusen 1982.
[29] Gonidec, P.-F., Van Minh, Tran, Politique Comparée du Tiers Monde, Paris 1980, S. 310–333. Zu den Parteien in einzelnen Staaten vgl. Day, A., und Degenhardt, H. W. (Hrsg.), Political Parties of the World, London 1984.
[30] Nordlinger, Eric A., Soldiers in Politics. Military Coups and Governments, New Jersey 1977, S. 6.
[31] Waldmann, Peter, Strategien politischer Gewalt, Stuttgart 1977, S. 47.
[32] Sonntag, Heinz Rudolf, Der Staat des unterentwickelten Kapitalismus, in: Kursbuch 31 (1973), S. 174.
[33] Bracher, Karl Dietrich, Zeit der Ideologien. Eine Geschichte politischen Denkens im 20. Jahrhundert, Stuttgart 1982, S. 372. Eine ältere Text- und Quellensammlung bei Sigmund, Paul E. (Hrsg.), The Ideologies of the Developing Nations, New York 1963. Zu Lateinamerika: Rama, Angel (Hrsg.), Der lange Kampf Lateinamerikas. Texte und Dokumente von José Martí bis Salvador Allende, Frankfurt/M. 1982.
[34] Friedrich, Carl Joachim, Diktatur, in: C. D. Kernig u.a. (Hrsg.), Sowjetsystem und Demokratische Gesellschaft, Freiburg 1966, Bd. 1, S. 1242.
[35] Senghaas, Dieter, Sozialismus. Eine entwicklungsgeschichtliche und entwicklungstheoretische Betrachtung, in: Leviathan 1 (1980), S. 11.
[36] Vgl. dazu: Hanf, Theodor, Überlegungen zu einer demokratieorientierten Dritte-Welt-Politik, in: Aus Politik und Zeitgeschichte, 30 (1980), 23, S. 11–23.
[37] Berg-Schlosser, Dirk, Leistungen und Fehlleistungen politischer Systeme der Dritten Welt als Kriterium der Entwicklungspolitik, in: Konjunkturpolitik, 31. Jahrg., H 1/2 (1985), S. 79–114, hier S. 94.
[38] Berg-Schlosser spricht in der Dritten Welt nicht von Demokratien, sondern angesichts eingeschränkter ökonomischer und sozialer Gegebenheiten von „Polyarchien", Ebenda S. 81.
[39] Loewenstein, op. cit. S. 66.

Heribert Weiland

Entwicklungshilfe in der Krise?

Kulturelle Rahmenbedingungen
und soziale Folgewirkungen der Entwicklungshilfe

Nach 25 Jahren eine enttäuschende Bilanz

Trotz der gewaltigen Transferleistungen, die seit zweieinhalb Jahrzehnten von den Industrieländern erbracht worden sind, hat sich die anfängliche Hoffnung, die jungen Staaten der Dritten Welt durch einen großangelegten Solidaritätspakt – analog zum Marshallplan – innerhalb weniger Jahre „zu entwickeln", nicht erfüllt. Die euphorischen Entwicklungsvisionen der 60er und 70er Jahre sind verflogen. Zwar hat es in vielen Ländern in der ersten und zweiten Entwicklungsdekade *respektable wirtschaftliche Wachstumsraten* gegeben, doch waren nur wenige, ressourcenreiche Staaten in der Lage, dieses Wachstumstempo auch nach der Erdölkrise beizubehalten. *Unerwünschte soziale und politische Entwicklungen* kamen hinzu. In einer Reihe von Staaten werden Zuwächse der Volkseinkommen durch ein hohes *Bevölkerungswachstum* neutralisiert, so daß die Aussichten für ein menschenwürdiges Dasein eher schlechter als besser zu werden drohen. Die sprunghaft ansteigende *Verschuldung* treibt viele Länder dem wirtschaftlichen und finanziellen Bankrott entgegen, so daß *Versorgungskrisen* auftreten und existentiell wichtige Staatsleistungen wie Beamtengehälter oder Sozialausgaben nicht mehr bezahlt werden können. Die *Verschärfung der sozialen Gegensätze* führt zu *gewaltsamen Auseinandersetzungen,* zu politischer *Instabilität* und *Repression*. Die krebsartig anwachsenden Millionenstädte drohen unregierbar zu werden und an ihren eigenen ökonomischen und ökologischen Problemen zu ersticken. Kurz: Der Sprung aus der Armut ist bisher nicht geglückt. Die *Kluft zwischen der Ersten und der Dritten Welt* wird, absolut gesehen, *sogar immer größer.*

Kritik von rechts und von links

Diese ernüchternde Bilanz ist auf eine *Vielzahl von wirtschaftlichen, sozialen und politischen Ursachen* zurückzuführen: internationale Einflüsse und interne Fehlentscheidungen, neo-koloniale Wirtschaftsbeziehungen und überkommene Hierarchien, Kriege und ethnisch-soziale Konflikte spielen dabei eine Rolle (vgl. Beiträge *Oberndörfer, Braun* und *Hanf*). Auch die Entwicklungshilfe, die allerdings nur einen Bruchteil der Gesamtbeziehungen zwischen Erster und Dritter Welt ausmacht, ist in den letzten Jahren immer mehr ins Kreuzfeuer der Kritik geraten – und zwar von links wie von rechts. Die *Linke* – von der Grundhypothese ausgehend, daß Unterentwicklung durch den Kolonialismus verursacht und durch die zunehmende Einbindung der Dritten Welt in den kapitalistischen Weltmarkt ständig verschärft wird – sieht die Entwicklungshilfe in erster Linie als Mittel der Rohstoffsicherung, der Markterschließung und der Exportförderung für die Industrieländer. Die *Rechte* verneint derartige Zusammenhänge, bezeichnet die Verelendung in der Dritten Welt als hausgemacht und hält die Entwicklungshilfe, vor allem wenn sie als Wiedergutmachung für frühere Ausbeutung konzipiert werde, für unnütze Verschwendung. In ihrer Radikalkritik kommen beide Seiten zu dem gleichen Ergebnis: Entwicklungshilfe hat mehr geschadet als genutzt[1]).

Aber auch wenn die Vorwürfe nicht auf die Extreme reduziert werden, muß eine *nüchterne Bestandsaufnahme* zu dem Ergebnis kommen, daß die Erfolge der Entwicklungszusammenarbeit bei weitem nicht so zufriedenstellend sind, wie es die auf Hochglanzpapier gedruckten Jahresberichte der deutschen Entwicklungshilfeinstitutionen zu suggerieren versuchen. Nur ein Teil der Entwicklungsprojekte wird den Zielen, Vorstellungen und Berechnungen der Planer und der Beteiligten gerecht. Trotz verbesserter Steuerungstechniken müssen die Erwartungen und Erfolgsschätzungen immer wieder korrigiert oder gar revidiert werden. Dies führt zu steigenden Kosten, erhöhtem Personalaufwand, längeren Projektlaufzeiten und neuerdings vermehrt zu sogenannten Rehabilitationen, das heißt zu mehr oder weniger kompletten Neuauflagen unter anderem Namen und mit einem neuen Projektträger. Steckt die Entwicklungshilfe in einer Krise?

An Korrekturversuchen und Änderungsvorschlägen hat es nicht gefehlt

An Korrekturversuchen und Änderungsvorschlägen hat es nicht gefehlt: Sie reichen von technisch-administrativen Reorganisationen, die alles beim alten lassen, bis hin zu einer Fundamentalkritik, die die gesamte Entwicklungszusammenarbeit als „tödliche Hilfe" verurteilt und deren sofortige Einstellung fordert[2]). Allerdings dürfte weder ein Kurieren am Symptom noch ein völliger Abschied von der Entwicklungshilfe angesichts der gegenwärtig bestehenden globalen Verflechtungen und Abhängigkeiten realistisch und verantwortbar sein. In den folgenden Überlegungen geht es deswegen um die Frage einer angemessenen, zieladäquaten Entwicklungshilfe. Dabei wird die *These* vertreten, daß es vor allem – wenn auch nicht ausschließlich – die mangelnde Berücksichtigung sozialer und kultureller Rahmenbedingungen und Folgewirkungen ist, die zum Scheitern vieler Entwicklungsvorhaben in der Dritten Welt geführt hat.

Entwicklungshilfe ist Intervention — auch in kultureller Hinsicht

Das Auseinanderklaffen von Projektplanung und Projektwirklichkeit liegt zumeist nicht an falschen Kalkulationen, an technischem Unvermögen oder an mangelnder Fachkompetenz der Experten. Die Mehrzahl der Projekte sind *technisch exakt geplant,* verfügen über ein *qualifiziertes Management* und müßten eigentlich „störungsfrei" in der vorgesehenen Zeitperiode abgewickelt werden können. Daß dies dennoch häufig nicht der Fall ist, ist offensichtlich weitgehend darauf zurückzuführen, daß der Adressat selber, das heißt die Betroffenen in der Dritten Welt mit ihren *kulturellen Besonderheiten* und ihrer *sozialen Umwelt, nicht genügend berücksichtigt* werden. Trotz einer grundsätzlichen Einigung über Projektziel und Projektablauf wird immer wieder übersehen, daß hinter den Absprachen und Vereinbarungen möglicherweise ein unterschiedliches „Entwicklungsverständnis" und verschiedenartige Interessen und Motivationen stehen. So wird von *Entwicklungshelfern* kulturkonformes Verhalten der Einheimischen, die Respektierung religiöser Vorschriften oder das Streben nach ökonomischen und politischen Vorteilen häufig mit *Unverständnis* registriert und für Sand im Getriebe gehalten. Für viele sogenannte Entwicklungsexperten könnte Entwicklungshilfe – überspitzt formuliert – viel einfacher und problemloser geleistet werden, wenn die „Betroffenen" gar nicht in Erscheinung träten.
De facto ist *Entwicklungshilfe Intervention in die inneren Angelegenheiten der Dritten Welt,* und zwar nicht nur in ökonomischer und technischer, sondern *auch in kultureller Hinsicht*. Bezeichnet man als Kultur ein historisch gewachsenes System von *Lebensmustern,* das von der Mehrzahl der Mitglieder einer Gruppe geteilt wird, so werden diese Lebensmuster (Einstellungen, Verhaltensweisen, Traditionen, religiöse Überzeugungen, Institutionen usw.) durch jede Einwirkung von außen – sei sie kulturell, politisch oder ökonomisch – beeinflußt. Kolonialer Lebensstil und christliche Missionierung, der Aufbau west-

lich orientierter Schul- und Universitätssysteme und die Verbreitung des Fernsehens (mit amerikanischen Spielfilmen) haben auf die Kultur des Entwicklungslandes ebenso eingewirkt wie der Aufbau einer Verkehrs-Infrastruktur, die Errichtung industrieller Fertigungsbetriebe und die Verbreitung von Marktproduktion und Geldwirtschaft. Mit anderen Worten: Auch die vermeintlich rein ökonomisch-technischen Transfers sind nicht kulturneutral, weil moderne Infrastruktur, industrielle Systeme und Produktionsverfahren zu ihrem Funktionieren bestimmter Einstellungen und Fähigkeiten bedürfen, zum Beispiel Planungs- und Organisationsvermögen, Rentabilitätsdenken, individuelle Leistungsbereitschaft usw. Insofern sind auch technische und ökonomische Neuerungen immer mit kulturellen Veränderungsprozessen – ob gewollt oder nicht – verbunden[3].

Aufgrund dieses Bedingungszusammenhangs ist es umgekehrt denkbar, daß Entwicklungshilfemaßnahmen daran scheitern, daß die notwendigen Werte und Dispositionen innerhalb der Zielbevölkerung nicht gegeben sind und auch gegen die Traditionen und den Willen der Betroffenen nur schwer geschaffen werden können. Produktionsverfahren, Institutionen und bestimmte Verhaltensweisen, die in einem anderen historischen Kontext und unter anderen Umweltbedingungen gewachsen sind, lassen sich nicht ohne Schwierigkeiten und gesellschaftliche Folgekosten in fremde Kulturen transferieren.

Andere Länder — andere Sitten: Einige Beispiele

Welche Hindernisse, Anpassungsprobleme und Interessenkonflikte auftreten können, soll an einigen Beispielen erläutert werden:
- Eine Straße, von Geologen und Tiefbauingenieuren mit Sorgfalt geplant, soll durch einen *heiligen Bezirk* führen, der der Ahnenverehrung dient. Trotz aller Vorteile, die die Straße den Anrainern zu bieten vermag, wird das Projekt hintertrieben und der Bau verhindert. Eine kostspielige Umgehung muß gebaut werden. Der Protest ist verständlich: Wie würde die deutsche Bevölkerung reagieren, wenn der Kölner Dom einem Parkhaus weichen sollte?
- Daß *Tabus und religiöse Institutionen* häufig soziale und ökonomische Funktionen haben, zeigt das folgende Beispiel: Steigender Brennholzbedarf und industrielle Nachfrage haben in einer Region zu einer zunehmenden Verringerung des Baumbestandes geführt, so daß Erosion und Versteppung der Landschaft drohen. Durch Aufforstung soll diese gefährliche Entwicklung angehalten und das ökologische Gleichgewicht wiederhergestellt werden. Im konkreten Fall wurden von Forstexperten nicht nur Neupflanzungen vorgenommen, sondern auch einige alte Bäume, die traditionell als heilig gelten, aus forstwirtschaftlich unstrittigen Gründen (Baumkrankheiten, zu dichter Wuchs usw.) abgeholzt. Der Holzeinschlag

erfolgte unbedacht, ohne daß ein entsprechendes Opfer der Gottheit dargebracht wurde. Als die von der einheimischen Bevölkerung erwartete „Strafe" ausblieb, brach das Tabu zusammen. In der Folgezeit war die Abholzung der bisher rituell geschützten Bäume nicht mehr zu bremsen – und zwar nicht nur in der Projektregion, sondern weit darüber hinaus. Um rücksichtslosen Raubbau zu verhindern, wurden für große Summen Schutzzäune errichtet und Forstpolizisten eingestellt. Hätte man das Tabu geachtet, wären die Kosten geringer gewesen und der Nutzen weitaus größer. In vielen Gesellschaften gibt es ein mythologisiertes Erfahrungswissen. Knappe Güter werden durch Tabus geschützt. Nur in Notzeiten, wenn das Überleben der Gruppe gefährdet ist, erfolgt in Übereinstimmung mit der Gottheit, das heißt mit dem Priester oder dem Dorfältesten, eine kurzzeitige Enttabuisierung. Dies sollten auch Experten wissen.
- Die Innovationsfeindlichkeit der Landbevölkerung wird häufig beklagt und die große Zurückhaltung gegenüber Neuerungen als fehlende Dynamik, Traditionalismus oder gar Faulheit kritisiert. Die *Skepsis gegenüber Neuerungen* kann jedoch *durchaus rationale Gründe* haben. So haben die Bauern mit der Einführung hybrider Getreide- oder Gemüsesorten in der Vergangenheit zum Teil sehr schlechte Erfahrungen gemacht. Zwar hat das neue Saatgut in normalen Jahren Erträge gebracht, die deutlich über dem bisherigen Durchschnitt lagen. In Jahren mit ungünstiger Witterung, zum Beispiel bei größerer Trockenheit, blieb der Erfolg jedoch weit unter den Ernteergebnissen der herkömmlichen Sorten. Die logische Schlußfolgerung: Lieber mit den altbewährten Anbaumethoden schlecht und recht auf dem Subsistenzminimum überleben, als mit den neuen, ertragreichen Arten in einem schlechten Jahr ein totales Ausfallrisiko eingehen. Das langfristige Überlebenskalkül wiegt schwerer als kurzfristige Gewinnmaximierung[4]).

**Die Reichen werden reicher, die Armen ärmer –
Soziale Implikationen von Entwicklungsprojekten**

So wichtig die Kenntnis und Berücksichtigung kultureller Rahmenbedingungen ist, so irreführend kann es sein, kulturelle Traditionen oder religiöse Einstellungen *isoliert* zu betrachten. *Kultur* ist häufig *Folge oder Voraussetzung* von bestimmten *ökonomischen und sozialen Entwicklungen*. Unterschiedliche soziale Schichten können unterschiedliche „Kulturen" haben, und Normen, Gesetze und Institutionen dienen häufig der Absicherung von etablierten Herrschaftsinteressen. Für die Planung und Durchführung von Entwicklungsprojekten ist demnach auch die *Erfassung und Berücksichtigung sozialer und politischer Strukturen* am Projektort im Hinblick auf den er-

wünschten Erfolg des Projektes von besonderer Bedeutung. Auch hierzu einige *Beispiele:*
– Um die Bedingungen für landwirtschaftliche Produktion in einem niederschlagsarmen Gebiet zu verbessern, wurden Tiefbrunnen gebohrt. Mit Hilfe von Motorpumpen sollte die Produktion durch künstliche Bewässerung erheblich erhöht werden. Im Sinne entwicklungspolitischer Grundprinzipien der Selbsthilfe und der Eigenanstrengung sollte ein Teil der Kosten von den Bauern selbst aufgebracht werden. Dadurch ergab sich von vornherein eine Differenzierung innerhalb der Zielgruppe: Einige wenige, die reicher waren, konnten eine *Eigenbeteiligung* aufbringen. Die übrigen waren dazu finanziell nicht in der Lage. Obwohl Verpflichtungen zur Wasserabgabe vereinbart wurden, spiegelte sich die soziale Schichtung schon im Projektansatz wider.

Der technische Erfolg war durchschlagend. Die Tiefbrunnen führten das ganze Jahr hindurch Wasser, die Bewässerung konnte kontinuierlich fortgesetzt werden, und die Ernteergebnisse erhöhten sich. Nicht berücksichtigt wurde jedoch, daß die Tiefbrunnen mit ihrer motorbetriebenen Wasserversorgung den umliegenden herkömmlichen Brunnen, die weniger tief waren, buchstäblich das Wasser abgruben. Durch die intensive Nutzung des Tiefbrunnens sank der Grundwasserspiegel in der Region, so daß schließlich denjenigen Bauern, die nicht an den Segnungen des Tiefbrunnens teilhaben konnten, sogar weniger Wasser zur Verfügung stand als vorher. Um ihre eigene Ernte jedoch ebenfalls sicherzustellen, waren sie gezwungen, Wasser aus dem Tiefbrunnen zu beziehen. Das Wasser wurde aber nicht kostenlos abgegeben, sondern zu steigenden Preisen verkauft. Es entwickelte sich ein lukratives Geschäft mit der Folge, daß diejenigen, die durch den Brunnenbau ohnehin schon privilegiert waren, sich durch den Wasserverkauf noch zusätzlich bereichern konnten.
– Das dargestellte Problem ist nicht allein auf private Eigentumsverhältnisse zu reduzieren. Auch wenn der Tiefbrunnen unter *Staatsaufsicht* steht, kann es zu Machtmißbrauch kommen. Als eklatantes Beispiel sei die militärische Besetzung von Brunnen in einem Wüstengebiet mit nomadisierender Bevölkerung genannt. Nomaden gelten den Regierungen in vielen neuen Nationalstaaten aufgrund ihrer mobilen Lebensart und ihrer spezifischen Wirtschaftsform als eine besonders suspekte Bevökerungsgruppe. Sie sind administrativ und steuerlich schwer zu erfassen und scheinen sich dem staatlichen Herrschaftsanspruch ständig entziehen zu wollen. Die militärische Besetzung der lebenswichtigen Brunnen ist somit die einfachste und effizienteste Methode, Steuern einzutreiben oder Jugendliche zum Militärdienst zu zwingen. Entwicklungsprojekte können somit zu Instrumenten staatlicher Kontrolle und Repression werden.
– Je anspruchsvoller und komplexer ein Projekt ist, um so größer können auch die unerwarteten und unerwünschten *Nebeneffekte*

sein. Die wirtschaftliche Situation von afrikanischen Kleinbauern, die auf winzigen Parzellen verschiedene Produkte zur ausschließlichen Eigenversorgung angebaut haben, sollte durch Umstellung auf Markt- und Exportproduktion verbessert werden. Entsprechend wurde eine Teeplantage angelegt, die den zu einer Genossenschaft zusammengeschlossenen Bauern zu einem höheren Einkommen verhelfen sollte. Durch den Tee-Export sollte als weiteres Projektziel das Zahlungsbilanzdefizit des Landes abgebaut werden. Der Boden blieb weiterhin Eigentum der Bauern, jedoch erfolgte die Vermarktung zu 100% über eine staatliche Teefabrik. Ein gutes Funktionieren sollte durch den landwirtschaftlichen Beratungsdienst, der das Pflanzen, Düngen, Ernten und die Vermarktung überwachte, sichergestellt werden.

Der Erfolg blieb zunächst nicht aus. Die Bauern erhielten ein vertraglich vereinbartes Geldeinkommen, das eindeutig über ihrem bisherigen Naturaleinkommen lag. Mittelfristig zeigte sich jedoch, daß sich die Lebensbedingungen für die Betroffenen insgesamt eher verschlechtert als verbessert hatten:

a) Mit fallenden Weltmarktpreisen mußten nach einer gewissen Zeit die Auszahlungen an die Bauern nach unten korrigiert werden. Parallel dazu wurde die Zuteilungsmenge an Düngemitteln und Pestiziden aufgrund gestiegener Kosten vermindert, was sich zugleich in einer Verringerung des Ernteertrages bemerkbar machte. Insgesamt sank das *Realeinkommen* merklich ab.

b) Die Minderung des Realeinkommens wurde dadurch verstärkt, daß die *Lebensmittel*, die früher in Eigenversorgung angebaut wurden und nunmehr gekauft werden mußten, teurer wurden.

c) Mit der Geldwirtschaft veränderte sich auch die *Konsumstruktur* der Bauern. Im Gegensatz zum Naturaleinkommen, das früher fast ausschließlich zur Deckung der Basisbedürfnisse wie Ernährung und Kleidung verwendet wurde, wurde nun ein Teil des Geldeinkommens in nicht lebensnotwendigen Konsum umgelenkt: Moderne Lebensart vermeintlich imitierend, wurde ein nicht geringer Teil des Einkommens für Alkohol, Nikotin oder den Kauf von Uhren oder Transistorradios ausgegeben. Da nur ein kleiner Rest des Einkommens zum Kauf von Nahrungsmitteln zur Verfügung blieb, sanken die Ernährungsstandards – in Kalorien oder Vitaminen gemessen – effektiv ab.

d) Die Verschlechterung der Lebensbedingungen kam nicht zuletzt durch eine veränderte *Arbeitsteilung der Geschlechter* zustande. Traditionell war die *Frau* für die Ernährungsversorgung der Familie zuständig und verrichtete somit neben Kindererziehung und Haushaltsaufgaben auch die wichtigsten landwirtschaftlichen Feldarbeiten. Als Einkommensempfängerin und Familienernährerin hatte sie eine hohe soziale Stellung inne. Mit der Einführung marktorientierter Produktion trat eine Änderung ein. Es waren vornehmlich Männer, die als Lohnarbeiter in der Plantage oder in der Teefabrik angestellt wurden und nunmehr als Lohnempfänger die

Funktion des Familienernährers übernehmen sollten. De facto wurde dieser Rollenwechsel jedoch nur unvollkommen angenommen. Die Männer erhielten zwar die Geldeinkommen, schenkten der Versorgung der Familie jedoch nur verminderte Aufmerksamkeit und verbrauchten, wie oben ausgeführt, einen Großteil des Geldeinkommens für nicht lebensnotwendige Dinge. Die Frau war nicht mehr Einkommensempfängerin (was einen Prestigeverlust bedeutete), sollte aber weiter – mit weniger Geld – Familienernährerin bleiben. Dies war nicht möglich: Der Lebensstandard der Gesamtfamilie – insbesondere der Frauen und Kinder – sank deutlich ab.

e) Besonders profitiert hat die *Projekt- und Staatsbürokratie:* Im Rahmen der von außen finanzierten Maßnahmen wurden eine Reihe von gut bezahlten Positionen (Manager, Buchhalter, Berater) geschaffen. Mit einem Teil der erwirtschafteten Devisen konnten Luxusprodukte aus dem Ausland eingekauft und eingeführt werden.

f) Wenn auch in dem Projektgebiet – zumindest vorübergehend – ein höheres Geldeinkommen geschaffen und Wirtschaftswachstum initiiert wurde, so verschlechterte sich doch die gesamte Lebenssituation der Bevölkerung merklich. In zunehmendem Maße kam es zu Verweigerung und Abwanderungen, denen man jedoch mit Strafandrohung und Zwang entgegenzuwirken versuchte, um das Gesamtproduktionsniveau nicht zu weit absinken zu lassen.

Die vorgenannten Beispiele sind keine Einzelfälle. Die Liste könnte verlängert werden. In manchen Fällen gelingt es noch gerade rechtzeitig, die negativen Auswirkungen zu erkennen und abzuschwächen. Dennoch ist bis heute die Gefahr, daß sich bei Projekten die Gesamtsituation der Zielgruppe eher verschlechtert als verbessert, nicht gebannt. Welches sind die Gründe? Wie kann Abhilfe geschaffen werden?

Modernisierung von außen oder eigenständige Entwicklung? Eine konzeptionelle Entscheidung

---

Die unbefriedigende Erfolgsbilanz der Entwicklungspolitik führte wiederholt zur Forderung nach einer Korrektur entwicklungspolitischer Konzepte und zu einer Neustrukturierung der Projektorganisation. Sowohl auf der konzeptionellen wie auf der Durchführungsebene wurde nach neuen Wegen gesucht.

Die entwicklungspolitischen Überlegungen in Wissenschaft und Praxis gingen – vor allem in den ersten zwei Entwicklungsdekaden – überwiegend von der *Prämisse einer nachholenden Industrialisierung durch Einbindung* der armen Länder *in die Weltwirtschaft* aus. Vor dem Erfahrungshintergrund der erfolgreichen Entwicklung der westlichen Industriestaaten erschien es selbstverständlich, die erprobten Rezepte der Modernisierung – *wirtschaftliches Wachstum und effiziente Bürokratisierung* – ohne große Änderung auf die Entwicklungsländer anzuwenden. Entwicklungshilfe war dabei eines der Vehikel, mit denen Modernisierung in gleichsam abgepackten Lösungen von der Ersten in die Dritte Welt transferiert werden sollte. Entsprechend wurden industrielle und landwirtschaftliche Produktionsverfahren, komplexe Technologien, Massenkommunikations- und Transportsysteme, Gesundheits- und Bildungskonzepte ohne spezifische Anpassung übertragen. Diese Transplantation schien zunächst programmgemäß abzulaufen, da sie von der in Europa ausgebildeten Avantgarde in der Dritten Welt stürmisch begrüßt und gefördert wurde. Allerdings stellte sich bald heraus, daß der wirtschaftliche *trickle-down*-Effekt geringer war als erhofft, denn die tatsächlich erfolgte Wohlstandssteigerung erreichte die Masse der Armen kaum (vgl. Beitrag *Schmitz*).

Daß die Übertragung kulturfremder Technologien und Organisationsmuster auf Anpassungsschwierigkeiten stößt, hat man immer schon feststellen müssen. Deswegen ist die *Akzeptanzproblematik* so alt wie die Entwicklungspolitik – oder gar wie die Kolonialpolitik. Wachsende Erfahrungen und Einsichten haben jedoch zu unterschiedlichen Meinungen über den Entwicklungsbegriff, über die verschiedenen Entwicklungsstrategien und damit auch über die Bedeutung sozialer und kultureller Rahmenbedingungen geführt.

Die modernisierungstheoretischen Überlegungen halten unter Berufung auf *Max Weber* vor allem die religiösen Traditionen, die den Menschen im „Ewig-Gestrigen" zurückhielten, für fortschrittsfeindlich. Den idealtypischen Dichotomien dieses Theorieansatzes folgend, wurden Kosmologien, statische Wirtschaftsethik, traditionelle Mythen und kollektive Orientierungen als entwicklungshemmend abgetan und statt dessen die Verbreitung moderner Einstellungen, das heißt naturwissenschaftliches, quantifizierendes Denken, dynamische Unternehmerorientierung, individuelle Leistungsmotivation und Aufstiegsbereitschaft gefordert. Mit der Einführung *moderner Schulerziehung* und *technischer Beratung* sollten durch Nachahmung des Westens *(Akkulturation)* die Vorbedingungen für eine beschleunigte, nachholende Entwicklung geschaffen werden. Allerdings sind auch gerade diese Versuche der „Schaffung eines neuen Menschen" durch moderne Bildung weitgehend fehlgeschlagen: Die moderne Schule hat weniger zur Verbreitung dynamischer Lebensorientierungen als vielmehr zum Aufkommen eines parasitären Statusdenkens bei den Schulabsolventen geführt und in vielen Ländern die sozioökonomischen Gegensätze sogar noch verstärkt (vgl. Beitrag *Hanf*).

Auch traditionelle Kulturen sind innovationsfähig

Die geringen Erfolge forcierter Modernisierungsprogramme haben Zweifel an der vereinfachten Gleichsetzung von „traditioneller Kultur" und „Unterentwicklung" aufkommen lassen, und zwar in zweifacher Hinsicht: Zum einen wurde die Frage nach Sinn und Wert einer Entwicklungsvision nach westlichem Muster gestellt, wobei grundlegende ökonomische und ökologische Einsichten (Grenzen des Wachstums, Verewigung sozialer Ungleichheit usw.) oder religiös-kulturelle Anschauungen (Ablehnung der Säkularisierung oder des Konsumismus) eine Rolle spielen. Zum anderen hat sich gezeigt, daß traditionelle Kulturen wünschenswerten gesellschaftlichen Veränderungen und Innovationen nicht unbedingt entgegenstehen müssen, wie gerade die ostasiatischen Beispiele in China, Korea und Japan zeigen. Insgesamt ist somit in der entwicklungspolitischen Diskussion eine Tendenz festzustellen, die sich von einem von außen aufgepfropften Modernisierungsbild westlichen Musters abwendet und stärker einem an den Bedürfnissen und Bedingungen der Dritten Welt selbst orientierten eigenständigen und selbstbestimmten Entwicklungsziel zuwendet. In diese Richtung gehen entwicklungspolitische Vorstellungen, die unter den Stichworten „autozentrierte Entwicklung", „Grundbedürfnisansatz", *eco-development* und „armutsorientierter Zielgruppenansatz" einzuordnen sind. Alle diese Überlegungen gehen von der Prämisse aus, daß „von außen" aufgepfropfte, „von oben" verordnete Entwicklungsprogramme scheitern werden, solange sie nicht „von unten" bejaht, akzeptiert und getragen werden. Entwicklungshilfe erhält im Rahmen dieses Konzeptes die ihr eigentlich zustehende, aber immer wieder in Vergessenheit geratene Aufgabenstellung einer „Hilfe zur Selbsthilfe".

Basisorientierte Selbsthilfeansätze

Um diesem Anspruch gerecht zu werden, sind *zwei Voraussetzungen* besonders zu beachten:
- Entwicklungshilfemaßnahmen können nur dann Sinn haben, wenn sie über die technisch-ökonomische Dimension hinaus den *Gesamtzusammenhang von Ökologie, Ökonomie, Politik und Kultur beachten.* So kann zum Beispiel die Mißachtung ökologischer Zusammenhänge bei einem Brunnenbau- oder Viehzuchtprojekt unter Nomaden die Rahmenbedingungen nomadischer Ökonomie zerstören und im Gefolge zu Überproduktion, Preisverfall, Versteppung der Landschaft, Abwanderung und kultureller Entfremdung führen. Ähnlich kann die ungenügende Beachtung von Ka-

sten- und Klassenhierarchien alle Maßnahmen zur Verbesserung der Lebensbedingungen unterprivilegierter Bevölkerungsschichten sinnlos werden lassen, wenn lokale Machtinteressen die Projekterfolge, das heißt den Mehrertrag, in die eigenen Taschen zu leiten vermögen. Die ganzheitliche Sicht der Dinge darf jedoch nicht zur neo-romantischen Utopie werden, indem vermeintlich intakte traditionale Gesellschaften um jeden Preis in ihrem Status quo erhalten werden sollen[5]). Unberührte kulturelle Reservate, die keinen Kontakt nach außen haben, gibt es kaum noch, so daß es wenig Sinn macht, kulturelle Traditionen um ihrer selbst willen zu erhalten und Innovationen von vornherein abzublocken. Sozialer Wandel ist vielmehr ein dynamischer Prozeß, der Wechselwirkungen in ökonomischer, politischer, sozial-struktureller und kultureller Hinsicht auslöst[6]). Eine Veränderung *ceteris paribus* gibt es nur im Modell, nicht in der Wirklichkeit.

- Die zweite Voraussetzung für eine adäquate Hilfe ist die Berücksichtigung des *menschlichen Faktors*. Nur diejenigen Entwicklungsvorhaben haben mittelfristig Aussicht auf Erfolg, die auf die *Zielgruppe* zugeschnitten und *an ihren Bedürfnissen orientiert* sind. Dabei soll nicht verschwiegen werden, daß es in Einzelfällen äußerst schwierig ist, diese Bedürfnisse zu entdecken und zu formulieren, insbesondere wenn innerhalb der Gruppe unterschiedliche Meinungen bestehen oder die politischen Rahmenbedingungen eine Artikulation sehr schwierig machen. Es ist jedoch entscheidend, die vorhandenen Potentiale und Handlungsspielräume der betroffenen Menschen zu ermitteln und ihr Selbstvertrauen zu fördern, um sie zu einer wirklichen Selbstbeteiligung zu bewegen, die allerdings auch Mühe und Anstrengung kostet. Ohne diese Eigenbeteiligung (Selbsthilfe) kann eine Förderung von außen wenig bewirken. Bevormundung und zu große finanzielle Unterstützung wirken demotivierend und kontraproduktiv, sie drohen die Selbsthilfefähigkeit zu zerstören und können zu passiver Rentnermentalität führen. Aus diesem Grund sind Selbstbestimmung und aktive Mitwirkung entscheidende Voraussetzungen jedes Entwicklungsprojektes, auch wenn dies in der Praxis schwer zu realisieren ist.

Im Ergebnis bedeutet dies, daß die Ziele, Interessen und Einstellungen der Zielgruppe nicht den Sachzwängen eines von außen vorgeschlagenen und finanzierten Projektes „angepaßt" werden sollen (im Fachjargon: Erhöhung der Akzeptanz), sondern daß umgekehrt das Projekt auf die Wünsche und Bedürfnisse der Zielgruppe zugeschnitten und von dieser selbst getragen werden muß. Allerdings – selbst bei weitestmöglicher Berücksichtigung der lokalen Verhältnisse – können Spannungen zwischen traditionellen und modernen Produktionen entstehen. Wichtig ist jedoch, daß – anders als bei dem Modernisierungsansatz – die traditionelle Sphäre nicht völlig ausgeblendet, sondern daß an den Wurzeln der Tradition angeknüpft und von dort ein eigenständiger Entwicklungsprozeß initiiert wird. Es entspricht einem dynamischen Kultur- und Entwicklungsverständnis,

wenn *Impulse von außen aufgenommen, ausgewählt und schrittweise in den eigenen Entwicklungsprozeß einbezogen* werden[7]).
Daß die hier diskutierten basisorientierten Selbsthilfeansätze tatsächlich große Erfolgsaussichten haben, soll ebenfalls an einem *Beispiel* erläutert werden:
In einer von einem Wirbelsturm stark verwüsteten Region wurde mit äußerer Hilfe ein Neuanfang gewagt. Um die anderorts gemachten negativen Erfahrungen von Katastrophenhilfe nicht zu wiederholen, wurde von Anfang an auf „Selbsthilfe" gesetzt. Die Hilfsleistungen beschränkten sich auf das Notwendigste, der Neuaufbau setzte bei Überliefertem an, keine Hilfslieferung erfolgte ohne Gegenleistung. Es sollte keine Empfängermentalität entstehen. Wichtiger als schnelle materielle Hilfe und Veränderung war jedoch der Bewußtseinsbildungsprozeß, durch den die verarmte Bevölkerung Zuversicht und Selbstvertrauen gewann, ihr Schicksal in die eigene Hand zu nehmen. Durch einen langen, aktionsorientierten Lernprozeß gelang es tatsächlich, in Eigenarbeit die zerstörten Bewässerungs- und Entwässerungsanlagen wiederherzustellen, die Landwirtschaft ertragreicher als zuvor zu gestalten und die Infrastruktur wieder funktionsfähig zu machen. Was aber wichtiger war: Durch Bildung von Sparvereinen und Selbsthilfeorganisationen konnte die Macht der lokalen Landbesitzer und der Geldverleiher gebrochen werden, die die Dorfbevölkerung bisher durch exorbitant hohe Schuldzinsen ausgebeutet hatten. Mit Hilfe des eigenen Sparkapitals konnten bescheidene Investitionen getätigt werden, so daß der unselige Teufelskreis von Armut und Abhängigkeit langsam durchbrochen werden konnte. Hilfe von außen ist heute nicht mehr nötig – und was noch aufsehenerregender ist: sie wird bewußt nicht angenommen.

Im Wege stehen technokratisches Denken sowie ethnozentrische und paternalistische Einstellungen

---

Allerdings – derartig erfolgreiche Beispiele sind nicht die Regel. Konzeptionelle Einsichten und Umorientierungen brauchen lange, bis sie im Projektalltag umgesetzt werden. Einstellungen und Gewohnheiten, institutionelle Regelungen und politische Interessen machen Änderungen in der Entwicklungspraxis sehr schwierig[8]).
„Entwicklungsplaner" und „Entwicklungsexperten" – die Begriffe verraten es schon – neigen in ihrer Berufspraxis häufig zu *technokratischen Lösungen*. Kulturelle, soziale und ökologische Nebenwirkungen werden dabei häufig vergessen. Bei Dürre werden möglichst viele Brunnen gebohrt, Ernährungsprobleme sollen durch hybride Weizensorten gelöst und Überschuldung soll durch mehr Exportproduktion abgebaut werden. Für jedes Problem scheint es eine technische Lösung zu geben, alles ist machbar. Dabei besteht die Tendenz, komplexe Realitäten auf ökonomisch quantifizierbare Größen

zu reduzieren und die sozialen, politischen und kulturellen Faktoren als *quantité négligeable* unter den Tisch fallen zu lassen. Doch was nützt eine komplizierte ökonometrische Berechnung oder eine exakte Kosten-Nutzen-Kalkulation, wenn die Verhaltensparameter der Bevölkerung weitgehend unberücksichtigt bleiben. Auch die Flucht in kapitalintensive Verfahren kann das Problem nicht lösen. Angesichts einer zunehmenden Zahl von Entwicklungsruinen kommen auch die Praktiker in der Entwicklungshilfe nicht umhin, sich zunehmend mit den kulturellen und sozialen Folgen von Techniktransfer auseinanderzusetzen.

Die Bevorzugung technokratischer Lösungsversuche geht weitgehend auf *ethnozentrische Einstellungen* bei Planern und Experten zurück. Die Überzeugung, daß der eigene Entwicklungsweg und die eigenen Kulturerrungenschaften Vorbildcharakter für alle anderen Völker besitzen, verschließt die Möglichkeit für *interkulturellen Dialog* und läßt wenig Raum für eigenständige Selbsthilfelösungen. Dies ist vor allem darauf zurückzuführen, daß der Experte über Geschichte, Tradition und Kultur des Gastlandes oder der Projektregion nur wenig weiß. Im Gegenteil, im Licht des ethnozentrischen Vorurteils hält er die Einheimischen häufig für unwissend, unerfahren und geschichtslos. Diese Fehleinschätzung wirkt nicht nur verletzend, sie verleitet auch zu vorschnellen Lösungsansätzen, die dem eigenen Kulturraum entstammen. Fehldiagnose führt zur Fehltherapie. Wie aber sollen die Auswirkungen von entwicklungspolitischen Eingriffen (zum Beispiel eine Umsiedlungsmaßnahme oder der Bau eines Staudamms) vorhergesagt und beurteilt werden, wenn die spezifischen Produktionsweisen, die sozialen Organisationen, die Rechtsverhältnisse und Lebensgewohnheiten, ja nicht einmal die Sprache der Betroffenen genügend bekannt sind?

Ethnozentrische Denkweise ist häufig gepaart mit *paternalistischen Einstellungen,* die das notwendige Einfühlungsvermögen in andere Kulturen manchmal vermissen lassen. Anstelle einer partnerschaftlichen Lernbereitschaft wird häufig eine erdrückende Allround-Kompetenz vorgetäuscht, die schulterklopfend bevormundet und alle Möglichkeiten für einen interkulturellen Dialog verschüttet. Wenn Krisenmanagement zum Normalfall wird, bleibt kein Raum für eigenständige Lösungen und für die selbstheilenden Kräfte des Systems. Was fehlt, sind die Tugenden der Sensibilität und Offenheit für die Andersartigkeit fremder Kulturen. Nur dann ist ein Dialog über Selbsthilfe, Selbstorganisation und Partizipation möglich: Projektarbeit weniger *für* als *mit* den Armen.

Wenn „ordnungsgemäße Abwicklung" Vorrang hat: Bürokratische Hemmnisse

Der Mangel an voraussetzungslosem Dialog als Grundlage eines partnerschaftlichen Projektes ist allerdings nicht unbedingt dem Desinteresse der Entwicklungsexperten anzulasten. Denn einerseits sind viele Entwicklungshelfer – insbesondere in kirchlichen Institutionen – sehr motiviert, zum anderen ist auch die Vorbereitung der Experten in den letzten Jahren besser geworden. Allerdings wird der gute Wille des einzelnen oft durch *politische und administrative Sachzwänge* unterlaufen (vgl. Beiträge *Oberndörfer* und *Schmitz*). Denn das soziale und kulturelle Einfühlungsvermögen, das vor Ort gefordert wird, ist in der Administration selbst kaum vorhanden. Vorherrschend ist vielmehr ein technisch-bürokratisches Routinedenken, das weniger an langfristig erfolgreichen Innovationen und Akkulturationsprozessen interessiert ist als an kurzfristiger administrativer Abwicklung. Exaktes Exekutieren dominiert sowohl in den Zentralen der Geberorganisationen wie auch bei den Entwicklungshelfern vor Ort. Entsprechend konzentriert sich auch die Kontrolle und Bewertung des Geleisteten zunächst auf ordnungsgemäße Abwicklung (einwandfreie Buchführung, regelmäßige Berichterstattung usw.) und weniger auf tatsächlich erfolgte, zumeist nur mittel- bis langfristig feststellbare Veränderungsprozesse. Haushaltsbestimmungen, Vorschriften zum rechtzeitigen Mittelabfluß, bevorstehende Prüfungen des Rechnungshofes und politische Vorgaben ergeben insgesamt ein administratives Klima, das die verstärkte Berücksichtigung sozio-kultureller Aspekte bei Entwicklungsprojekten eher verhindert als fördert.

Allerdings hat auch die Verwaltung feststellen müssen, daß kulturelle und soziale Faktoren eine wichtige Rolle bei der Entwicklungszusammenarbeit spielen. Insofern ist gerade in den letzten Jahren dem Problem der Rahmenbedingungen und der Folgewirkungen von Entwicklungsprojekten größere Aufmerksamkeit geschenkt worden. Gleichzeitig wurden der Selbsthilfeansatz und das Zielgruppenkonzept verstärkt diskutiert und in einzelne Projekte eingebaut. Schließlich versuchte man durch Verfeinerung der Planungs- und Steuerungsinstrumente den Gegebenheiten vor Ort mehr Rechnung zu tragen.

Doch selbst wenn es der Entwicklungsadministration gelingen sollte, sich mittelfristig stärker auf armutsorientierte Projektansätze zu konzentrieren und die sozio-kulturelle Dimension in den Vordergrund zu stellen, so ist sie dennoch nicht gegen *politische Einwirkungen* gefeit, die nicht-entwicklungskonforme Ziele verfolgen. So werden aus geostrategischen Interessen, aus Bündnisverpflichtungen heraus oder nicht zuletzt aufgrund von persönlichen Interventionen prominenter Politiker immer wieder Projektmaßnahmen initiiert, die einer sozio-kulturell orientierten Entwicklungspolitik widersprechen. Parallel dazu bestehen handels- und beschäftigungspolitische Forderungen, die die Entwicklungshilfe stärker im Dienst der Industrie- und Exportinteressen sehen möchten. In diesem Zusammenhang sind auch die Diskussionen um die Beschäftigungswirksamkeit, die sogenannte Mischfinanzierung und die Lieferbindung bei deutschen Entwicklungsvorhaben zu sehen. Es stellt sich jedoch die Frage, ob es aus politischer und wirtschaftlicher Perspektive langfristig nicht sinnvoller und gewinnbringender wäre, sozio-kulturell abgestimmte erfolgreiche Projekte vorweisen zu können als teure Entwicklungsruinen, die den Ruf verderben. Eine Beschränkung auf wenige, aber besser vorbereitete und mit längerem Atem betriebene Projekte scheint angesichts des Ausgabezwangs (0,7%-Ziel) und des politischen Erfolgsdrucks, etwas „bewegt" zu haben, wenig Aussicht auf Erfolg zu haben.

Der schwierige Dialog mit den Zielgruppen

Von besonderer Bedeutung für die Planung und Gestaltung von Projekten sind schließlich die Projektpartner in der Dritten Welt und die einheimischen Eliten, die über die politische und wirtschaftliche Macht verfügen. Wenn über die sogenannten Projektnehmer gesprochen wird, so werden die *Interessenkonflikte* und die manchmal sehr großen *sozio-ökonomischen Differenzierungen,* die in der Dritten Welt bestehen, leicht übersehen. Überall gibt es ökonomische, soziale, ethnische und regionale Unterschiede und Interessenkonflikte, die gerade auch bei der Verteilung von Entwicklungshilfemitteln zutage treten. Jedes Entwicklungsprojekt verändert den Status quo und kann sich zum Vorteil des einen und zum Nachteil des anderen auswirken. Die an den Entscheidungen Beteiligten versuchen (selbstverständlich), ihren eigenen Herkunftsort, ihren eigenen Clan oder die eigene Klientel von einem Projekt besonders profitieren zu lassen. Entsprechend wird um gut bezahlte Aufträge und lukrative Posten gefeilscht, um Tantiemen gerungen und werden Betriebsgenehmigungen verschachert. Bei derartigen Interessenkonflikten werden einflußarme Gruppen, zum Beispiel Landlose, Kleinbauern, Slumbewohner oder Nomaden, in der Regel benachteiligt. Den Entwicklungsexperten wird oft erst zu spät klar, wie kompliziert und differenziert der Konkurrenz- und Machtkampf auf seiten des Nehmers ist.
In diesem Zusammenhang sei ebenfalls darauf hingewiesen, wie schwierig sich der Dialog mit der Zielgruppe gestalten kann. Wer ist „Zielgruppe", was konstituiert sie? Bedürfnisse können nur artikuliert werden, wenn ein gemeinsames „Mangelbewußtsein" vorhanden ist und ein gewisser Organisationsgrad besteht. Die Artikulation erfolgt (schon wegen der Sprache und der Ausdrucksfähigkeit) über Mittelsmänner, so daß Verfälschungen und Übervorteilungen auftreten können. Die Ärmsten der Armen werden in den seltensten Fällen er-

reicht, da sie gar nicht organisierbar sind. Je stärker jedoch die Außenbestimmung ist, je mehr ausländische Experten oder interne Staatsbürokraten einzuwirken versuchen, um so deutlicher kann die Dialogverweigerung der Armen ausfallen. In manchen Projekten wird deshalb „defensive Kommunikation" betrieben, das heißt halbherzige Kooperation, die von Unlust, Desinteresse, ja sogar bewußter Irreführung geprägt ist. Hier fehlt die Vertrauensbasis. Ein späterer Projekterfolg ist dabei kaum zu erwarten.

Eine Neuorientierung hat sich schon angebahnt

Die Diskussion um die sozialen und politischen Nebenwirkungen und Rahmenbedingungen von Entwicklungsprojekten ist in den letzten Jahren mit zunehmender Intensität geführt worden. Forschungsaufträge wurden vergeben, Gutachten angefertigt, Expertengespräche geführt[9]. Die offiziellen Stellungnahmen des Entwicklungsministeriums und die entwicklungspolitischen Passagen der Parteiprogramme zeigen, daß eine Bewußtseinsänderung stattgefunden hat. Indikatoren eines Umdenkens sind ebenfalls die Neufassungen von Prüfrastern und Gutachterrichtlinien, eine Veränderung der Personalpolitik, verlängerte Vorbereitungsphasen bei Feldaufenthalten und die Bereitschaft, neue Projektansätze zu erproben[10]. Dahinter steht nicht zuletzt ein entwicklungspolitisches Eigeninteresse, erfolgreiche Projektarbeit zu leisten.

Allerdings stößt die Neuorientierung, wie aufgezeigt, nach wie vor auf vielerlei Schwierigkeiten. Vieles ist in den Anfängen – auf verbaler Ebene – steckengeblieben. Insofern ist es nicht verwunderlich, wenn Kritiker die Diskussion um soziale und kulturelle Faktoren als eine legitimatorische Alibi-Debatte abtun, die nicht zu ernsthaften konzeptionellen und organisatorischen Änderungen in der Entwicklungshilfepraxis führen würde. Ein solches Urteil ist jedoch möglicherweise zu früh gesprochen, da gerade in der Entwicklungspolitik Umorientierungen lange brauchen, bis sie zum Erfolg führen. Zudem wäre es sicherlich unverantwortlich, wenn die Krisendiagnose der radikalen Kritiker zur vorschnellen Resignation führen würde. Die Krise bietet vielmehr die Chance, Geschehenes zu überdenken und konstruktive Reformansätze mit größerem Nachdruck zu verfolgen.

Anmerkungen

[1] Einen guten Überblick über die vorgebrachten Argumente (mit kurzen Texten) gibt: epd, Entwicklungspolitik, Materialien IV/85: Entwicklungspolitik in der Krise?

[2] Besonderes Aufsehen erregte das jüngst erschienene Buch von Erler, Brigitte, Tödliche Hilfe. Bericht von meiner letzten Dienstreise in Sachen Entwicklungshilfe, Freiburg 1985. Dazu auch die Stellungnahme von Böll, Winfried, in der FAZ vom 9. 7. 1985: Sind alle Komplizen einer raffinierten Vernichtungsmaschine?

[3] Vgl. Braun, Gerald, Heribert Weiland, Entwicklungshilfe auf der Suche nach kultureller Identität, in: Entwicklung und Zusammenarbeit, 22 (1981), 7/8, S.12, und Goetze, Dieter, Heribert Weiland (Hrsg.), Soziokulturelle Implikationen technologischer Wandlungsprozesse, SSJP-Bulletin 52, Saarbrücken 1983.

[4] J. Röpke nennt dieses rationale Kalkül auf dem Subsistenzniveau „effiziente Armut". Röpke, Jochen, Handlungsrechte und wirtschaftliche Entwicklung, in: Schüller, A. (Hrsg.), Property Rights und ökonomische Theorie, München 1983, S.140.

[5] Vgl. Braun, G., Grundbedürfnisse und Weltzivilisation, in: Entwicklung und Zusammenarbeit, 24 (1983), 7, S. 6.

[6] Vgl. Lachenmann, Gudrun, Ökologie und Sozialstruktur im Sahel, in: Afrika Spectrum, 19 (1984), 3, S. 224ff.

[7] Zwiefelhofer, H., et al., Sozio-kultureller Wandel und Entwicklungspolitik, in: Herausforderungen für die Entwicklungspolitik in den achtziger Jahren. Forschungsberichte des Bundesministeriums für wirtschaftliche Zusammenarbeit, Bd. 36, Köln 1982, S.230f.

[8] Vgl. dazu Weiland, Heribert, Unvorhergesehene Folgekosten durch Vernachlässigung sozio-kultureller Gegebenheiten, in: Koch, W. A. (Hrsg.), Folgekosten von Entwicklungsprojekten – Probleme und Konsequenzen für eine effizientere Entwicklungspolitik, Berlin 1984, S.129–150.

[9] Vgl. zum Beispiel Weiland, H., Ulrich Fanger und H. F. Illy, Soziale Auswirkungen von Maßnahmen der Finanziellen und Technischen Hilfe, Arnold-Bergstraesser-Institut, Freiburg 1978; Ohe, W. v. d., et al., Die Bedeutung sozio-kultureller Faktoren in der Entwicklungstheorie und -praxis. Forschungsberichte des Bundesministeriums für wirtschaftliche Zusammenarbeit, Bd. 29, Köln 1982, und die Protokolle des von der Deutschen Stiftung für Internationale Entwicklung (DSE) und der Gesellschaft für Technische Zusammenarbeit (GTZ) getragenen Arbeitskreises „Kultur und Entwicklung".

[10] Besonders hervorgehoben sei die Arbeit einer Sondereinheit (E 31) im Bundesministerium für wirtschaftliche Zusammenarbeit (BMZ), die sich mit der adäquaten Förderung von Selbsthilfeinitiativen befaßt.

Erich Schmitz

Für eine grundbedarfsorientierte Entwicklungspolitik

Eine Umorientierung aus ethischen, wirtschaftlichen und politischen Überlegungen

---
Manche Länder sind absolut, andere relativ ärmer geworden

Um 1960 fand die Welle der *Unabhängigkeitserklärungen* der schwarzafrikanischen Staaten ihren Höhepunkt. Gleichzeitig setzte fast weltweit eine gezielte Entwicklungspolitik ein, wobei die Vorstellung dominierte, Entwicklung sei nahezu ausschließlich mit *wirtschaftlichem Wachstum,* gemessen an der Steigerung des *Bruttosozialprodukts* (BSP) pro Kopf der Bevölkerung, gleichzusetzen. Dieses Wachstum sollte im wesentlichen durch eine nachholende *Industrialisierung* und *Modernisierung* erreicht werden. Folgerichtig lagen die Schwerpunkte der Politik der ersten Entwicklungsdekaden in einer vorrangigen und kapitalintensiven Förderung des industriellen Sektors sowie in den Anstrengungen zum Ausbau einer *modernen Infrastruktur* und einer effizienten *Staatsbürokratie.* Ziel dieser Entwicklungsbemühungen, die vor allem die sozio-kulturelle Dimension völlig außer acht ließen, war es, die Volkswirtschaften der Entwicklungsländer so schnell wie möglich an den Stand der westlichen Industrieländer heranzuführen. Man ging von der Annahme aus, daß auch innerhalb der einzelnen Entwicklungsländer die Wachstumsprozesse im modernen Sektor bis zu den *ärmeren Bevölkerungsgruppen durchsickern* und die Regierungen in Entwicklungsländern aus Legitimationsgründen zunehmend zu einer progressiven Besteuerung der Reichen und zu Umverteilungsmaßnahmen greifen würden.

In den vergangenen Jahrzehnten sind diese Annahmen hingegen nicht in der erwarteten Weise eingetroffen. Nach fast drei Entwicklungsdekaden läßt sich feststellen, daß im Hinblick auf die Steigerung des Bruttosozialprodukts[1] in den Volkswirtschaften der Dritten Welt eine sehr unterschiedliche Entwicklung stattgefunden hat.

In 13 Entwicklungsländern mit einer Bevölkerung von 116,6 Millionen Menschen, die bis auf Jamaika und Chile alle zu den ärmsten der

Welt zählen, ist im Zeitraum von 1965 bis 1983 das Bruttosozialprodukt pro Kopf der Bevölkerung gesunken *(siehe Tabelle 1)*. Diese Länder sind *absolut ärmer* geworden.

In allen übrigen der am wenigsten entwickelten Länder (*least developed countries* = LLDC) mit Ausnahme der Volksrepublik China und Sri Lankas lagen die durchschnittlichen jährlichen *Wachstumsraten* (pro Kopf der Bevölkerung) *unter* denen der westlichen Welt. Insgesamt hatten 46 von 75 im Weltentwicklungsbericht 1985 aufgeführten Entwicklungsländern[2]) mit einer Gesamtbevölkerung von 1,4 Milliarden Menschen ein geringeres wirtschaftliches Wachstum als die marktwirtschaftlichen Industrieländer. Diese Staaten sind somit im Vergleich zu den westlichen Industrienationen *relativ ärmer* geworden.

Schließlich gibt es auch eine Gruppe von 29 Entwicklungsländern mit einer Bevölkerung von 1,87 Milliarden Menschen, die zum Teil erheblich höhere durchschnittliche jährliche Steigerungen des Bruttosozialprodukts pro Kopf der Bevölkerung aufweisen als die westlichen Industrieländer *(vgl. Tabelle 2)*. In diesen Ländern lebt insgesamt über die Hälfte der Bevölkerung in Entwicklungsländern.

Tabelle 1: Länder mit einem jährlichen Rückgang des Bruttosozialprodukts pro Kopf der Bevölkerung 1965 bis 1983

	Bruttosozialprodukt pro Kopf (in US-$ 1983)	Bevölkerung in Millionen Mitte 1983	Durchschnittl. jährl. Entwickl. des Bruttosozialprodukts 1965 bis 1983 (in %)
Tschad	80	4,6	−2,8*)
Zaire	170	29,7	−1,3
Uganda	220	13,9	−4,4
Niger	240	6,1	−1,2
Somalia	250	5,1	−0,8
Madagaskar	310	9,5	−1,2
Ghana	310	12,8	−2,1
Senegal	440	6,2	−0,5
Sambia	580	6,3	−1,3
El Salvador	710	5,2	−0,2
Nicaragua	880	3,0	−1,8
Jamaika	1 300	2,3	−0,5
Chile	1 870	11,7	−0,1
zum Vergleich: Bundesrepublik	11 430	61,4	+2,8

*) Durchschnittswert für den Zeitraum 1960 bis 1982.
Quelle: Weltbank, Weltentwicklungsbericht 1985.

Tabelle 2: Länder mit einem höheren Bruttosozialprodukt-Wachstum als die marktwirtschaftlichen Industrieländer 1965 bis 1983

	Bevölkerung in Millionen Mitte 1983	Bruttosozialprodukt pro Kopf in US-$ 1983	durchschnittl. jährlicher Zuwachs 1965 bis 1983 (in %)
Singapur	2,5	6 620	7,8
Jordanien	3,2	1 640	6,9
Korea, Rep.	40,0	2 010	6,7
Lesotho	1,5	460	6,3
Hongkong	5,3	6 000	6,2
Jemen, Arab. Rep.	7,6	550	5,7
Brasilien	129,7	1 880	5,0
Tunesien	6,9	1 290	5,0
Indonesien	155,7	560	5,0
Syrien	9,6	1 760	4,9
Ecuador	8,2	1 420	4,6
Malaysia	14,9	1 860	4,5
Paraguay	3,2	1 410	4,5
China	1 019,1	300	4,4
Thailand	49,2	820	4,3
Ägypten	45,2	700	4,2
Dominik. Rep.	6,0	1 370	3,9
Algerien	20,6	2 320	3,6
Kongo	1,8	1 230	3,5
Trinidad u. Tobago	1,1	6 850	3,4
Mexiko	75,0	2 240	3,2
Kolumbien	27,5	1 430	3,2
Nigeria	93,6	770	3,2
Türkei	47,3	1 240	3,0
Panama	2,0	2 120	2,9
Philippinen	52,1	760	2,9
Marokko	20,8	760	2,9
Sri Lanka	15,4	330	2,9
Kamerun	9,6	820	2,7
zum Vergleich: Bundesrepublik	61,4	11 430	2,8
Marktwirtschaftliche Industrieländer (ges.)	728,9	11 060	2,5

Quelle: Weltbank, Weltentwicklungsbericht 1985.

Sie zählen zumeist zur Gruppe der Länder, die inzwischen über vergleichsweise höhere Einkommen verfügen. Zwei Drittel dieser Staaten wiesen 1983 ein durchschnittliches Pro-Kopf-Einkommen von über 1000 Dollar auf.

Auch innerhalb der Entwicklungsländer hat sich die Einkommensschere weiter geöffnet

Aus der Analyse der Ergebnisse ergibt sich, daß die eingeschlagenen Entwicklungsstrategien in den ersten Entwicklungsdekaden lediglich in einigen Ländern erfolgreich waren. Diese Staaten zählen heute zumeist zu den Schwellenländern.

Allerdings müssen die hier dargestellten Ergebnisse noch weiter differenziert werden. Einerseits ist der wirtschaftliche Erfolg in zahlreichen Ländern gerade angesichts des enormen Bevölkerungswachstums während der letzten drei Jahrzehnte bemerkenswert, andererseits hat sich in vielen Staaten ein Durchsicker-Effekt (trickle-down) von volkswirtschaftlichen Zuwächsen auf alle Bevölkerungsgruppen nicht ergeben, so daß nach wie vor erhebliche innerstaatliche Unterschiede bestehen. Die oft beträchtlichen wirtschaftlichen Erfolge konzentrieren sich häufig auf einige Regionen, während andere davon völlig ausgeschlossen bleiben. Bestimmte ethnische oder soziale Gruppen haben an den wirtschaftlichen Erfolgen keinen oder nur geringen Anteil oder ihnen wird aus politischen oder sozio-kulturellen Gründen der Zugang dazu verwehrt[3]). Dies führte zu einem in vielen Staaten explosiven Nebeneinander von relativ wohlhabenden Bürgern und Bevölkerungsgruppen, die in absoluter Armut leben. Die Einkommensschere zwischen reichen und ärmeren Entwicklungsgruppen öffnete sich in zahlreichen Entwicklungsländern weiter.

Alle entwicklungspolitischen Anstrengungen der ersten beiden Dekaden konnten es somit nicht verhindern, daß sich für einen beträchtlichen Teil der Entwicklungsländer der Abstand zu den Industrieländern vergrößert hat, zahlreiche Staaten sogar einen absoluten Rückgang beklagen mußten und sich in vielen Staaten insbesondere die Lage bestimmter Bevölkerungsgruppen nicht verbessert hat.

Aufgrund dieser Entwicklungen *stieg* mit der Bevölkerung auch die *Anzahl der absolut Armen*, d. h. derer, die unter dem Existenzminimum leben, weiter an. Anfang der achtziger Jahre mußte die betrübliche und gleichermaßen herausfordernde Feststellung getroffen werden, daß in der Dritten Welt die Zahl der in absoluter Armut lebenden Menschen auf etwa 900 Mio. angewachsen war. Dabei ist der *relative* Anteil der unterhalb der Elendsgrenze lebenden Bevölkerungsgruppen an der Gesamtbevölkerung in den einzelnen Entwicklungsländern unterschiedlich hoch: er liegt in einer Reihe von schwarzafrikanischen Staaten bei mehr als zwei Dritteln der Gesamtbevölkerung[4]). Aufgrund der erheblich größeren Gesamtbevölkerung in den verschiedenen Entwicklungsregionen konzentriert sich jedoch die

Masse der absolut Armen in Südasien. In Indien leben beispielsweise etwa 350 Millionen Menschen unterhalb der Armutsgrenze. Dies sind zusammen mehr Arme in einem einzigen Staat, als in den Entwicklungskontinenten Afrika und Lateinamerika zusammengenommen. Insgesamt wird davon ausgegangen, daß knapp die Hälfte der absolut Armen in Südasien, jeweils etwa 15 Prozent in Lateinamerika und in Schwarzafrika und der restliche Teil der absolut Armen in den anderen Entwicklungsregionen leben, davon ein ganz erheblicher Teil in der Volksrepublik China. Darüber hinaus wird angenommen, daß über 90 Prozent der in absoluter Armut lebenden Menschen in ländlichen Gebieten ihr Leben fristen und lediglich ein geringer Prozentsatz in städtischen Gebieten zu finden ist[5]). Ein eindeutiger Zusammenhang, daß in den Ländern, in denen ein besonders ungerechtes Verteilungsverhältnis der Einkommen besteht, auch das Ausmaß an absoluter Armut besonders hoch ist, konnte hingegen nicht festgestellt werden[6]).

Eine Konzentration auf die absolut Ärmsten

Die Erkenntnis über das erschreckend hohe Ausmaß und den fehlenden Rückgang der Zahl der in absoluter Armut lebenden Menschen in Entwicklungsländern lag in ähnlicher Weise auch schon Anfang der siebziger Jahre vor. Sie gab Anlaß zu einer radikalen Neuorientierung der Diskussion um eine möglichst sinnvolle und effiziente Ausrichtung der Entwicklungspolitik. In diese neuen Überlegungen gingen volkswirtschaftliche, politische und moralisch-ethische Grundpositionen gleichermaßen ein.

Aus *ethischer* Sicht begründet sich Entwicklungspolitik zu einem wesentlichen Teil aus der Vorstellung allgemeingültiger Grund- und Menschenrechte. Diese sind in die von allen UN-Mitgliedern unterzeichnete Charta der Vereinten Nationen und in die Erklärung der allgemeinen Menschenrechte der UN sowie in zahlreiche einzelstaatliche Verfassungen eingegangen. Dort wird an herausragender Stelle betont, daß *alle Menschen gleich* seien und das unveräußerliche Recht auf Leben und körperliche Unversehrtheit haben. Da diese Rechte prinzipiell nicht an bestimmten Landesgrenzen oder bei einzelnen Bevölkerungsgruppen enden, fordern sie zielgerichtetes entwicklungspolitisches Handeln, das den Versuch unternimmt, die Lage besonders armer Staaten und benachteiligter Bevölkerungsgruppen zu verbessern.

In *volkswirtschaftlichen Modellüberlegungen* wurde den *trickle-down*-Thesen die Konzeption einer einkommensschaffenden, armutsorientierten Entwicklungspolitik gegenübergestellt[7]). Sie geht davon aus, daß insbesondere die bislang nicht genutzten Produktions- und Wachstumspotentiale armer Bevölkerungsgruppen (Subsistenz- und Kleinbauern, Pächter, Dorfhandwerker) zu aktivieren seien. Dadurch sollen nicht nur die unmittelbaren Lebensumstände dieser Gruppen verbessert, sondern durch vergrößerte Nachfrage und Marktprozesse auf unterster Ebene auch wirtschaftliche Zusatzeffekte *(trade offs)* erzielt werden, die allmählich auf die gesamte Volkswirtschaft durchschlagen *(trickle up)*. Auf diese Weise könne dann bei gleichzeitiger Bedarfsbefriedigung der ärmsten Bevölkerungsgruppen der Umfang der erreichten volkswirtschaftlichen Produktions- und Wachstumsprozesse deutlich größer sein als die Summe der Einzelaktivitäten.

Schließlich wurden auch *politische Überlegungen* in den Begründungszusammenhang einbezogen. Es galt zu bedenken, daß eine innerstaatliche und eine zwischenstaatliche Politik, die die ärmsten Staaten oder besonders benachteiligte Bevölkerungsgruppen nicht vorrangig in ihre Bemühungen einbezieht, mittelfristig mit erheblichen politischen Spannungen innerhalb der Bevölkerungen und zwischen den einzelnen Staaten zu rechnen haben würde, so daß auch von daher eine veränderte Orientierung entwicklungspolitischer Bemühungen erforderlich sei. Diese Überlegungen verdichteten sich zur Forderung nach einer *direkten* und *unmittelbaren* Bekämpfung der wesentlichen Armutsmerkmale[8]. Entwicklungspolitische Maßnahmen seien so auszurichten, daß sie zumindest den Grundbedarf der armen Bevölkerung an lebenswichtigen materiellen und immateriellen Gütern und Dienstleistungen decken könnten. Diese Neuausrichtung der Entwicklungspolitik ging als sogenannte „Grundbedürfnisstrategie"[9] in die entwicklungspolitische Diskussion ein. Zu ihrer vorrangigen Beachtung verpflichteten sich 1977 nicht nur die im *Development Assistance Committee* (DAC) zusammengeschlossenen Geberstaaten der OECD, sondern ihr wurde auch in den offiziellen Stellungnahmen der verschiedenen Bundesregierungen der letzten Jahre und in den gemeinsamen Erklärungen aller im Bundestag vertretenen Parteien oberste Priorität eingeräumt[10].

Zur *Umsetzung* dieser programmatischen Erklärungen in die entwicklungspolitische Praxis ist hingegen eine Reihe von *Vorüberlegungen* vonnöten, ohne die zielgerichtete Entwicklungsmaßnahmen nicht möglich sind. Zunächst ist es erforderlich, den menschlichen Grundbedarf zu beschreiben und abzugrenzen. Davon ausgehend müssen Bevölkerungsgruppen (Zielbevölkerungen) in Entwicklungsländern identifiziert werden, deren Grundbedarf am wenigsten befriedigt ist. Aus dieser armen Bevölkerungsgruppe sind unter entwicklungspolitisch-strategischen Gesichtspunkten bestimmte Teile (Zielgruppen) auszuwählen, die die beste Gewähr für eine erfolgreiche, zukunftsorientierte Entwicklungspolitik bieten. Im Anschluß daran sind Schwerpunkte der durchzuführenden Arbeiten zu benennen.

Grundbedarf: Voraussetzungen zum Überleben in Menschenwürde

Die Beschreibung des menschlichen Grundbedarfs[11] umfaßt eine Reihe von unterschiedlichen Elementen. Erhebliche *sozio-kulturelle Verschiedenheiten* bei der Bewertung des Stellenwertes der einzelnen Bestandteile des Grundbedarfs machen es wenig sinnvoll, eine universelle, allgemein akzeptierte Definition *des* menschlichen Grundbedarfs geben zu wollen. Nach analytischen Kriterien lassen sich aber verschiedene Kategorien von Grundbedarf unterscheiden, auf die sich die Bedürfnisse der Menschen richten und die auch für die Ausrichtung grundbedarfsorientierter Entwicklungspolitik von zentraler Bedeutung sind.

1. Voraussetzungen zum physischen Überleben – materieller Grundbedarf (basic needs)

Die Erfüllung von Minimalstandards des materiellen Grundbedarfs an *Nahrung, Kleidung, Wohnung, Gesundheitsversorgung* und *Trinkwasserver- und -entsorgung* schafft die Grundlage für die rein physische Weiterexistenz des Menschen und bildet damit eine *notwendige,* wenn auch *nicht hinreichende* Bedingung für die Verwirklichung des allgemein anerkannten Menschenrechts auf Leben und körperliche Unversehrtheit. Die Teilbereiche des materiellen Grundbedarfs stehen in einer starken *Wechselbeziehung* zueinander: Ausreichende Ernährung und zureichende Kleidung sowie sauberes Trinkwasser vermindern die Anfälligkeit für Krankheiten aller Art. Geregelte Abwasserentsorgung und hygienische Wohnverhältnisse verbessern die Lebensverhältnisse der Menschen und schaffen die Voraussetzungen für eine bessere Nahrungszubereitung und eine angemessene Kinderbetreuung. Ausreichende und differenzierte Nahrung ist bei Kleinkindern der entscheidende und später nicht mehr nachholbare Impuls für körperliches und geistiges Wachstum. Gesundheitliche Versorgung und insbesondere präventive gesundheitliche Maßnahmen schaffen ein Problembewußtsein für gesundheitliche Gefahren und veranlassen die Betroffenen zu einer eigenständigen Verbesserung in den vorgenannten Bereichen. Alle diese Maßnahmen kulminieren in der Möglichkeit des Menschen, sein Recht auf Leben – hier noch als rein physische Existenz gesehen – so lange wie möglich auszuüben.

2. Voraussetzungen zu menschenwürdigem Überleben – immaterieller Grundbedarf (basic human needs)

Die Voraussetzungen zur rein physischen Weiterexistenz sind möglicherweise auch in einer wirtschaftlich reichen, aber grausamen Diktatur gewährleistet. Sie reichen nicht aus, ein menschenwürdiges Leben zu führen, und zahlreiche Bewohner solcher Länder setzen ihr

Leben aufs Spiel, um diesen Systemen zu entkommen oder sie zu verändern. Somit zählt zum menschlichen Grundbedarf eine Reihe von immateriellen Werten, die erst ein *menschenwürdiges Leben* ermöglichen. Obwohl gerade auch der immaterielle Grundbedarf sich in verschiedenen sozio-kulturellen Umfeldern stark unterscheidet, kann doch davon ausgegangen werden, daß es zahlreiche gesellschaftsübergreifende Gemeinsamkeiten gibt. Zu diesen in nahezu allen Kulturen anzutreffenden Grundelementen zählt der Wunsch nach *Unabhängigkeit* und freier *Selbstbestimmung* der eigenen unmittelbaren Lebensverhältnisse. In enger Verbindung damit steht das Verlangen nach *kultureller Identität* und nach *Mitbeteiligung (Partizipation)* an wesentlichen Entscheidungsprozessen. Hinzu treten die Forderungen nach *Kommunikationsmöglichkeiten* sowie nach einem gewissen Maß an *Bildung* und *sozialer Fürsorge*.

Eine lange theoretische Auseinandersetzung widmet sich der Frage, ob nicht bestimmte erforderliche oder wünschbare Elemente zum hier vorgelegten Minimalkatalog des Grundbedarfs hinzuzuzählen seien oder nicht[12]). Diese oft praxisferne Diskussion um zusätzlich Wünschbares oder Vollständiges verliert aber dabei die Erkenntnis aus dem Auge, daß eine universelle, allgemein akzeptierte Definition des Grundbedarfs nicht gegeben werden kann. Darüber hinaus richten sich grundbedarfsorientierte Entwicklungsmaßnahmen immer auf konkrete Zielgruppen. Die spezifischen Grundbedürfnisse dieser Gruppen reichen in Teilbereichen in der Regel über die hier vorgestellten Elemente hinaus und müssen für die konkrete Projektpraxis ohnehin ermittelt werden.

Materieller und immaterieller Grundbedarf sind so eng aufeinander bezogen und stehen in so vielfältigen Wechselbeziehungen, daß in der entwicklungspolitischen Praxis eine Unterscheidung und strikte Trennung der Einzelbereiche nach Zielen und Mitteln grundbedarfsorientierter Politik nicht möglich ist. So sind beispielsweise Freiheit, Selbstbestimmung, Mitwirkung und Bildung wesentliche Ziele entwicklungspolitischer Bemühungen[13]). Gleichzeitig haben aber auch vielfältige Erfahrungen gezeigt, daß die Verbesserung an Grundbildungsmaßnahmen, die Ausweitung der Mitwirkung der Zielbevölkerung, die Verbesserung ihrer Kommunikationsmöglichkeiten und der Selbstbestimmungsformen immer auch grundlegend für den Erfolg von Einzelmaßnahmen der Entwicklungspolitik waren, selbst wenn diese anscheinend ausschließlich auf eine Befriedigung des materiellen Grundbedarfs ausgerichtet waren. Andererseits bilden ausreichende Nahrung und gesundheitliche Versorgung erst die Voraussetzung für viele Menschen, Selbstbestimmungs- und Partizipationsprozesse zu realisieren und eine Arbeitsleistung zu erbringen, die zur Verbesserung ihrer Lebensumstände beiträgt.

Heranwachsende im ländlichen Bereich als wichtige Zielgruppe

900 Millionen in absoluter Armut lebende Menschen in Entwicklungsländern können nicht sofort und gleichzeitig von entwicklungspolitischen Maßnahmen erreicht werden. Sie bilden insgesamt die Zielbevölkerung grundbedarfsorientierter Entwicklungspolitik. Zur Identifizierung dieser Zielbevölkerungen und zur Festlegung regionaler Schwerpunkte der Entwicklungspolitik bedarf es eines verläßlichen, unter Bedingungen von Entwicklungsländern einsetzbaren Maßstabes. Als bester Indikator bietet sich dabei in Übereinstimmung mit dem allgemein anerkannten Recht auf Leben der Vergleich der *Lebenserwartung* verschiedener Teilbevölkerungen an[14]. Aufgrund dieses Kriteriums und aus anderen Beobachtungen wissen wir, daß der weit überwiegende Teil der absolut Armen aus Entwicklungsländern in ländlichen Regionen lebt[15]. Von daher ergibt sich eine regionale Schwerpunktsetzung im *ländlichen Bereich* für grundbedarfsorientierte Entwicklungspolitik. Aus der Zielbevölkerung muß nun jedoch wieder unter entwicklungspolitisch-strategischen Gesichtspunkten eine Auswahl von Zielgruppen getroffen werden, mit denen im konkreten Einzelfall zusammengearbeitet werden soll. Für diese Auswahl bieten sich aus einer Reihe von Gründen *junge Menschen im Alter zwischen etwa 17 und 23 Jahren* als besonders geeignete Zielgruppe an[16]:

- Sie sind aufnahmefähiger, lernbereiter und experimentierfreudiger als ältere Mitbürger.
- Ältere Mitglieder ärmerer Bevölkerungsgruppen sind von einem extremen Sicherheitsbedürfnis geprägt. Sie können es sich nicht leisten, Innovationen zu riskieren, die bei einem Fehlschlag ihre allerletzten Reserven aufbrauchten und damit für sie selbst und ihre Familien lebensbedrohend wären. Dies gilt noch nicht in dem Maße für junge Menschen.
- Schließlich ist es Heranwachsenden im Unterschied zu Kindern möglich, neuerlernte Kenntnisse und Fertigkeiten auch umzusetzen, da sie hierzu inzwischen physisch in der Lage und aufgrund ihrer entwicklungspsychologischen Situation hoch motiviert sind. Ihnen werden von den älteren Mitbewohnern in der Regel auch Experimentierfelder für solche Tätigkeiten eingeräumt.

Darüber hinaus hat die Konzentration auf Heranwachsende einen weiteren wesentlichen Vorteil: In nahezu allen Kulturen schließen sich Jugendliche zu altershomogenen, informellen Gruppen zusammen, die sich auch fast immer für gemeinschafts- und entwicklungsorientierte Aktivitäten interessieren. Diese Gruppen bilden einen ausgezeichneten Ansatzpunkt für eine Entwicklungspolitik, die in der Zielbevölkerung verankert sein möchte. In Zusammenarbeit mit den dörflichen Jugendgruppen kann es gelingen, durch die Projektmaßnahmen tatsächlich die arme Bevölkerung *in* den Dörfern zu erreichen. Dadurch wird ein Hauptproblem vieler Entwicklungshilfemaßnahmen vermindert, die daran scheitern, daß sie letztlich nicht bis zur Zielbevölkerung im ländlichen Bereich durchdringen. Schließlich bietet die Zusammenarbeit mit *jungen Menschen aus* der Zielbevölkerung, die ebenfalls solchen Gruppen angehören, zusätzlich die Gewähr, daß entwicklungsrelevante Kenntnisse und Fertigkeiten in aufeinander aufbauenden Phasen erlernt, erprobt, an die gegebenen Verhältnisse angepaßt, verbessert und als gesichertes Wissen an spätere Generationen weitergegeben werden können. Dies wäre bei älteren Mitgliedern der Zielbevölkerung aufgrund der allgemein niedrigen Lebenserwartung nicht in diesem Umfang möglich.

Zielsetzung grundbedarfsorientierter Entwicklungspolitik ist es, die unzureichende Befriedigung des Grundbedarfs der Zielbevölkerung *direkt und unmittelbar* zu verbessern. Eine solche Verbesserung der Lebensbedingungen der ärmeren Bevölkerungsgruppen kann durch eine weltweite Sozialpolitik im Sinne caritativer Armenhilfe allein nicht erreicht werden. Darüber hinaus hat eine dauerhafte „Sozialhilfe" zusätzlich den Nachteil, daß sie häufig ihre Empfänger in ständige Abhängigkeit und Untätigkeit stürzt. Um das gesetzte Ziel anzusteuern, ist vielmehr eine Aktivierung der vorhandenen Produktionsreserven bei der armen Bevölkerung erforderlich und vor allem eine verstärkte Mobilisierung des bislang häufig nicht ausgelasteten Faktors Arbeit. Darüber hinaus sind flankierende strukturverbessernde Maßnahmen und Umverteilungsprozesse auf Dauer unabdingbar, wenn das genannte Ziel für größere Bevölkerungsgruppen erreicht werden soll[17]). Es wird also eine Vorgehensweise angestrebt, die bei den ärmeren Bevölkerungsgruppen induzierte Wachstumsprozesse nach Möglichkeit mit *Umverteilungsmaßnahmen* koppelt[18]).

Für eine konkrete grundbedarfsorientierte Entwicklungspolitik bieten sich drei strategische Ansatzpunkte an:
- die Verbesserung der Subsistenzmöglichkeiten armer Landbewohner,
- das Schaffen beziehungsweise Erhöhen von Einkommen unterprivilegierter (landloser) Bevölkerungsgruppen,
- die Neuorientierung bestimmter öffentlicher Dienstleistungen.

Die beiden ersten strategischen Ansätze sind dem Prinzip der „Hilfe zur Selbsthilfe"[19]) verpflichtet. Durch sie sollen die Produktivkräfte der Zielbevölkerung selbst aktiviert werden. Dies geschieht zum einen durch eine Produktionssteigerung und -verbesserung derer, die über Produktionsmittel (Land) verfügen, zum anderen, indem unterprivilegierte Bevölkerungsgruppen in Stadt und Land bei den Versuchen unterstützt werden, ein eigenständiges Einkommen zu erreichen oder zu erhöhen. Durch diese unterstützten oder begleiteten Selbsthilfeprojekte erhalten die Zielgruppen die Möglichkeit, einen Teil ihres materiellen Grundbedarfs durch Produktion von Gebrauchsgütern oder Kauf selbst zu befriedigen. Der dritte Ansatz wird hingegen in den Bereichen öffentlicher Dienstleistungen wirksam, die auch nach einer verbesserten Subsistenz- und Einkommenssituation von den ärmeren Bevölkerungsgruppen unmittelbar nicht verändert werden können. Hierzu zählen ein größeres Angebot staatlicher Gesundheitsdienste für vorbeugende und heilende Maßnahmen ebenso wie verbesserte Grund- und Ausbildungsmöglichkeiten und der Ausbau sonstiger lokaler Infrastruktur in unterversorgten Gebieten. Durch diese Maßnahmen sollen darüber hinaus auch die Lebenssituationen desjenigen Personenkreises verbessert werden, der selbst über keine produktiven Ressourcen verfügt. Zu diesem Personenkreis zählen elternlose Kinder, alte Menschen, Kranke und Behinderte.

Maßnahmen zur Subsistenzverbesserung

Subsistenzverbessernde Maßnahmen können in allen Entwicklungsregionen durchgeführt werden, in denen kultivierbares Land in ausreichendem Maße zur Verfügung steht. Dies gilt beispielsweise für weite Teile Afrikas, aber auch für bestimmte Gegenden Lateinamerikas und Südasiens. Produktionssteigerungen werden direkt erzielt durch die *Ausweitung der kultivierten Bodenfläche* oder die Nutzung bisher produktionsfreier Trockenzeiten durch *Bewässerungsanbau*. Bei solchen Projekten, bei denen über die Vermittlung lokaler Jugendgruppen ganze Dorfgemeinschaften beispielsweise bei der Anlage von *Wasserrückhaltebecken* beteiligt worden sind, hat sich in Dörfern der Sahelzone Malis und Burkinas wie auch bei Projekten im Andenhochland Perus die Ernährungslage großer Teile der Dorfbevölkerung erheblich verbessert.

Produktionsverbesserungen werden in bereits kultivierten Anbaugebieten durch einfache Arbeiten zur Verbesserung des Bodens erzielt. Hierzu zählen *Anti-Erosions-Maßnahmen,* kleine Wasser-Rückhaltewälle, verbesserte Anbauformen durch *Fruchtwechsel*, andere Anbaumethoden, *ertragreichere Getreidesorten* und auch *verbesserte Lagerhaltung* für die eingebrachte Ernte. Dabei ist für den mittelfristigen Erfolg solcher Maßnahmen wesentlich, daß durch die veränderten Anbauformen keine neuen Abhängigkeiten von künstlicher Düngung, Insekten- oder Unkrautvernichtungsmitteln oder ähnlichem entstehen. Es hat sich häufig gezeigt, daß die Propagierung solcher „moderner" Anbaumethoden auf Dauer ins Gegenteil umgeschlagen ist, wenn beispielsweise der Preis für solche zusätzlichen Produktionsmittel von den ärmeren Bevölkerungsgruppen in späteren Jahren nicht mehr bezahlt werden konnte oder wenn im Hinterland diese Mittel nur sporadisch verfügbar waren. Darüber hinaus konnte immer wieder festgestellt werden, daß die auf diese Weise erzielten Produktionssteigerungen nur von kurzer Dauer waren.

Bei den genannten Maßnahmen wird durch zusätzliche Arbeit der Zielgruppen zunächst die eigene Subsistenz- und Ernährungslage

verbessert und darüber hinaus für einen *lokalen Markt* produziert. Dies regt zu *Nachahmungseffekten* in anderen Dörfern an[20]).
Auch in Entwicklungsregionen wie beispielsweise in großen Teilen Indiens, Bangla Deshs oder Thailands, in denen die ärmeren Bevölkerungsgruppen kein Land besitzen oder bearbeiten können, hat eine Reihe von Pachtanbau-Projekten *(Share-Cropping),* Fischzuchtmaßnahmen, Gartenanbauformen und (Klein-)Tierhaltungsprogrammen gezeigt, daß über solche einfachen Projektformen eine nachhaltige Verbesserung der Lebensumstände erzielt werden kann. Besonders eindrucksvoll war ein *Share-Cropping*-Projekt in der Nähe von Bangalore in Zentralindien: Dabei hatten Großgrundbesitzer jeweils Gruppen von drei Jugendlichen aus ärmsten Bevölkerungsgruppen einen Teil ihres Landes für die Monate vor der Regen- und Anbauzeit zur Verfügung gestellt. Die Jugendlichen sammelten Samen von besonders geschätzten Baumarten und zogen aus diesen Samen auf dem Land der Großgrundbesitzer durch künstliche Bewässerung kleine Setzlinge, die sie mit großem Gewinn verkauften. Die Erlöse aus dem Verkauf wurden unter die drei Jugendlichen und den Großgrundbesitzer gleichmäßig aufgeteilt. Der Großgrundbesitzer begrüßte darüber hinaus die seinen Ackerboden verbessernde Bearbeitung vor der eigentlichen Aussaatzeit. Die Kontakte und Vereinbarungen zwischen Großgrundbesitzer und Jugendlichen wurden durch informelle lokale Jugendgruppen hergestellt.

**Einkommensschaffende Maßnahmen
für das Heer der Unqualifizierten und Unterbeschäftigten**

Einkommensschaffende Projektformen zielen weniger auf die Errichtung von Arbeitsplätzen im formalen Bereich für eine häufig gut bezahlte und privilegierte „Arbeiter-Aristokratie", für deren Besetzung benachteiligte Bevölkerungsgruppen aufgrund fehlender Qualifikation ohnehin nicht in Frage kommen. Vielmehr sollen sie dem Heer der unqualifizierten Arbeitslosen und Unterbeschäftigten in Stadt und Land die Möglichkeit zu produktiver Tätigkeit und zum Verdienst im *informellen* Sektor eröffnen. Dazu bedarf es bisweilen kurzfristiger (modularer) *Anlern- und Ausbildungsmaßnahmen.* In der Mehrzahl der Fälle sind bei den Zielgruppen aus Familientraditionen oder imitierendem Lernen aber bestimmte *berufliche Kenntnisse vorhanden,* so daß – wie in Fällen einer kurzzeitigen Zusatzausbildung auch – lediglich minimale Startkredite und begleitende Beratung erforderlich sind, um den Zielgruppen erfolgversprechende und gewinnbringende Tätigkeiten zu ermöglichen.
Staatliche Maßnahmen können solche Ansätze zusätzlich fördern. Hierzu zählen erleichterte Klein-Kredit-Angebote und begleitende Beratung zur direkten Unterstützung der Zielgruppen ebenso wie beispielsweise eine geänderte Außenhandelspolitik, die durch partielle

Importbeschränkungen die Absatzchancen von im Lande selbst hergestellten handwerklichen Produkten auch des informellen Sektors vergrößert.

Öffentliche Dienstleistungen müssen auch für die ärmeren Bevölkerungsschichten erreichbar sein

Subsistenz- und einkommensverbessernde produktive Maßnahmen sind wichtige, aber nicht immer hinreichende Schritte zur Verbesserung der Lebensumstände benachteiligter Bevölkerungsgruppen in Entwicklungsländern. Zu einer grundbedarfsorientierten Entwicklungspolitik ist es in Ergänzung dazu erforderlich, daß wesentliche öffentliche Dienstleistungen neu konzipiert, anders orientiert und so verwaltet werden, daß sie für die armen Bevölkerungsgruppen erreichbar sind. Dies bedingt teilweise ein erhebliches Umdenken in der Ausrichtung und Struktur der öffentlichen Verwaltung. So müssen staatliche *Sozialleistungen* so angelegt sein, daß sie nicht nur einer kleinen (städtischen) Elite zugute kommen, sondern den vorrangigen Bedarf des Großteils der Bevölkerung und insbesondere der ärmeren Bevölkerungsgruppen zu decken versuchen. Dazu sind häufig nicht einmal umfangreichere finanzielle öffentliche Investitionen erforderlich, sondern lediglich eine Neuausrichtung der Vergabe staatlicher Mittel. Hierzu einige *Beispiele:*
- Statt nach westlichen Vorbildern ausgerichteten hochmodernen Kliniken mit vielfältigen therapeutischen Möglichkeiten und entsprechenden Kosten ist ein Netz von *Basisgesundheitsdiensten* mit entsprechendem Personal einzurichten, die die Kranken in den Dörfern und den städtischen Armutsgebieten erreichen und in der Lage sind, den weit überwiegenden Teil der anfallenden Krankheiten zu erkennen und erfolgreich zu therapieren.
- Statt aufwendiger, technisch komplizierter und kostenträchtiger Brunnen zur *Wasserversorgung* sind einfache, von der Zielbevölkerung selbst gegrabene und auch instandsetzbare Brunnen zu fördern. Diese bieten zwar in der Regel geringere, aber noch ausreichende Wasserqualität, sie sind aber weniger störanfällig als Brunnen, die sich nach dem ersten Defekt, der lokal nicht zu beheben gewesen ist, als unfähig erwiesen haben, die Wasserversorgung der Bevölkerung zu gewährleisten.
- Statt aufwendiger und teurer Schulsysteme, die häufig entwicklungspolitisch kontraproduktive Ergebnisse hervorbringen, ist ein Netz von *Grundbildungsmaßnahmen* vorzusehen, das die Absolventen auf die Bewältigung ihrer unmittelbaren Lebenssituation vorbereitet (vgl. Beitrag *Hanf*).
- Statt landeseinheitlicher, streng hierarchisch durchorganisierter und auf die Hauptstadt orientierter Verwaltungssysteme sind dezentrale, für die ländlichen Bevölkerungsgruppen auch erreich-

bare und zugängliche Verwaltungseinheiten aufzubauen, deren Verwaltungshandeln an den lokalen Gegebenheiten orientiert ist (vgl. Beiträge *Oberndörfer* und *Wolff*).
In ihrer Durchführung zeichnet sich grundbedarfsorientierte Entwicklungspolitik aus durch:
- eine strikte Ausrichtung auf bestimmte Zielgruppen *aus* der Zielbevölkerung. Generell ist so vorzugehen, daß zunächst die Zielgruppen gefunden werden und mit diesen die Ausrichtung der Maßnahmen abgestimmt werden müssen;
- eine weitgehende Einbeziehung der Zielgruppen in die verschiedenen Phasen des Projektablaufes. Dies bedeutet, daß Ziele und Mittel der Programme *gemeinsam* festgelegt werden. Nach ersten Projektstufen sind zunächst die Auswirkungen auf die Zielbevölkerung und ihre Reaktionen abzuwarten, bevor weitere Phasen eingeleitet werden;
- eine Projekttechnologie, die in der intellektuellen, manuell-handwerklichen und finanziellen *Reichweite der Zielgruppen* liegt und auch mögliche *Folgekosten* mit berücksichtigt.

Die Zielgruppen werden allerdings nur dann dauerhaft zur Mitarbeit *motiviert* sein, und *Ausstrahlungseffekte* können nur dann auf größere Teile der Zielbevölkerung erzielt werden, wenn durch die Projektmaßnahmen eine schnelle, deutliche und nachhaltige Verbesserung der Lebensumstände erreicht werden kann.

In ihren *Durchführungsformen* ist grundbedarfsorientierte Entwicklungspolitik *dezentral* angelegt und beruht auf der *lokalen Verantwortlichkeit* der Zielgruppen. Von daher sind Erfolge zunächst lokal zu erzielen. Wesentlich für den Erfolg scheint allerdings die personelle Komponente bei Projektmaßnahmen zu sein. Ausreichend und an die jeweiligen Verhältnisse angepaßt geschulte und motivierte, lokal verankerte Mitarbeiter grundbedarfsorientierter Entwicklungspolitik bilden eine entscheidende Komponente erfolgreicher Projektmaßnahmen.

Grundbedarfsorientierte Entwicklungspolitik ist kein Allheilmittel

Grundbedarfsorientierte Entwicklungspolitik ist kein Allheilmittel zur Lösung *der* Probleme *der* Dritten Welt und des Nord-Süd-Konfliktes. Ebensowenig stellt dieses Konzept eine eigenständige entwicklungspolitische Strategie dar. Es richtet sich vielmehr an verschiedene Sektoren der Entwicklungspolitik und versucht dabei, normative Anstöße und konzeptionelle Ausrichtungen zu vermitteln.

Das Spezifische an grundbedarfsorientierter Entwicklungspolitik ist die Konzentration ihrer Maßnahmen auf die *ärmsten Bevölkerungsgruppen* und ihre Forderung nach *direkter Bedarfsdeckung* im materiellen und immateriellen Bereich. Untrennbar damit verbunden sind bestimmte, als unerläßlich angesehene *Durchführungsformen* entwicklungspolitischer Aktivitäten. Grundbedarfsorientierte Entwicklungspolitik bezieht dabei bestimmte ökonomische Vorstellungen wie beispielsweise den Humankapital-Ansatz oder die „Wachstums- und – (respektive trotz) – Verteilungs-Modelle"[21]) mit ein. Aufgrund der Gegebenheiten in der Dritten Welt liegen ihre Schwerpunkte im *landwirtschaftlichen* Bereich, in der Unterstützung des *informell-handwerkschaftlichen* Sektors als Selbsthilfeförderung sowie in der inhaltlichen *Neuausrichtung und Umstrukturierung öffentlichen Verwaltungshandelns.*

Darüber hinaus ist jedoch unumstritten, daß auch andere entwicklungspolitische Maßnahmen einen entscheidenden Beitrag zur Grundbedarfsbefriedigung leisten *können:* der Bau einer Verbindungsstraße von einem landwirtschaftlichen Überschußgebiet in eine unterversorgte Region beispielsweise mehr als eine protzige Schnellverbindungsstraße zwischen Hauptstadt und Flughafen; der Aufbau eines hochmodernen meteorologischen Systems zur Früherkennung und Warnung vor Wirbelstürmen und Überschwemmungen mehr als der Aufbau eines Farbfernsehsystems für eine hauptstädtische Elite. Hier kommt es auf die exakte Bewertung der Zielsetzungen und Auswirkungen der Einzelmaßnahmen an.

Die dargestellte Zielausrichtung grundbedarfsorientierter Entwicklungspolitik begrenzt andererseits aber auch ihre *Reichweite:*

1. Für eine erfolgreiche Umsetzung ist sie an bestimmte *Rahmenbedingungen* gebunden, die nicht in allen Entwicklungsländern gegeben sind. Hierzu zählen verfügbares Land für zusätzliche agrarische Aktivitäten ebenso wie eine Nachfrage nach und Märkte für kleinhandwerkliche Arbeiten.
2. Für eine Neuausrichtung staatlich-politischen Handelns im Sinne einer größeren Grundbedarfsbefriedigung ist ein *politisches Umfeld* erforderlich, das wesentliche Änderungen der bisherigen Politik, beispielsweise der Landbesitzstruktur, der Agrarförderung, der Veränderung staatlicher Dienstleistungen oder der Außenhandelsbeziehungen ermöglicht.
3. Neben den Ärmsten gibt es in allen Entwicklungsländern auch *weniger Arme,* auf deren – wenn auch nachgeordnete – Förderung aus politischen, sozialen und wirtschaftlichen Gründen nicht verzichtet werden kann.
4. Außer den ärmsten Bevölkerungsgruppen, deren Selbsthilfewille im Rahmen grundbedarfsorientierter Entwicklungspolitik erfolgreich aktiviert werden kann, gibt es auch solche, bei denen ein entsprechender Wille bereits völlig *gebrochen* ist oder bei denen aufgrund der Rahmenbedingungen auch eine grundbedarfsorientierte Entwicklungspolitik keinerlei Ansatzpunkte mehr findet. Diese möglicherweise beträchtliche Gruppe von Menschen wird auch mittelfristig auf reine *Sozialhilfeprogramme* angewiesen sein.
5. Schließlich werden in Entwicklungsländern, die sich durch *besondere Gegebenheiten* auszeichnen (zum Beispiel durch besonders

reiche Rohstoffvorkommen), andere Konzepte wirtschaftlicher, sozialer und kultureller Förderung angemessen sein.

Kritik an der grundbedarfsorientierten Entwicklungspolitik

Das Grundbedarfskonzept hat – durchaus gewollt – nur eine begrenzte entwicklungspolitische Reichweite. Daneben sieht es sich aber auch im konzeptionellen Ansatz und in seiner Durchführung starken Vorhaltungen ausgesetzt. Der fundamentale konzeptionelle Vorwurf beklagt, daß eine so konzipierte Entwicklungspolitik nur an Symptomen kuriere und an den Hauptübeln, den ausbeuterischen Strukturen in den Entwicklungsländern und den asymmetrischen Verhältnissen des Welthandels nichts ändere. Eine solche Politik sei somit insgesamt systemstabilisierend. Diese zunächst plausibel erscheinende Erklärung ist hingegen nicht unumstritten. So kann im Hinblick auf die innenpolitischen Verhältnisse in zahlreichen Entwicklungsländern durchaus davon ausgegangen werden, daß die Toleranzgrenze der wirtschaftlichen wie gesellschaftlichen Systeme relativ hoch liegen. Innerhalb solcher Toleranzgrenzen läßt sich dann eine Reihe konkreter Maßnahmen zur besseren Befriedigung des Grundbedarfs durchführen. Nach erfolgten Veränderungen an der Basis, die insbesondere durch Partizipations- und Selbsthilfeansätze erreicht worden sind, sehen sich diese Systeme aus politischen Gründen oft sogar genötigt, sich durch eine Reihe von Strukturveränderungen nachholend anzupassen.

Die im Gegensatz zu diesen „reformistisch-pragmatischen" Ansätzen bisweilen propagierte „radikal-revolutionäre" Alternative, durch das gewalttätige Aufbrechen ausbeuterischer und autoritärer Strukturen die Voraussetzungen für eine größere Verteilungsgerechtigkeit zu schaffen, ist in der Regel mit *sozialen und politischen Kosten* belastet, die sich wegen ihrer *Unkalkulierbarkeit* und der häufig *blutigen Eigendynamik* revolutionärer Prozesse verbieten. Darüber hinaus führen sie in vielen Fällen nur zu einem *Auswechseln von Machteliten* und nicht zu einer Besserstellung der ärmeren Bevölkerungsgruppen. Schließlich übersehen die im Zusammenhang mit solchen radikalen Lösungsansätzen häufig geforderten planwirtschaftlich-zentralistischen Modelle zur Grundbedarfsbefriedigung wesentliche dezentrale und partizipatorische Ansatzpunkte des Konzeptes, die als unerläßlich gelten können.

Insbesondere in jüngerer Zeit richtet sich heftige Kritik gegen die Durchführung grundbedarfsorientierter Politik. Gerade wegen ihres hohen moralischen Anspruchs drängt es viele Befürworter grundbedarfsorientierter Maßnahmen dazu, eilige Sofortmaßnahmen in allen Armutsgebieten der Welt umfassend, flächendeckend und schnellstmöglich durchzuführen. Ein solch ungeduldiges Vorgehen geht wieder einmal unterschwellig von der Vorstellung aus, daß die Welt –

diesmal ihre ärmsten Bewohner – an bei uns bereits fertig entwickelten Konzepten genesen müsse. Die drängende und *aktivistische Vorgehensweise übersieht dabei zweierlei:*
- Aufgrund mehrfacher negativer Erfahrungen, bei denen sich Teile der Zielbevölkerung immer wieder auf vermeintlich „beste Konzepte" und „optimale Entwicklungsstrategien" eingelassen haben und dabei in einer oft lebensbedrohenden Weise enttäuscht wurden, muß zunächst mit einem beträchtlichen, durchaus gesunden *Mißtrauen der Zielbevölkerung* gerechnet werden.
- Aufgrund des durch viele Erfahrungen als richtig anzusehenden Projektablaufes erfordert grundbedarfsorientierte Entwicklungspolitik eine *Zusammenarbeit* zwischen Gebern und Nehmern, das heißt Gewöhnung aneinander und *gemeinsame Zielfestlegung* und Absprache der einzelnen Maßnahmen. Dies bedingt eine ausreichende Zeit des Vorlaufes. Gutgemeinte, aber ungeduldige, schnelle, aber schlecht geplante Hilfe hat demgegenüber in vielen Entwicklungsregionen katastrophal negative Ergebnisse hervorgebracht und durch ihre Vorgehensweise vielfältiges Fehlverhalten bei Gebern wie Nehmern erst provoziert.

Politische Widerstände in den Entwicklungsländern

Das Grundbedarfskonzept ist in seinen Zielsetzungen und seiner Reichweite begrenzt und im Gesamtfeld der Entwicklungspolitik neben anderen, dem jeweiligen Umfeld und Entwicklungsstand angepaßten konzeptionellen Ansätzen zu würdigen. Es ist jedoch unter Respektierung dieser Einschränkungen geeignet, wichtige Orientierungen sowohl für eine armutsorientierte *interne Entwicklungspolitik* der Länder der Dritten Welt als auch für Maßnahmen der *Entwicklungszusammenarbeit* zu geben, die sich auf ärmste Bevölkerungsgruppen und besonders benachteiligte Staaten zu konzentrieren wünschen. Dennoch gibt es gegen die Durchführung einer grundbedarfsorientierten Entwicklungspolitik sowohl im Süden wie im Norden erhebliche Widerstände.

Auf *lokaler Ebene* stellt eine erfolgreiche Grundbedarfspolitik *örtliche Machtgefüge* in Frage. Die Dorfoberen sind in der Regel imstande, jeden massiv gegen ihre Interessen gerichteten Projektansatz mittelfristig zu torpedieren. Die behutsame Einbeziehung von einflußreichen Dorffamilien in Projektmaßnahmen, ohne daß diese dann nur noch ausschließlich den ohnehin Mächtigen zugute kommen und lokale Ausbeutungsstrukturen verfestigen oder verstärken, gehört zu den schwierigsten Problemen einer grundbedarfsorientierten Entwicklungspolitik vor Ort[22]).

Die *Regierungen vieler Entwicklungsländer* befürchten im wesentlichen drei Begleiterscheinungen und Ergebnisse einer entwicklungspolitischen Grundbedarfsorientierung:

- Im Rahmen der internationalen Beziehungen und der Weltwirtschaft unterstellen sie den Befürwortern einer grundbedarfsorientierten Politik die verdeckte Zielsetzung, durch im wesentlichen auf ländliche Gebiete konzentrierte „Grundbedürfnis-Strategien" eine Modernisierung und Industrialisierung ihrer Entwicklungsländer verhindern zu wollen. Sie befürchten, daß durch einen neuaufgelegten „Morgenthau-Plan" für die Dritte Welt diese auf landwirtschaftliche Produktion beschränkt bleiben soll und damit der Abstand zwischen hochtechnisierten Industrieländern und agrarischen Entwicklungsländern für alle Zeit zementiert würde. Die Grundbedarfsorientierung sei nichts anderes als der Ausdruck eines neokolonialen Dominanzstrebens der Industrieländer.
- Auf innerstaatlicher Ebene können sich viele – vor allem autoritäre Regime – nur schwer mit der Vorstellung lokaler Eigenverantwortlichkeit und Mitgestaltung der Zielbevölkerung bei den Zielsetzungen und Durchführungen grundbedarfsorientierter Maßnahmen anfreunden. Die dem Grundbedarfskonzept immanenten Ziele und Mittel wie Autonomie, Partizipation, Eigenverantwortlichkeit und anderes werden – zu Recht – als Elemente beargwöhnt, die mittelfristig das Fundament der Machtausübung gegenwärtiger Herrschaftseliten beeinträchtigen könnten.
- Zahlreiche Regierungen von Entwicklungsländern stützen sich nahezu ausschließlich auf die Zustimmung, die sie in der Oberschicht ihres Landes und bei der hauptstädtischen Bevölkerung genießen. Die Unterstützung durch diese Gruppen könnte durch drei Nebeneffekte grundbedarfsorientierter Entwicklungspolitik gefährdet sein: Zum einen profitieren insbesondere die städtischen Bevölkerungen von den in vielen Staaten der Dritten Welt künstlich niedrig gehaltenen *Nahrungsmittelpreisen*. Wesentlich für die Förderung einer grundbedarfsorientierten Landwirtschaftspolitik, die die Nahrungsmittelversorgung der Bevölkerung durch erhöhte Produktion verbessern möchte, ist jedoch eine Änderung der staatlichen Agrarpolitik. Durch die Aufgabe zahlreicher staatlicher Maßnahmen – wie beispielsweise des staatlichen Aufkaufmonopols zu extrem niedrigen Erzeugerpreisen – könnte eine erhebliche Ausweitung der Nahrungsmittelproduktion in vielen Entwicklungsländern erzielt werden, da das bisherige Preisgefüge kaum Anreize für eine zusätzliche Produktion über den Subsistenzbereich hinaus bietet. Die dadurch entstehende Verteuerung der Nahrungsmittelpreise würde hingegen vor allem die (Haupt-)Stadtbewohner und damit den Teil der Bevölkerung treffen, ohne dessen Unterstützung die Basis der Machtausübung für zahlreiche Regierungen in Entwicklungsländern deutlich in Frage gestellt wäre.

Darüber hinaus ist die hauptstädtische Elite in ihren Werte- und Konsumorientierungen stark auf international (vermeintlich) *prestigeträchtige* – wenn auch häufig gesamtwirtschaftlich sinnlose – *Großprojekte* ausgerichtet. Durch die Durchführung solcher Großprojekte festigen die Regierungen somit ihre Zustimmungen bei den hauptstädtischen Eliten.

Schließlich ist es kein Geheimnis, daß bei Großinvestitionen für die Regierenden und die sie unterstützenden Gruppierungen häufig zahlreiche Möglichkeiten bestehen, erhebliche *persönliche Profite* zu erzielen. Grundbedarfsorientierte Maßnahmen der Entwicklungspolitik bieten hingegen von ihrer Struktur her nur geringe Ansatzpunkte zur Befriedigung solcher Ansprüche.

Vorbehalte und Schwierigkeiten aber auch in den Geberländern

Trotz einer im Rhetorischen eindeutig auf die vorrangige Befriedigung des Grundbedarfs ausgerichteten konzeptionellen Ausrichtung vieler Geberländer finden sich aber auch in diesen Staaten erhebliche Widerstände gegen eine durchgängige Realisierung einer grundbedarfsorientierten Entwicklungspolitik. Diese Vorbehalte lassen sich in drei Kategorien unterteilen:

1. Außenpolitische Rücksichtnahmen
Aufgrund der geschilderten Vorbehalte vieler Regierungen in Entwicklungsländern, eine grundbedarfsorientierte Entwicklungspolitik zu betreiben, ist gerade bei offiziellen Regierungsverhandlungen über Programme der Entwicklungszusammenarbeit häufig eine gewisse Scheu anzutreffen, die grundbedarfsorientierte Durchführung von Maßnahmen mit allen geschilderten Elementen von den Partnerregierungen einzufordern. Die im Rahmen des Politikdialogs angestrebte Angleichung der gegenseitigen Standpunkte hat im Hinblick auf eine vorrangige Förderung der ärmsten Bevölkerungsgruppen leider nur spärliche Ergebnisse hervorgebracht.

2. Außenwirtschaftliche Interessen, Lieferbindung und
   Beschäftigungswirksamkeit
Bei Großprojekten der Entwicklungszusammenarbeit (Farbfernsehsystem für Zaire, digitale Fernsprechvermittlung für Bangla Desh und anderes) stehen häufig erhebliche außenwirtschaftliche Interessen auf dem Spiel. Auf der Geberseite wird davon ausgegangen, daß die entsprechenden Anlagen von einem der Industrieländer ohnehin und dann zugunsten der je eigenen Industrie geliefert würden. Um dem vorzubeugen und damit dem eigenen Land Aufträge und Nachfolgemärkte zu sichern, werden dann auch Prestigeprojekte durch Entwicklungshilfegelder mitfinanziert, die unter entwicklungspolitischen Gesichtspunkten zumindest fragwürdig erscheinen. Darüber hinaus wird gerade in jüngster Zeit von deutscher regierungsoffizieller Seite betont, daß in „allen entwicklungspolitisch sinnvollen Fällen" auf die *Beschäftigungswirksamkeit* der deutschen Entwicklungshilfemaßnahmen zu achten sei[23]). Abgesehen von der Bevormundung der

ausländischen Regierungen und den Verlusten, die den Entwicklungsländern durch latente oder manifeste Lieferbindungen von Entwicklungshilfegeldern entstehen und die von internationalen Organisationen auf etwa 25% beziffert werden, stehen solchen Vorstellungen auch eigene ordnungspolitische Überzeugungen entgegen[24]). Grundbedarfsorientierte Maßnahmen der Entwicklungszusammenarbeit in der hier vorgestellten Form sind hingegen so angelegt, daß sie kaum nennenswerte Aufträge oder beschäftigungspolitische Effekte im Geberland erzielen können. Von daher zeigt sich in der Praxis trotz aller rhetorischen Beteuerungen eine Tendenz, sich weniger auf direkte Armutsbekämpfung zu konzentrieren als vielmehr, wie bisher, durch Großprojekte eher eine indirekte Befriedigung des Grundbedarfs anzustreben.

3. Strukturelle Probleme bei der Durchführung von Maßnahmen der deutschen Entwicklungszusammenarbeit

Grundbedarfsorientierte entwicklungspolitische Maßnahmen haben spezifische *Durchführungscharakteristika:* In der Regel handelt es sich um *kleinere* Projekte mit relativ geringem finanziellem Volumen. Aufgrund der intensiven Einbeziehung der Zielgruppen in die Festlegung der Projektziele und ihre Beteiligung bei der Vorbereitung haben die Projekte notwendigerweise eine lange, häufig nicht exakt vorherkalkulierbare *Vorlaufphase*. Die Forderung, die Zielgruppen bei der Steuerung und Durchführung der Projekte zu beteiligen und die Reaktionen der Zielbevölkerung auf die ersten Projektmaßnahmen in die Festlegung des weiteren Projektablaufs einzubeziehen, führt zu *Verzögerungen* der Durchführungen und zur Änderung des zeitlichen und finanziellen Rahmens der Maßnahmen. Dies schlägt sich nicht nur häufig in einem verzögerten Abfluß der zugesagten Mittel (Pipeline-Problem) nieder, sondern erfordert, vor allem wenn es sich um Tausende von kleineren Projekten handelt, einen Aufwand an Betreuung, Beratung und Projektsteuerung, der – selbst wenn den zuständigen Verantwortlichen bester Wille unterstellt würde – mit den gegenwärtigen administrativen Kapazitäten nicht bewältigt werden kann. Die mit staatlichen Mitteln finanzierten Programme unterliegen außerdem der Bestimmung des deutschen *Haushaltsrechts,* die wenig geeignet sind, eine flexible, angemessene und entsprechend dem Projektverlauf angepaßte *Durchfinanzierung* der Maßnahmen der Entwicklungszusammenarbeit zu fördern, das heißt, die finanziellen Mittel entsprechend dem Projektablauf und ausreichend vorbereiteten einzelnen Projektphasen einzusetzen und sie nicht den Abflußzwängen eines jährlichen Budgets zu unterwerfen. Schließlich zeigt sich ein Problem der Erfolgskontrolle entwicklungspolitischer Maßnahmen: Eine vergrößerte Mitsprache der Zielgruppen, ihr gewachsenes Selbstbewußtsein und ihr stärkeres Vertrauen in ihre Fähigkeit, einen beträchtlichen Teil der anstehenden Probleme *selbst* lösen zu können, lassen sich nur schwer in Projektberichten oder entwicklungspolitischen Jahresbilanzen quantitativ fassen und in

Zahlen ausdrücken. Dies wird jedoch häufig für die Beurteilung der Arbeit eines Projektverantwortlichen oder die Entscheidung über die Fortführung (respektive -finanzierung) einer Projektmaßnahme verlangt. Von daher erscheint es einfacher und öffentlichkeitswirksamer, sich auf meßbare, materielle Bereiche und eine stromlinienförmigere Durchführung der Projektmaßnahmen zu beschränken[25]).

Die fatale Neigung zu Großprojekten

Angesichts dieser Tatsachen zeigt sich in der deutschen Entwicklungsverwaltung bislang eine aus dem Blickwinkel der Beamten nur zu verständliche Tendenz zu finanziell großvolumigen, exakter überprüf- und steuerbaren Millionenprojekten, die dann allerdings nur noch in der Etikettierung, aber nicht mehr in ihren Inhalten und Durchführungsformen grundbedarfsorientiert sind.[26]) Zu einer besseren Umsetzung grundbedarfsorientierter Entwicklungspolitik bedarf es einiger struktureller Änderung in Industrie- und Entwicklungsländern. Dazu zählen aus deutscher Sicht insbesondere *geänderte Rahmenrichtlinien* und eine *verbesserte personelle Ausstattung* der deutschen Entwicklungsverwaltung. Solange dazu der *politische* Durchsetzungswille fehlt, empfiehlt es sich, stärker noch als bisher, *Nicht-Regierungs-Organisationen* mit der Durchführung grundbedarfsorientierter Projektmaßnahmen zu betrauen. Diese privaten Institutionen, über die auch bereits gegenwärtig etwa 7% der staatlichen Entwicklungshilfegelder in die Dritte Welt abfließen[27]), arbeiten häufig mit lokal verankerten, nichtstaatlichen Institutionen in den Entwicklungsländern zusammen und scheinen wegen ihrer größeren Flexibilität und unmittelbaren Basisnähe in vielen Fällen besser geeignet zu sein, die spezifischen Anforderungen an grundbedarfsorientierte Entwicklungsprojekte zu bewältigen. Vor allem unterliegen sie auch nicht in dem Maße den außenpolitischen Rücksichtnahmen, wie dies bei staatlichen Stellen der Entwicklungszusammenarbeit unvermeidlich ist.

Mit der Grundbedarfsorientierung besitzt die Entwicklungspolitik ein Konzept für die Ausrichtung und Durchführung entwicklungspolitischer Maßnahmen, das geeignet ist, zu einer nachhaltigen Verbesserung der Lebensumstände der ärmeren Bevölkerung beizutragen. Die Umsetzung dieses Konzepts stößt auf zahlreiche Schwierigkeiten, die hingegen trotz aller Widerstände bei entsprechendem politischem Willen nicht unüberwindbar scheinen. Seine über die rhetorischen Beteuerungen hinausgehende ernsthafte und zielgerichtete Realisierung ist ein wesentlicher Beitrag zu einer Entwicklungspolitik, die aufgrund ihrer Herleitung und Begründung aus den allgemeinen Menschenrechten glaubt, die Lage der ärmeren Bevölkerungsgruppen nicht außer acht lassen zu können. In diesem Sinne kann das

Konzept der Grundbedarfsorientierung auch ein wichtiger Maßstab sein für die Glaubwürdigkeit und Zielgerichtetheit der Entwicklungspolitik sowohl der Industrie- wie auch der Entwicklungsländer.

Anmerkungen

[1] Der Indikator Bruttosozialprodukt pro Kopf der Bevölkerung zur Beurteilung des Entwicklungsstandes eines Landes stößt auf einige berechtigte Einwände. Wenn er dennoch in unsere Ausgangsbetrachtung aufgenommen wird, so nicht nur, weil er der Maßstab für die These der nachholenden Modernisierung war und er für einen zwischenstaatlichen Vergleich wegen der *relativ* guten Datenbasis geeignet erscheint, sondern auch weil er Auskünfte über das volkswirtschaftliche *Potential* eines Staates geben kann. Siehe zu diesem Themenkomplex: Hemmer, Hans-Rimbert, Wirtschaftsprobleme der Entwicklungsländer. Eine Einführung, München 1978, insbesondere S. 3–53; Wagner, Norbert, Martin Kaiser, Fritz Beimdiek, Ökonomie der Entwicklungsländer, UTB 1230, Stuttgart 1983, S. 7–15, sowie Nohlen, Dieter, und Franz Nuscheler (Hrsg.), Handbuch der Dritten Welt, Band 1, Hamburg 1982, Kap. V, Indikatoren von Unterentwicklung und Entwicklung, S. 414–485.

[2] In den Weltentwicklungsberichten der Weltbank werden nur die Staaten mit einer Bevölkerung von mehr als 1 Million Menschen aufgenommen.

[3] Siehe hierzu: Ahluwalia, Montete S., Income Inequality: Some Dimensions of the Problem, in: Chenery, Hollis, u.a., Redistribution with Growth, Oxford 1974, Bohnet, Michael, Rupert Betz, Einkommensverteilung in Entwicklungsländern, München 1976, sowie neuerdings Lecaillon, Jacques, u.a., Income Distribution and Economic Development, Genf 1984.

[4] Vgl. Schönherr, Siegfried, Armutsorientierte Entwicklungspolitik, Berlin 1983, S. 28f.

[5] Diese Angaben nach Weltbank, Weltentwicklungsbericht 1982, S. 82f.

[6] Siehe Schönherr, Siegfried, Armutsorientierte Entwicklungspolitik, Berlin 1983, S. 34.

[7] Siehe hierzu: Chenery, a.a.O., Kap. II, IV, V; Schönherr, a.a.O. sowie Hoffmann, Lutz, Kurt von Rabenau, Ansätze einer Verteilungspolitik in Entwicklungsländern unter Berücksichtigung des Wachstums, in: von Urff, Winfried (Hrsg.), Wachstum, Einkommensverteilung und Beschäftigung in Entwicklungsländern, Berlin 1978, S. 43–28.

[8] Diese Forderung wurde nach der aufsehenerregenden Rede des damaligen Weltbankpräsidenten McNamara in Nairobi 1973 vor allem von der Weltbank und dem Internationalen Arbeitsamt (ILO) propagiert und fand in zahlreichen Publikationen ihren Niederschlag. Siehe u.a. Chenery, Hollis, u.a., a.a.O.; ul-Haq, Mahbub, The Poverty Curtain, New York, 1976; Ghai, D. P., u.a., The Basic Needs Approach to Development, ILO, Genf 1977; Streeten, Paul, First Things First. Meeting Basic Human Needs in the developing countries, Oxford 1981.

[9] Der Begriff „Grundbedürfnisstrategie" ist insofern irreführend, als es sich nicht um eine umfassende Strategie im eigentlichen Sinn handelt, sondern um eine andere Konzipierung und neue Ausrichtung entwicklungspolitischer Maßnahmen in verschiedenen Sektoren, so daß besser von einer grundbedarfsorientierten Entwicklungspolitik gesprochen werden sollte.

[10] So zuletzt der einstimmige Bundestagsbeschluß vom 19. 1. 1984 und der 5. Bericht der Bundesregierung zur Entwicklungspolitik vom März 1983, S. 30 und S. 33. Vgl. hierzu auch Schmitz, Erich, Außerschulische Jugendförderung in ländlichen Gebieten von Entwicklungsländern, München 1985, S. 14f.

[11] Die hier von der üblichen Sprachregelung abweichende Unterscheidung zwischen „Grundbedarf" und „Grundbedürfnis" ist bewußt gewählt worden. Mit der Bezeichnung „Bedarf" soll eine nach unterschiedlichen Kriterien objektiviertere Kategorie angesprochen werden. Der Begriff „Bedürfnis" (felt need) hebt unseres Erachtens zu stark die sub-

jektive Komponente hervor. Die menschlichen Grundbedürfnisse richten sich zwar zum größten Teil auf den Grundbedarf, beispielsweise auf ein Minimum an täglichen Kalorien und Proteinen, Gesundheit u. a., sie zielen jedoch im individuellen Fall auf nicht verallgemeinerbare zusätzliche Elemente. Siehe dazu auch Schmölders, „Bedürfnis und Bedarf", in: Moser, Simon u. a. (Hrsg.), Die wahren Bedürfnisse, S. 99 ff.

[12]) Siehe hierzu die Beiträge in: Lederer, Katrin (Hrsg.), Human Needs, Königstein 1980, oder auch den Versuch des Forschungsinstituts der Vereinten Nationen in Genf (UNRISD), 73 Indikatoren heranzuziehen, um den Entwicklungsstand eines Landes zu messen. Vergleiche auch: Conrad, Dieter, Das Menschenrecht auf Sicherung des Grundbedarfs, in: Wagner, Norbert, Hans-Christoph Rieger (Hrsg.), Grundbedürfnisse als Gegenstand der Entwicklungspolitik, Wiesbaden 1982, S. 93–134, insbesondere S. 116.

[13]) Siehe hierzu auch: Hanf, Theodor, Überlegungen zu einer demokratieorientierten Dritte-Welt-Politik, in: Aus Politik und Zeitgeschichte, B 23/80, 7. 6. 1980, S. 11–23.

[14]) Der Versuch, differenziertere, aber dennoch verläßliche Meßverfahren zu entwickeln, die den Grad der Befriedigung des materiellen Grundbedarfs von Menschen in bestimmten Entwicklungsregionen feststellen können, entfacht nicht nur sofort kontroverse Diskussionen über jeweilige Grenzwerte in den einzelnen Teilbereichen (vgl. Anmerkung 12), sondern ist unter den Bedingungen von Entwicklungsländern auch insofern problematisch, als vielfach gerade in ländlichen Gebieten gesicherte statistische Daten zu den jeweiligen Einzelbereichen nicht vorliegen. Für das Kriterium „Lebenserwartung" gibt es demgegenüber nicht nur in der Regel einigermaßen verläßliche Angaben, sondern es gibt wegen der vielfältigen Wechselbeziehungen auch Auskunft über die relative Grundbedarfbefriedigung in den verschiedenen Einzelbereichen.

[15]) Vgl. Weltbank, Weltentwicklungsbericht 1982, S. 82.

[16]) Ausführlich dazu: Schmitz, Erich, Außerschulische Jugendförderung in ländlichen Gebieten von Entwicklungsländern, München u. a. 1985.

[17]) Siehe dazu Addicks, Gerd, Hans-Helmut Bünning, Ökonomische Strategien der Entwicklungspolitik, Stuttgart 1979, S. 143f.

[18]) So auch der Titel des „Klassikers" grundbedarfsorientierter Politik: Chenery, Hollis, u. a., Redistribution with Growth, Oxford 1974; ähnlich auch Hoffmann, Lutz, und Kurt von Rabenau, a. a. O. Die Möglichkeit der weltweiten Befriedigung des Grundbedarfs bei umfangreichen Umverteilungsmaßnahmen – allerdings ohne Berücksichtigung der politischen Realisierbarkeit – weist das sogenannte „Bariloche-Modell" nach. Siehe Herrera, Amilcar C., u. a. (Hrsg.), Grenzen des Elends. Das Bariloche-Modell. So kann die Menschheit überleben, Frankfurt 1977.

[19]) Zu den Selbsthilfekonzepten siehe: Baldus, Rolf D., u. a., Einkommens-, Verteilungs- und Beschäftigungswirkungen von Selbsthilfeorganisationen in Entwicklungsländern, München u. a. 1981, Kirsch, Ottfried C., u. a., Selbsthilfeeinrichtungen in der Dritten Welt. Ansätze zur Kooperation mit autonomen leistungsfähigen Trägergruppen, München u. a. 1983, sowie Hanf, Theodor, Gerda Vierdag, Faustregeln für Selbsthilfe (Manuskript), Freiburg 1984.

[20]) Eine nach diesem Prinzip in verschiedenen Sahel-Staaten arbeitende Nichtregierungsorganisation begann ihre Entwicklungsarbeit 1977 mit etwa 50 Gruppen. Diese Zahl stieg bis 1984 auf 1250 Gruppen in 500 Dörfern. Zahlreiche weitere Anträge von Dorfgruppen auf Zusammenarbeit mußten wegen mangelnder Kapazität vorerst abgelehnt werden. Siehe dazu Schmitz, a. a. O., S. 85 ff.

[21]) Siehe hierzu die in Anmerkung 17 und 18 zitierte Literatur sowie eine Serie von sieben Artikeln in den Vierteljahresheften des Internationalen Währungsfonds und der Weltbankgruppe „Finanzierung und Entwicklung", 16./17. Jg., September 1979 bis September 1980.

[22]) Auch in diesem Problemkreis hatten Jugendgruppen in Einzelfällen eine problemverringernde, katalysatorische Wirkung, indem junge Mitglieder mächtiger Familien in den Gruppen mitgearbeitet haben und dort eine Mittlerrolle zwischen „Entwicklungsagent", „Armen-Fürsprecher" und „Standes-Vertreter" einnahmen.

[23]) Der 6. Bericht der Bundesregierung zur Entwicklungspolitik vom März 1985 weist darauf hin, daß die Beschäftigungswirkungen der deutschen Entwicklungshilfe von 1976 bis 1982 um etwa 15% gesteigert werden konnten. Siehe 6. Bericht zur Entwicklungspolitik der Bundesregierung, Tabelle 15, S. 68.

[24]) Zu den gesamtwirtschaftlich eher geringen Auswirkungen der Lieferbindungen und ihren negativen politischen und wirtschaftlichen Begleiterscheinungen siehe Dieke, Gerold, „Beschäftigungswirksamkeit" der Entwicklungspolitik – eine Illusion und ihre Folgen, in: Liberal. Vierteljahreshefte für Politik und Kultur, 26 (1984), 3, S. 63–69.

[25]) Dies schlägt sich dann in vermeintlichen „Erfolgsmeldungen' nieder wie: Tausende von energiesparenden Öfen gebaut und verteilt (die jedoch aus unterschiedlichen Gründen nicht benutzt werden). Dutzende von Landwirtschaftsberatern ausgebildet, jeder ist für einen Distrikt verantwortlich. Damit eine Bevölkerung von X-tausend Menschen (= Gesamteinwohner der Distrikte) erreicht. Die Berater verlassen jedoch die Distrikthauptstadt nie usw.; siehe auch ähnlich gelagerte Beispiele in den anderen Beiträgen dieses Heftes.

[26]) Ein Ansatz zu einer Änderung dieser Tendenz zeigt sich im Entwurf des Bundeshaushaltes 1986, in dem für den landwirtschaftlichen Bereich eine verstärkte Förderung von kleineren Projekten vorgesehen ist. Da jedoch wegen mangelnder Vorlaufzeit nicht ausreichend viele kleine Projekte ermittelt worden sind, ist sofort das Pipeline-Problem akut geworden, so daß entgegen der Zielvorstellungen nahezu aller Entwicklungspolitiker der Budgetansatz für 1986 im Endergebnis einen *Rückgang* der Förderung ländlicher Projekte um 0,4% vorsieht.

[27]) Die über Nicht-Regierungs-Organisationen abgewickelte Entwicklungshilfe stieg in den letzten Jahren kontinuierlich an. 1982 betrug sie 6,4% des BMZ-Etats und stieg bis 1985 auf geplante 7,2% = 474 Millionen DM an. Siehe dazu 6. Bericht der Bundesregierung zur Entwicklungspolitik, Tabelle 6, S. 41.

Clemens Jürgenmeyer

Entwicklungspolitik

Ein Literaturüberblick

Diese kommentierte Literaturübersicht möchte dem interessierten Leser einen Leitfaden an die Hand geben, der ihm ermöglichen soll, aus der jährlich immer größer werdenden Flut an Büchern zum Thema Dritte Welt diejenigen Titel auszuwählen, die für seine Zwecke nützlich erscheinen. Daher werden solche deutschsprachigen Werke vorgestellt, die zum einen in jeder Buchhandlung oder Bücherei erhältlich, zum anderen hauptsächlich für den entwicklungspolitisch Interessierten von Gewinn sein dürften. Dem professionellen Spezialisten wird diese Literaturauswahl nichts Neues bieten. Es sei noch vermerkt, daß in vielen der aufgeführten Bücher umfangreiche, weiterführende Literaturhinweise abgedruckt sind, die dem Informationsbedürfnis des Lesers keine Grenzen setzen. Ebenso sei auf die zitierte Literatur der in diesem Heft befindlichen Beiträge verwiesen. Der besseren Übersicht wegen werden zwei Hauptabteilungen angeführt: Lexika/Handbücher/Jahrbücher und Monographien/Sammelbände.

Lexika, Handbücher, Jahrbücher

Dieter Nohlen (Hrsg.)
Lexikon Dritte Welt
Länder, Organisationen, Theorien, Begriffe, Personen
Reinbek bei Hamburg: Rowohlt Taschenbuch Verlag 1984.
636 Seiten, DM 19,80 (= rororo Handbuch. 6295).

Hier liegt ein handliches und preiswertes Nachschlagewerk vor, das einen kompakten und umfassenden Wissensüberblick über die verschiedenen praktischen und theoretischen Gebiete der Dritte-Welt-Thematik (Staaten der Dritten Welt, nationale und internationale Entwicklungspolitik, Nord-Süd-Konflikt) liefert. Neben lexikalischen Angaben werden auch problemorientierte Kurzanalysen zu zentralen Problemen gegeben. Die über 750, mit Verweisen gekennzeichneten Stichwörter, sind alphabetisch angeordnet und erlauben so einen schnellen und präzisen Zugriff auf die gesuchten Informationen. Dieses Lexikon ist ein unentbehrliches Arbeitsmittel für alle, die sich mit der Dritten Welt auseinandersetzen möchten.

Wesentlich umfangreicher und konzeptionell verschieden angelegt ist das achtbändige „Handbuch der Dritten Welt", an dem viele bekannte Wissenschaftler mitgearbeitet haben:

Dieter Nohlen/Franz Nuscheler (Hrsg.)
Handbuch der Dritten Welt
Völlig überarbeitete und erweiterte Neuausgabe in 8 Bänden
Hamburg: Hoffmann & Campe, 1982–1983. DM 48,– pro Band.

Band 1: Unterentwicklung und Entwicklung: Theorien – Strategien – Indikatoren. 1982. 527 Seiten.

Band 2: Südamerika: Unterentwicklung und Entwicklung. 1982. 400 Seiten.

Band 3: Mittelamerika und Karibik: Unterentwicklung und Entwicklung. 1982. 512 Seiten.

Band 4: Westafrika und Zentralafrika: Unterentwicklung und Entwicklung. 1982. 544 Seiten.

Band 5: Ostafrika und Südafrika: Unterentwicklung und Entwicklung. 1982. 510 Seiten.

Band 6: Nordafrika und Naher Osten: Unterentwicklung und Entwicklung. 1983. 543 Seiten.

Band 7: Südasien und Südostasien: Unterentwicklung und Entwicklung. 1983. 527 Seiten.

Band 8: Ostasien und Ozeanien: Unterentwicklung und Entwicklung. 1983. 432 Seiten.

Band 1, der das *theoretische Fundament* für das Gesamtwerk liefern soll, beginnt mit einer inhaltlichen Bestimmung der Begriffe Dritte Welt, Unterentwicklung, Entwicklung und präsentiert dann verschiedene, durchaus kontroverse Theorien der Unterentwicklung (strukturelle Heterogenität, ungleicher Tausch, Dependencia usw.). Sodann werden wichtige entwicklungspolitische Problembereiche und Lösungsperspektiven analysiert sowie Theorien und Strategien von Entwicklung kritisch gewürdigt. Abschließend wird auf das Problem der Messung und Analyse der Indikatoren von Entwicklung und Unterentwicklung eingegangen.

Die Bände 2 bis 8 beinhalten *Länderanalysen*, die den Anspruch erheben, aus einer gesamtgesellschaftlichen Perspektive die Probleme und Strukturen von Unterentwicklung und Entwicklung in den einzelnen Staaten zu ergründen. Die sieben Bände sind nach Regionen gegliedert und enthalten auch länderübergreifende Analysen der entsprechenden Regionen. So entsteht ein umfassendes Gesamtbild der gesellschaftlichen Strukturen und Probleme der Länder der Dritten Welt im einzelnen sowie der Entwicklungspolitik und Theorien im allgemeinen, das von keiner anderen Publikation im deutschsprachigen Raum übertroffen wird.

Zu den politischen Systemen und Entwicklungen in der Dritten Welt geben in knapper Form folgende Lexika Auskunft, die neben den einzelnen Länderbeiträgen auch noch regionale Gruppierungen und Organisationen (zum Beispiel ASEAN usw.) beschreiben.

Rolf Hofmeier/Mathias Schönborn (Hrsg.)
Politisches Lexikon Afrika
Zweite, durchgesehene Auflage. München: C. H. Beck, 1985.
510 Seiten, DM 28,– (= Beck'sche Schwarze Reihe 281).

Udo Steinbach/Rolf Hofmeier/Mathias Schönborn (Hrsg.)
Politisches Lexikon Nahost
Zweite, neubearbeitete Auflage. München: C. H. Beck, 1981.
411 Seiten, DM 24,– (= BSR 199).

Werner Draguhn/Rolf Hofmeier/Mathias Schönborn (Hrsg.)
in Zusammenarbeit mit dem Institut für Asienkunde Hamburg
Politisches Lexikon Asien und Südpazifik
München: C. H. Beck, 1980. 415 Seiten, DM 24,– (= BSR 226).

Peter Waldmann (Hrsg.) unter Mitarbeit von Ulrich Zelinsky
Politisches Lexikon Lateinamerika
Zweite, neubearbeitete Auflage. München: C. H. Beck, 1982.
423 Seiten, DM 24,– (= BSR 221).

Über die Situation der Menschenrechte, genauer: über die fortdauernden, teilweise systematisch betriebenen Menschenrechtsverletzungen in den Staaten der Dritten Welt informieren detailliert die Jahresberichte von *Amnesty International*. Die jüngste Ausgabe erschien im November 1985:
Amnesty International
Jahresbericht 1985
Frankfurt: Fischer Taschenbuch-Verlag, 1985.
472 Seiten, DM 11,80.

Seit 1983 erscheint das
Jahrbuch Dritte Welt
Daten, Übersichten, Analysen
Herausgegeben vom Deutschen Übersee-Institut Hamburg.
München: C. H. Beck, 1983ff. 250 Seiten, DM 19,80,
das die wichtigsten politischen, wirtschaftlichen und sozialen Ereignisse in der Dritten Welt während des Berichtsjahrs in Einzelbeiträgen analytisch aufarbeitet. Daneben werden schwerpunktmäßig übergreifende Fragestellungen wie zum Beispiel Bevölkerungswachstum, Flüchtlingsprobleme, Verschuldung, Landwirtschaft und Ernährung, Rüstung usw. sowie Fragen von grundsätzlicher Bedeutung (zum Beispiel Band 1, 1983: Frieden, Ökologie, Entwicklung; Band 3, 1985: Nord-Süd-Dialog, Ruhe vor dem Sturm), abgehandelt.

Das Jahrbuch ist nicht ausschließlich für ein Fachpublikum gedacht, sondern wendet sich bewußt an den entwicklungspolitisch Interessierten. Es stellt eine nützliche, ständig aktualisierte Ergänzung zum „Handbuch Dritte Welt" dar. Ein Register aller bisher erschienenen Beiträge erleichtert den Zugriff; Karten, Schaubilder, Glossare und Chroniken gewährleisten eine hohe Anschaulichkeit.

Der von der Weltbank in Washington, D.C., USA, herausgegebene
  Weltentwicklungsbericht 1985
  Frankfurt: Fritz Knapp, 1985; Bonn: UNO-Verlag, 1985.
  274 Seiten, DM 22,–
erscheint seit 1978 jährlich und enthält jeweils ein Schwerpunktthema, das sehr ausführlich behandelt wird (Thema der letzten Ausgabe 1985: Beitrag des Auslandskapitals zur wirtschaftlichen Entwicklung). Der Bericht ist eine anerkannte Quelle für statistische Angaben über die Dritte-Welt-Staaten: Im Kapitel „Kennzahlen der Weltentwicklung" werden wirtschaftliche und soziale Querschnittsdaten für 126 Länder aufgeführt.

Das *Bundesministerium für wirtschaftliche Zusammenarbeit* (BMZ) gibt kostenlos Broschüren, Materialhefte zu bestimmten Themen und andere Materialien heraus, die direkt bestellt werden können: BMZ, Information/Bildungsarbeit, Karl-Marx-Straße 4–6, Postfach 120322, 5300 Bonn 1.

Eine kleine Informationsbroschüre „Informationsmedien Entwicklungspolitik" führt alle erhältlichen Materialien auf, von denen hier nur die wichtigsten genannt werden sollen. Sie stellen im allgemeinen die Entwicklungspolitik aus der Sicht der Bundesregierung dar.
  BMZ (Hrsg.)
  Politik der Partner
  Aufgaben, Bilanz und Chancen der deutschen Entwicklungspolitik
  6. revidierte Auflage. Bonn: BMZ, 1983. 183 Seiten.

Diese reich bebilderte Broschüre möchte laut eigener Angabe „politisch interessierten Bürgern, Lehrern, Mitarbeitern in der Erwachsenenbildung und in der Entwicklungspolitik Tätigen" die wichtigsten Informationen zur deutschen Entwicklungspolitik vermitteln. Auch werden einige Probleme der Entwicklungsländer und des Nord-Süd-Konflikts angeschnitten.

  BMZ (Hrsg.)
  6. Bericht zur Entwicklungspolitik der Bundesregierung.
  Bonn: BMZ, 1985. 155 Seiten.
In zwei großen Abteilungen werden aus offizieller Sicht „Situation und zentrale Probleme der Entwicklungsländer in der Mitte der achtziger Jahre" und „Die entwicklungspolitische Zusammenarbeit der Bundesregierung" ausführlich dargestellt. Dieser Bericht erscheint in

der Regel alle zwei Jahre. Eine sinnvolle Ergänzung dazu bildet der jährlich erscheinende

BMZ (Hrsg.)
Entwicklungspolitik. Jahresbericht 1984
Bonn: BMZ, 1985. 52 Seiten

der in detaillierter Form die quantitativen Größen der bilateralen und multilateralen Entwicklungszusammenarbeit des vorangegangenen Jahres auflistet.

Es sei noch vermerkt, daß die Broschüre „Entwicklungspolitik – im Schaubild", die es auch als Folien für Tageslichtschreiber gibt, zum Teil recht brauchbare Abbildungen enthält, die im Unterricht eingesetzt werden können.

Monographien – Sammelbände

Den jüngsten Stand der bundesdeutschen politikwissenschaftlichen Dritte-Welt-Forschung resümiert schwerpunktmäßig – kein Sammelband wird den Anspruch der totalen Vollständigkeit erfüllen können – das soeben erschienene Sonderheft der Politischen Vierteljahresschrift:

Franz Nuscheler (Hrsg.)
Dritte-Welt-Forschung
Entwicklungstheorie und Entwicklungspolitik
Politische Vierteljahresschrift, Sonderheft 16/1985.
Opladen: Westdeutscher Verlag, 1985. 452 Seiten, DM 66,–.

Ebenso werden die jüngsten Forschungstendenzen aufgezeigt, die sich als Reaktion auf die sich zuspitzenden Probleme der Entwicklungsländer und auf das Scheitern der Entwicklungspolitik der Industriestaaten in letzter Zeit herausgebildet haben. Der Entwicklungsforschung in der Bundesrepublik Deutschland werden – so der Herausgeber in seiner Einleitung – trotz des „institutionellen Schattendaseins" und der „dürftigen Forschungsbedingungen" beträchtliche Leistungen bescheinigt (S. 27). In insgesamt 21 Beiträgen namhafter Politologen werden die folgenden Bereiche einer gründlichen Analyse unterzogen: I. Entwicklungstheorie; II. Schwellenländer; III. Staat und Verwaltung; IV. Diktatur, Demokratie in der Dritten Welt; V. Entwicklungspolitik, besonders der Bundesrepublik; VI. Nord-Süd-Konflikt; VII. Politikwissenschaftliche Regionalforschung, Afrika, Lateinamerika, Nahost. Dieser Band wendet sich *vornehmlich an Kenner der Materie*. Derjenige Leser, der sich erst in die Dritte-Welt-Problematik einarbeiten möchte, sollte die Lektüre dieses Bandes auf einen späteren Zeitpunkt verschieben, wenn er sich bereits mit den wichtigsten Problemen vertraut gemacht hat.

Davon ausgehend, daß erst eine gründliche Kenntnis der Ursachen von Unterentwicklung wirkungsvolle Entwicklungshilfe ermöglicht, möchte das Buch von
> Wolfgang Geiger/H. C. F. Mansilla
> Unterentwicklung: Theorien und Strategien zu ihrer Überwindung
> Frankfurt a. M.: Moritz Diesterweg, 1983. 173 Seiten, DM 12,80
> (= Studienbücher Politik)

einen ebenso umfassenden wie komprimierten Überblick über Theorien und Strategien zur Überwindung der Unterentwicklung vermitteln. Die klare Sprache und der gut gegliederte Aufbau empfehlen dieses Buch als gut verständliche Einführung in die große Vielfalt der Theorieansätze (Imperialismustheorien, ökonomische Theorien, Modernisierungstheorien, Dependenztheorien, Theorie des peripheren Kapitalismus, neue Weltwirtschaftsordnung, Grundbedarfsstrategie, autozentrierte Entwicklung usw.). An dieser Stelle sei auch auf Band I des Handbuchs der Dritten Welt verwiesen (siehe oben), der zur Vertiefung des Themas herangezogen werden kann.

Der Konstanzer Politologe *Hartmut Elsenhans* untersucht in seiner Abhandlung
> Hartmut Elsenhans
> Nord-Süd-Beziehungen
> Geschichte – Politik – Wirtschaft
> Stuttgart: W. Kohlhammer, 1984. 142 Seiten, DM 16,–
> (= Urban Taschenbücher 365)

die historischen Ursachen von Unterentwicklung im Zuge der Herausbildung der kapitalistischen Weltwirtschaft, die veränderten gesellschaftlichen Strukturen der Entwicklungsländer, die politökonomischen Grundlagen der Nord-Süd-Beziehungen und das Problem der neuen Weltwirtschaftsordnung. Abschließend folgt ein Plädoyer für eine umfassende Reformstrategie, um Unterentwicklung und Armut weltweit zu überwinden. Diese Strategie zielt auf eine Neugestaltung der Nord-Süd-Beziehungen im Rahmen einer neuen Weltwirtschaftsordnung, die jedoch von einschneidenden Reformen der die Unterentwicklung festigenden gesellschaftlichen Strukturen in den Entwicklungsländern selbst („bürokratische Entwicklungsgesellschaften unter der Herrschaft von Staatsklassen") begleitet werden müssen. Denn, so *Elsenhans*, die Lösung der eigenen wirtschaftlichen Probleme der westlichen Industriestaaten sei aufs engste mit der Überwindung der Armut im Süden verknüpft. Daher habe der Westen ein Interesse an einer neugestalteten Weltwirtschaftsordnung, vorausgesetzt, sie kommt den Armen in der Dritten Welt zugute.

Das soeben erschienene Buch von
> Gerald Braun
> Nord-Süd-Konflikt und Entwicklungspolitik
> Eine Einführung. Opladen: Westdeutscher Verlag, 1985. 332 Seiten, DM 29,80 (= Studienbücher zur Sozialwissenschaft 51)

gibt eine mit vielen Schaubildern versehene Einführung in die wirtschaftlichen, politischen und militärischen Aspekte der Nord-Süd-Beziehungen, unter besonderer Berücksichtigung der Rolle der Bundesrepublik Deutschland. *Braun* identifiziert die Hauptproblemfelder, die die heutige Weltgesellschaft kennzeichnen: Kriege und Gewalt; Ungleichheit der Lebensbedingungen; Interdependenz und Ungleichheit. Folglich konzentriert sich seine Analyse auf die Stellung der Entwicklungsländer im Weltwirtschaftssystem und die sich daraus ergebenden Konflikte sowie die entsprechenden Theorieansätze, die Rolle der multinationalen Konzerne, die Entwicklungshilfe der Bundesrepublik „zwischen Rohstoffsicherung und Weltsozialpolitik" und auf das hochaktuelle Problem bundesdeutscher Rüstungsexporte in die Dritte Welt. Gerade dieses Kapitel dürfte wegen des stark zunehmenden Umfangs dieser Waffenlieferungen von besonderem Interesse sein.

Die in dem Sammelband
 Peter J. Opitz (Hrsg.)
 Die Dritte Welt in der Krise
 Grundprobleme der Entwicklungsländer
 Zweite, aktualisierte Auflage. München: C. H. Beck, 1985.
 274 Seiten, DM 19,80 (= BSR 285)
vereinigten Beiträge geben eine allgemein verständliche, komprimierte Übersicht über wichtige Problembereiche der Entwicklungsländer: Bevölkerung, Ernährung und Landwirtschaft, Rohstoffe und neue Weltwirtschaftsordnung, Außenhandel, Industrialisierung, Wissenschaft und Technik, Arbeitslosigkeit und Unterbeschäftigung, Urbanisierung, Umweltprobleme, Rüstung und Entwicklung. Es wird versucht, eine ausgewogene Balance zwischen nationalökonomischer und sozialwissenschaftlicher Betrachtungsweise herzustellen. Das Buch wendet sich an den interessierten Laien und enthält viele Schaubilder, Diagramme und Tabellen, die das geschriebene Wort zusätzlich verdeutlichen.

Die erheblich erweiterte Neuausgabe des seit 1975 mehrfach erschienenen Werkbuchs „Überentwicklung – Unterentwicklung"
 Rudolf H. Strahm
 Warum sie so arm sind
 Arbeitsbuch zur Entwicklung der Unterentwicklung in der Dritten Welt mit Schaubildern und Kommentaren.
 Wuppertal: Peter-Hammer-Verlag, 1985. 224 Seiten, DM 16,80
 (= Peter Hammer Taschenbuch 27)
möchte die komplexen Mechanismen der Unterentwicklung in den achtziger Jahren aufzeigen. Was dieses Buch vor anderen Publikationen auszeichnet, ist seine *pädagogische Konzeption* und *didaktische Form*: Anhand von eindrücklichen Schaubildern, die jeweils von Kommentaren begleitet werden, soll Schritt für Schritt ein solides Grundwissen über die wichtigsten Problembereiche wie zum Beispiel

Welternährung, Ökologie, Verschuldung, Welthandel, Industrialisierung, Entwicklungshilfe, Rüstung und alternative Strategien der Entwicklungspolitik vermittelt werden. Dieses Buch eignet sich deshalb vorzüglich für den Einsatz in Schule und Unterricht (Hinweis: Eine preiswerte Sonderauflage ist bei der Deutschen Welthungerhilfe, Adenauer Allee 134, 5300 Bonn 1, erschienen).

Der Weltatlas von
 Michael Kidron/Ronald Segal
 Die Armen und die Reichen
 Der politische Atlas zu einer Welt im Umbruch. Reinbek bei Hamburg: Rowohlt Taschenbuch Verlag, 1985. Etwa 150 Seiten, DM 28,– (= rororo aktuell 5445)
zeigt anhand farbiger Schaubilder im Großformat, die in Form von 57 illustrierten Weltkarten angelegt sind, auf eindrückliche Weise die Krisen der gegenwärtigen Welt auf, die durch einen gesonderten Textteil noch näher erläutert werden. Dieser Atlas eignet sich, ebenso wie das Arbeitsbuch von *Rudolf Strahm* (siehe oben), sehr gut für Unterrichtszwecke, da er auf knappem Raum die zentralen Probleme unserer Zeit visuell vermittelt. Beide Bücher ergänzen sich in idealer Weise und ergeben so eine illustrierte Gesamtschau der heutigen Weltkrisen. Die vorliegende Ausgabe ist eine überarbeitete Version des zuerst 1981 erschienenen Weltatlas „Hunger und Waffen: Ein politischer Weltatlas zu den Krisen der achtziger Jahre".

Eine umfassende und für jedermann verständliche, sehr flüssig geschriebene Übersicht zu den Problemen von Unterentwicklung und Entwicklungspolitik gibt
 Franz Nuscheler
 Lern- und Arbeitsbuch Entwicklungspolitik
 Bonn: Verlag Neue Gesellschaft, 1985. 280 Seiten, DM 19,80.
Nuscheler sucht eine Antwort auf die Frage, warum die Entwicklungspolitik sich als „Politik ohne Entwicklung" erwies. Dabei kommt er nicht umhin, eine scharfe Kritik an der gegenwärtigen Praxis der Entwicklungshilfe der Industrieländer, einschließlich der Bundesrepublik Deutschland, zu formulieren, eine „Hilfe", die sich mehr als Hüter eigener Interessen denn als der der Dritten Welt versteht. Seine Lehre daraus heißt allerdings nicht, wie zum Beispiel bei *Brigitte Erler* (siehe unten), alle Entwicklungshilfe zu stoppen, sondern: „Daß Entwicklungshilfe notwendig bleibt, aber nur dann ihren eigentlichen Zweck, nämlich die Verbesserung der Lebensbedingungen der armen Mehrheit in der Dritten Welt, erfüllen kann, wenn sie dem parasitären Zugriff korrupter Cliquen entzogen wird. Und es muß wiederholt werden: Alle Entwicklungshilfe wird solange ihr Ziel verfehlen, wie sie nur notwendig die Löcher stopfen kann, die eine unfaire Weltwirtschaftsordnung aufreißt" (S. 247). Dieses Buch kann, auch wegen des relativ bescheidenen Preises, jedem empfohlen werden, der sich in diese Problematik gründlich einarbeiten möchte.

Die mit international bekannten Persönlichkeiten besetzte Nord-Süd-Kommission unter Vorsitz von *Willy Brandt* hat ein Buch verfaßt
  Das Überleben sichern
  Der Brandt-Report
  Bericht der Nord-Süd-Kommission
  Ungekürzte Ausgabe mit einem neuen Vorwort zur Taschenbuchausgabe. Frankfurt/M., Berlin, Wien: Ullstein, 1981. 379 Seiten, DM 9,80 (= Ullstein Sachbuch 34102),
das sowohl eine Bestandsaufnahme der Lage in den Entwicklungsländern und ihre Position in der Weltwirtschaft zu analysieren als auch Empfehlungen für die heutige Politik geben möchte, die jedoch – wie bei einer internationalen Kommission zu erwarten – weitgehend im Rahmen der bisherigen nationalen und internationalen Entwicklungspolitiken verharren. Die grundsätzliche Wirksamkeit von Entwicklungshilfe und einer weltmarktintegrierten Entwicklungsstrategie werden nicht in Zweifel gezogen, die „gemeinsamen Interessen von Industrie- und Entwicklungsländern" stets betont; entsprechend wird unter anderem eine Erhöhung der Entwicklungshilfe, eine globale Wachstumspolitik und eine stärkere Integration der Dritte-Welt-Staaten in eine reformierte Weltwirtschaftsordnung befürwortet, während die internen Verhältnisse der Entwicklungsländer hingegen sehr schonend behandelt werden. So konnte es nicht ausbleiben, daß dieser Bericht sowohl Kritik als auch Zustimmung von verschiedenen Seiten erntete, die in dem folgenden Buch abgedruckt sind:
  Unfähig zum Überleben?
  Reaktionen auf den Brandt-Report
  Hrsg. von der Friedrich-Ebert-Stiftung Bonn. Redaktion: Michael Dauderstädt und Alfred Pfaller
  Frankfurt/M., Berlin, Wien: Ullstein, 1983. 319 Seiten, DM 9,80 (= Ullstein Sachbuch 34137).

Es wird deutlich, wie brüchig die These von den gemeinsamen Interessen der Industrie- und Entwicklungsländer und wie unwahrscheinlich eine gemeinsame, weltumspannende Strategie zur Lösung der Weltprobleme in der näheren Zukunft ist. Ergänzend soll noch hinzugefügt werden, daß inzwischen auch der zweite „Brandt-Report" als Taschenbuch vorliegt:
  Willy Brandt (Hrsg.)
  Hilfe in der Weltkrise
  Ein Sofortprogramm
  Der zweite Bericht der Nord-Süd-Kommission
  Reinbek bei Hamburg: Rowohlt Taschenbuch Verlag, 1983.
  171 Seiten, DM 8,80 (= rororo aktuell 5238).

Erhard Eppler, von 1968 bis 1974 selbst Bundesminister für wirtschaftliche Zusammenarbeit, hat im Jahre 1971 ein Buch publiziert, das bis heute in acht Auflagen erschienen ist:

Erhard Eppler
Wenig Zeit für die Dritte Welt
Achte Auflage. Stuttgart: W. Kohlhammer, 1981.
136 Seiten, DM 16,– (= Urban Taschenbücher 822).

Obwohl diese sehr flüssig geschriebene und leicht verständliche Einführung in die Dritte-Welt-Thematik von der Datenlage veraltet ist, sind doch seine grundsätzlichen Aussagen auch heute noch aktuell, wie der folgende Satz am Ende des Buches zeigt: „Die Entwicklungspolitik eines Landes spiegelt heute ziemlich exakt seinen Bewußtseinsstand" (S. 128).

Gleiches gilt auch für das Buch von
Gunnar Myrdal
Politisches Manifest über die Armut in der Welt
(gekürzte Fassung). Frankfurt/M.: Suhrkamp Verlag, 1970.
288 Seiten, DM 6,– (= suhrkamp taschenbuch 40),

das schon fast zu einem Klassiker geworden ist. *Myrdals* vehementes Plädoyer für eine radikale Änderung der Entwicklungspolitik, die seiner Meinung nach bislang nur den korrupten Eliten in der Dritten Welt genützt und die Armen nicht erreicht hat, hat bis auf den heutigen Tag nichts von seiner Gültigkeit eingebüßt.

In ausführlicher Weise behandelt
Wolfgang Ochel
Die Entwicklungsländer in der Weltwirtschaft
Eine problemorientierte Einführung mit einem Kompendium entwicklungstheoretischer und -politischer Begriffe
Köln: Bund-Verlag, 1982. 332 Seiten, DM 68,–
(= Reihe Problemorientierte Einführungen)

schwerpunktmäßig die *ökonomischen* Aspekte der Nord-Süd-Beziehungen. So wird das Problem der Integration der Entwicklungsländer in den Weltmarkt und die Entwicklungspolitik der Industrieländer eingehend diskutiert. Auch kommt die neue Weltwirtschaftsordnung ausführlich zur Sprache. Daneben geht *Ochel* auch noch auf die Situation der Entwicklungsländer und Theorien der Unterentwicklung ein. Die endogenen Faktoren für Entwicklung und Unterentwicklung in den Ländern der Dritten Welt werden weitgehend vernachlässigt, ohne daß der Autor die Bedeutung dieser Faktoren leugnen möchte.

Eine umfassende und differenzierte Zusammenschau der Probleme der wirtschaftlichen Entwicklung der Dritten Welt aus der Feder dreier Nationalökonomen bietet das Buch von
Norbert Wagner/Martin Kaiser/Fritz Beimdiek
Ökonomie der Entwicklungsländer
Eine Einführung
Stuttgart: Gustav Fischer Verlag, 1983. XVI, 306 Seiten,
DM 29,80 (= Uni Taschenbücher 1230),

das über eine einführende Darstellung hinausgeht und volkswirtschaftliche Grundkenntnisse bereits voraussetzt. Es wird der Versuch unternommen, sowohl die nationalen als auch die internationalen Dimensionen der Thematik adäquat und in ihren Wechselbeziehungen analytisch zu durchdringen. Auch werden verschiedene Entwicklungstheorien und -strategien dargestellt. Den Abschluß des Buches bildet ein sehr umfangreiches Kapitel über Entwicklungsplanung.

Der folgende Titel hingegen konzentriert sich auf *landesinterne* entwicklungspolitische Strategien.
Gerd Addicks/Hans-Helmut Bünning
Ökonomische Strategien der Entwicklungspolitik
Stuttgart: Verlag W. Kohlhammer, 1979. 184 Seiten, DM 14,–
(= Urban Taschenbücher 523).

Zunächst werden anhand eines einheitlichen Analyseschemas (Leitbilder der Entwicklung, theoretische Grundlagen, entwicklungspolitische Umsetzung) die beiden zentralen Entwicklungsstrategien dargestellt: die wachstumsorientierte und die bedürfnisorientierte. Abschließend wird der Versuch unternommen, mittels einer Synthese einen Strategietyp zu entwickeln, der in der Praxis eine ausgewogene Entwicklungspolitik ermöglichen soll.

Eine wissenschaftlich anspruchsvolle Studie über die Chancen einer erfolgreichen, autozentrierten Entwicklungspolitik liefert
Dieter Senghaas
Weltwirtschaftsordnung und Entwicklungspolitik.
Plädoyer für Dissoziation. Frankfurt/M.: Suhrkamp Verlag, 1977. 362 Seiten, DM 14,– (edition suhrkamp 856).

Senghaas, einer der renommiertesten Entwicklungstheoretiker in der Bundesrepublik, versucht, eine Antwort auf die Frage zu geben, wie der Prozeß einer sozial ausgewogenen, nachholenden Industrialisierung unter den heutigen Bedingungen des kapitalistischen Weltwirtschaftssystems in Gang gesetzt werden kann. Unter Berufung auf die ökonomische Theorie von *Friedrich List* und anhand der beiden Länderbeispiele Brasilien und Japan, die als jeweilige Prototypen eines assoziativ-kapitalistischen beziehungsweise eines dissoziativ-kapitalistischen Entwicklungsweges angesehen werden, formuliert der Autor seine Grundhypothese, daß eine Dissoziation der „Peripherien", das heißt eine selektive Abkoppelung der Entwicklungsländer vom kapitalistischen Weltwirtschaftssystem notwendig sei, um eine autozentrierte Entwicklung in den Peripherien selbst zu ermöglichen. Der Weltmarkt habe sich als „Sackgasse für Entwicklungsländer" erwiesen. Die Strategie der autozentrierten Entwicklung zielt auf eine systematische, kohärente Binnenmarkterschließung, um die arbeitslosen Armen produktiv in den Entwicklungsprozeß zu integrieren und ihre Grundbedürfnisse zu befriedigen. Sie möchte die verschiedenen Sektoren einer Wirtschaft, die in den heutigen Peripherien nur parasitär verbunden sind, miteinander strukturell homogen verflechten, um organische, binnenorientierte Wirtschaftskreisläufe zu ermöglichen. Eine strukturell reformierte Landwirtschaft (Landreform!), eine für den einfachen Massenbedarf produzierende Konsumgüterindustrie und ein die notwendigen Produktionsmittel (Maschinen, Geräte usw.) herstellender Industriezweig sollen sich also gegenseitig ergänzen und die Güter liefern, die für breitwirksame sozioökonomische Entwicklungsprozesse unerläßlich sind und die Wachstumseffekte nicht nur punktuell wirksam werden lassen. Diese „umfassende, differenzierte und ausgeglichene Produktivkraftentfaltung" in einer Gesellschaft soll die Basis für eine Autonomie in Politik, Wirtschaft und Kultur bilden, die selbst wiederum Voraussetzung einer sozial ausgewogenen Entwicklung ist. Mithin soll dieser autozentrierte Weg gesellschaftliche Potentiale zu einer umfassenden Erneuerung wecken und das Vertrauen in die eigenen Kräfte stärken.

Der einige Jahre später erschienene Band
   Dieter Senghaas
   Von Europa lernen
   Entwicklungsgeschichtliche Betrachtungen.
   Frankfurt/M.: Suhrkamp Verlag, 1982. 356 Seiten, DM 16,–
   (edition suhrkamp 1134)
modifiziert und verfeinert das Thema. Im Rahmen ländervergleichender Analysen unterschiedlicher Entwicklungswege in Europa soll geklärt werden, welche historischen und gesellschaftlichen Voraussetzungen gegeben sein müssen, um erfolgreich sozioökonomische Entwicklungsprozesse zu initiieren. Dabei werden auch Beispiele fehlgeschlagener Entwicklungswege angeführt, die einzelne Länder Europas zu Peripherien werden ließen (zum Beispiel Portugal, Spanien, Südosteuropa). Es zeigt sich, daß in der überwiegenden Mehrzahl dissoziativ orientierte Strategien verschiedener Ausprägungen zur erfolgreichen Industrialisierung geführt haben. Die außenwirtschaftliche, assoziative Variante war hingegen nur in zwei Fällen erfolgreich. Über alle Differenzen hinweg lassen sich jedoch folgende grundsätzliche Aussagen treffen: Es besteht ein enger Zusammenhang zwischen breitenwirksamer Agrarmodernisierung, beginnender Industrialisierung und sich ausweitender Kommerzialisierung, die von bestehenden gesellschaftlichen Strukturen und Institutionen gefördert oder hintertrieben werden können. Kurz: Entwicklung und die Fähigkeit einer Gesellschaft zur inneren Reform bedingen sich gegenseitig, bei aller Unterschiedlichkeit des Einzelfalls.

Die Thesen von *Senghaas* wurden von verschiedenen Seiten kritisch gewürdigt. Letztlich geht es um die Frage, inwieweit sich diese europäischen Erfahrungen auf die heutigen Entwicklungsländer übertragen lassen. Ist die heutige Situation der Entwicklungsländer national und international nicht derart verschieden, daß sich Vergleiche mit Europa ausschließen? An dieser Stelle sei lediglich darauf hingewiesen, daß in dem Sammelband „Dritte-Welt-Forschung" (siehe oben) *Wolfgang Hein* (vgl. S. 43 ff.) und in dem weiter unten

aufgeführten Band „Hilfe + Handel = Frieden?" *Thomas Hurtienne* (vgl. S. 307ff.) zu diesem Problem eingehend Stellung beziehen.
Die wohl umfassendste deutschsprachige Publikation, die die *deutsche Entwicklungspolitik* einer kritischen Würdigung unterzieht, ist
   Informationszentrum Dritte Welt (Hrsg.)
   Entwicklungspolitik – Hilfe oder Ausbeutung?
   Die entwicklungspolitische Praxis der Bundesrepublik Deutschland und ihre wirtschaftlichen Hintergründe
   Achte, überarbeitete Auflage. Freiburg: Informationszentrum Dritte Welt, 1984. 384 Seiten, DM 16,80. (Bestellungen direkt bei: Informationszentrum Dritte Welt, Postfach 5328, 7800 Freiburg.)
Das Buch verharrt nicht in abstrakten Darstellungen, sondern untersucht auch anhand einzelner Projekte die verschiedenen Bereiche der praktischen Entwicklungspolitik (Bildungshilfe, Gesundheitshilfe, Agrarhilfe, Militärhilfe usw.). Auch werden die starke außenwirtschaftliche Verflechtung der Bundesrepublik und die Struktur der Welthandelsbeziehungen analysiert, um dann eine generelle Evaluierung der bundesdeutschen Entwicklungspolitik vorzunehmen, ihrer Interessen, Auswirkungen und Handlungsspielräume: Gemessen an ihren eigenen Zielvorgaben, die Lebensbedingungen der Bevölkerung in der Dritten Welt verbessern zu helfen, ist die bundesdeutsche Entwicklungshilfe in toto gescheitert. Daran können auch einzelne gelungene Projekte nichts ändern. Nach wie vor orientiert sich die deutsche Entwicklungspolitik mehr an ihren eigenen Interessen, die vor allem wirtschaftspolitischer Natur sind, als an denen der Entwicklungsländer. Abschließend wird versucht, auf der Grundlage des Modells autozentrierter Entwicklung Umrisse und Handlungsspielräume einer „anderen" Entwicklungspolitik aufzuzeigen, die eine Entwicklung „von unten" fördern soll. Das Buch ist sehr gut gegliedert und mit alternativen Lesewegen versehen, die den Bedürfnissen sowohl des Anfängers als auch des Fortgeschrittenen Rechnung tragen. Viele Illustrationen und hervorragende Karikaturen lassen den Leser bei der Lektüre trotz der ernüchternden Analyse gelegentlich auch einmal schmunzeln.

Es darf als sicher gelten, daß diese Untersuchung wesentlich fundierter und differenzierter angelegt ist als die publizistisch weidlich ausgeschlachtete Kritik von
   Brigitte Erler
   Tödliche Hilfe
   Bericht von meiner letzten Dienstreise in Sachen
   Entwicklungshilfe
   Freiburg: Dreisam-Verlag, 1985. 106 Seiten, DM 13,80.
Die Publizität ihres Buches reflektiert die herrschende Verunsicherung bis Ratlosigkeit über Sinn und Zweck der Entwicklungshilfe. Frau *Erlers* Aussagen sind klar und eindeutig: „Entwicklungshilfe schadet allen, denen sie angeblich nützen soll, ganzen Ländern wie einzelnen Betroffenen. Sie muß deshalb sofort beendet werden.

Ohne Entwicklungshilfe ginge es den Menschen in der Dritten Welt besser" (S. 8). Sie klagt den „internationalen Entwicklungshilfe Jet-Set" an und schließt: „Entwicklungshilfe trägt dazu bei, in den meisten Entwicklungsländern ausbeuterische Eliten an der Macht zu halten und im Namen von Modernisierung und Fortschritt Verelendung und Hungertod zu bringen" (S. 9). Diese Forderung ist ebenso grobschnittartig wie ihre Beschreibung, die bewußt ganz subjektiv ihre persönlichen Erfahrungen mit Projekten der deutschen *staatlichen* Entwicklungshilfe in Bangladesh widergibt. Der Reiz des Buches liegt zweifelsohne darin, daß es von einer ehemaligen Beamtin des BMZ, also von einer offiziellen Vertreterin der bundesdeutschen Entwicklungshilfe verfaßt worden ist und daher nicht von vornherein als nicht ernstzunehmende Kritik abgetan werden kann, sondern von den offiziellen Stellen zur Kenntnis genommen werden muß. Die vielen, zuweilen recht hilflosen Stellungnahmen der angesprochenen Stellen zeugen vom Legitimationsdefizit der staatlichen Entwicklungspolitik und ihrer schnellen Verwundbarkeit durch ihre Kritiker: Frau *Erler* hat in unumwundener Form die Seinsfrage gestellt, die jede Institution der Entwicklungspolitik aus purem Eigeninteresse in ihrem Sinne beantworten muß.

Die Politik der Bundesrepublik in der Dritten Welt ist auch Gegenstand des folgenden Sammelbandes
Hilfe + Handel = Frieden?
Die Bundesrepublik in der Dritten Welt.
Redaktion: Reiner Steinweg
Frankfurt/M.: Suhrkamp Verlag, 1982. 419 Seiten, DM 14,–
(edition suhrkamp 1097).

Dieser Sammelband, dessen Konzeption und Stil eher einer wissenschaftlichen Untersuchung als einer Einführung entspricht, analysiert vorrangig in Form von sieben Einzelbeiträgen die verschiedenen Facetten der Dritte-Welt-Politik der Bundesrepublik bis zum Ende der sozial-liberalen Koalition. Er kommt zu dem Ergebnis, daß diese Politik – entgegen dem offiziellen Anspruch – keineswegs nur dem Frieden dienlich ist. Gerade die bundesdeutschen Exportinteressen bedingen die ablehnende Haltung der Bundesregierung gegenüber einer Neuordnung der Weltwirtschaft (vgl. die verschiedene UNCTAD-Konferenzen) und festigen somit asymmetrische Austauschbeziehungen, die die Benachteiligung und Abhängigkeit der Dritten Welt international verewigen. Die Entwicklungshilfe Bonns wird einer gründlichen Kritik unterzogen. *Gerhard Bierwirth* versucht die Nutzlosigkeit und strukturellen Widersprüche der zwischenstaatlichen Entwicklungshilfe aufgrund seiner eigenen zehnjährigen Erfahrungen als „Entwicklungsexperte" am Beispiel eines Erwachsenenbildungsprojekts in einem lateinamerikanischen Land aufzuzeigen. Die entscheidende Ursache dafür liegt seiner Meinung nach in der totalen Ignoranz des Projektmilieus, das sich ständig unseren Kategorien entzieht („Es ist das Heteronome schlechthin."). *Bierwirths* Beitrag schließt mit der Bemerkung, daß die Nutzlosigkeit aber dennoch einen Sinn ergäbe: Zum einen ist Entwicklungshilfe eine der neuzeitlichen Formen von Vergeudung und Destruktivität, zum anderen „möglicherweise ... eine ausdifferenzierte moderne Variante des ‚Potlach'" (S. 302).

Die Beschränktheit westlicher Entwicklungsprogramme möchte auch
  Karla Krause
  Weiße Experten nicht gefragt
  Selbsthilfe in indonesischen Dörfern. Protokolle
  Reinbek bei Hamburg: Rowohlt Taschenbuch Verlag, 1981.
  220 Seiten, DM 7,80 (= rororo aktuell 4721)
aufzeigen. In fünf Berichten über verschiedene Entwicklungsprojekte in Indonesien schildert sie die Schwierigkeiten, mit denen Menschen, die im Rahmen von Selbsthilfeprojekten Entwicklungsarbeit leisten, zu kämpfen haben. In ihren anschaulichen, immer realitätsnahen Beschreibungen wird klar, wie wenig eigentlich wir Europäer mit unseren technokratisch orientierten Programmen den Ländern der Dritten Welt anzubieten haben. Daher gibt Karla Krause ihren Protokollen den Titel „Weiße Experten nicht gefragt". Die Autorin berichtet auch von den Schwierigkeiten, als Fremder sich in anderen, fremden Gesellschaften zurechtzufinden, sie zu beobachten und zu verstehen. Dieses Buch kann nur mit Nachdruck empfohlen werden. In seiner unprätentiösen Art vermittelt es mehr Einsichten als viele andere Abhandlungen zur Entwicklungspolitik: „Solange wir nicht bereit sind, die Partizipation der Betroffenen als die wesentliche Voraussetzung für Entwicklung anzuerkennen, zu fordern und zu unterstützen, solange werden alle Hilfsprogramme nur eine technokratische Bastelei bleiben, die die eigentlichen Ursachen von Armut und Ungleichheit unangetastet läßt. Entwicklung, deren Ende nicht mit dem Projektende zusammenfallen soll, Entwicklung, die diesen Namen verdient, kann nicht von außen verordnet werden. Die Betroffenen selbst müssen die Möglichkeit finden, ihre Bedürfnisse zu erkennen und zu artikulieren. Eine solche Entwicklung ist weniger eine Entwicklung von Sachen als die Entwicklung von Menschen: durch sie selbst und für sie selbst" (S. 208).

Abschließend soll noch ein Buch erwähnt werden, das die Möglichkeiten einer „anderen" Entwicklungspolitik an konkreten Beispielen aufzeigen möchte:
  Joachim Dennhardt/Siegfried Pater (Hrsg.)
  Entwicklung muß von unten kommen
  Perspektiven autonomer Entwicklung und exemplarische Projekte in der Dritten Welt
  Reinbek bei Hamburg: Rowohlt Taschenbuch Verlag, ²1983.
  412 Seiten, DM 13,80 (= rororo 7412).
Nach einem grundsätzlichen, einleitenden Kapitel „Unterentwicklung kommt von oben. Abhängigkeit und Ungleichheit hemmen die Ent-

wicklung" werden insgesamt sieben Entwicklungsprojekte mit unterschiedlichen Problemfeldern in verschiedenen Dritte-Welt-Staaten (Landwirtschaft, kirchliche Entwicklungshilfe, Medienhilfe, Technologietransfer, Medizin, Ferntourismus, Selbsthilfeansatz) vorgestellt und eingehend diskutiert. Diese Projekte erheben den Anspruch, die Überwindung von Armut mit aktiver Hilfe der Betroffenen „von unten" anzugehen, um sich aus der Abhängigkeit von der ersten Welt zu lösen. Viele Illustrationen ergänzen die verständlich geschriebenen Texte.

Die Autoren

Dr. rer. pol. Gerald Braun war vor seiner Zeit als Mitarbeiter am Arnold-Bergstraesser-Institut und Lehrbeauftragter an der Universität Freiburg Dozent an der Führungsakademie der Bundeswehr in Hamburg (1972 bis 1980). Er ist Autor der Bücher: „Politische Ökonomie für den Sozialkundeunterricht" (Hamburg 1976), „Kursbuch Politik" (zusammen mit R. Hamann, Frankfurt/M. ³1982) und „Nord-Süd-Konflikt und Entwicklungspolitik" (Opladen 1985).

Dr. Rainer Hampel und Dr. Jürgen Rüland, beide Mitarbeiter des Arnold-Bergstraesser-Instituts, haben im Rahmen eines von der Deutschen Forschungsgemeinschaft geförderten Projektes Probleme der Verstädterung in Asien und Afrika untersucht. Dr. Rüland hat 1982 eine umfangreiche Studie zu Politik und Verwaltung in Metro Manila veröffentlicht.

Prof. Dr. Theodor Hanf ist Professor für Soziologie des Erziehungswesens am Deutschen Institut für Internationale Pädagogische Forschung in Frankfurt. Zusammen mit Prof. Dr. Dieter Oberndörfer leitet er das Arnold-Bergstraesser-Institut für kulturwissenschaftliche Forschung in Freiburg i. Br.

Clemens Jürgenmeyer, M.A., studierte Indologie und Sozialwissenschaften. Sein Hauptinteresse gilt, neben allgemeinen, theoretischen Aspekten der Dritte-Welt-Thematik, dem indischen Subkontinent. Er ist Mitarbeiter des Arnold-Bergstraesser-Instituts und Schriftleiter der Zeitschrift „Internationales Asienforum".

Prof. Dr. Dieter Oberndörfer ist Direktor des Seminars für wissenschaftliche Politik der Universität Freiburg i. Br. Zusammen mit Prof. Dr. Theodor Hanf leitet er das Arnold-Bergstraesser-Institut für kulturwissenschaftliche Forschung in Freiburg i. Br.

Erich Schmitz ist seit 1980 Mitarbeiter am Arnold-Bergstraesser-Institut und seit 1985 Wissenschaftlicher Angestellter am Seminar für wissenschaftliche Politik der Universität Freiburg i. Br. Er ist Autor des Buches: „Außerschulische Jugendförderung in ländlichen Gebieten von Entwicklungsländern" (München, Köln, London 1985).

Dr. Heribert Weiland ist wissenschaftlicher Mitarbeiter und Geschäftsführer am Arnold-Bergstraesser-Institut in Freiburg. Neben politischen Analysen zu Schwarzafrika hat er sich insbesondere mit den sozialen Folgewirkungen von Entwicklungshilfeprojekten befaßt.

Dr. Nikolaus Werz war 1980/81 Assoziierter Wissenschaftler am Zentrum für Entwicklungsstudien – CENDES – in Caracas, Venezuela und ist wissenschaftlicher Mitarbeiter am Arnold-Bergstraesser-Institut. Er ist Autor der Bücher „Diktatur – Staatsmodell für die Dritte Welt?" (zusammen mit H. F. Illy und R. Sielaff, Freiburg/ Würzburg 1980) und „Parteien, Staat und Entwicklung in Venezuela" (München/Köln 1983).

Prof. Dr. Jürgen H. Wolff war bis 1981 Mitarbeiter am Arnold-Bergstraesser-Institut und ist jetzt Professor für Soziologie der Entwicklungsländer an der Ruhr-Universität Bochum. Er ist Autor der Bücher: „Planung in Entwicklungsländern. Eine Bilanz aus politik- und verwaltungswissenschaftlicher Sicht", Berlin 1977, sowie „Bürokratische Politik: Der Fall Kolumbien", Berlin 1984.

668614